10/89

8.30

Enseigner
à communiquer
en langue étrangère

par SOPHIE MOIRAND

RECHERCHES/APPLICATIONS

HACHETTE

Mes remerciements chaleureux à Nicole Cartereau, Francine Cicurel, Annick Déchamps, Denis Lehmann, Rémy Porquier et Denise Verrier pour leur aide, leurs suggestions et leur contribution à la mise au point définitive du manuscrit.

ISBN 2.01.008787.9

Sommaire

2. LES IMPLICATIONS DE LA THÉORIE

Avant-propos

Depuis quelques années, les théories sur l'enseignement de la communication circulent et se bousculent. Comme tant d'autres, j'ai été amenée à m'intéresser à ce domaine : au cours de recherches portant sur la pédagogie des langues, lors de la préparation de conférences faites à la demande d'organismes européens et canadiens et dans le cadre de séminaires de maîtrise et de diplôme d'études approfondies (recherche linguistique en didactique des langues étrangères). Le présent ouvrage est le résultat de cette triple réflexion. Il ne s'agit donc pas d'un ouvrage de synthèse, ni d'un ouvrage polémique sur ce qu'on appelle maintenant, calquant ainsi la terminologie anglo-saxonne, « les approches communicatives ». Il s'agit plutôt de mises au point et de propositions qui se voudraient constructives pour les enseignants de langue et incitatives à des innovations et à des recherches pédagogiques s'inscrivant dans la même direction théorique : l'enseignement/apprentissage de la communication en langue étrangère.

L'ordre d'un texte est celui que choisit son auteur. Je propose au lecteur d'enfreindre cet ordre, selon ses objectifs ou ses goûts personnels. Le lecteur qui recherche les bases théoriques d'un enseignement de la communication commencera bien évidemment par la première partie, mais celui qui par profession ou par intérêt préfère lire d'abord les implications de ce cadre théorique dans des pratiques pédagogiques devrait commencer, s'il préfère l'oral, par le chapitre 2.2. et, s'il préfère l'écrit, par le chapitre 2.3. ; celui enfin qui s'intéresse plutôt à l'élaboration des programmes se sentira concerné surtout par le début (2.1.) et la fin (2.4.) de la deuxième partie. Le sommaire, les références bibliographiques et, encore mieux, les renvois constants d'un chapitre à l'autre sont autant d'indices de repérage, de signes indicateurs à utiliser pour des circuits de lecture différents. A chaque lecteur de construire le(s) sien(s).

Février 82.

1. A la recherche d'un cadre théorique

1.1. DE LA COMMUNICATION À LA COMPÉTENCE DE COMMUNICATION

1.1.1. La langue est un outil de communication

Le postulat implicite du renouvellement méthodologique qui marqua l'enseignement des langues étrangères au lendemain de la deuxième guerre mondiale s'appuyait sur la fonction de communication du langage : il fallait favoriser **les échanges linguistiques oraux** entre les peuples, les nations, les communautés, les individus de langues maternelles différentes.

Pour nous en tenir au domaine français, citons par exemple la première préface de la première méthode audio-visuelle parue en 1960 : « Le langage est un instrument, un outil : c'est un outil magnifique, mais difficile à manier. Son premier but est de servir, d'être utile. Sans le langage, il n'y a pas de véritable communication entre les êtres : c'est lui qui constitue le code de nos relations/.../. C'est pourquoi nous avons cherché à enseigner, dès le début, la langue comme un moyen d'expression et de communication faisant appel à toutes les ressources de notre être : attitudes, gestes, mimiques, intonations et rythmes du dialogue parlé/.../ » (*Voix et Images de France*, 1960, p. IX). A ces principes de base répondait en écho la linguistique fonctionnelle d'A. Martinet (la première édition des *Eléments de linguistique générale* date de 1960 également) : « Bien que métaphorique, la désignation d'une langue comme un instrument ou un outil attire très subtilement l'attention sur ce qui distingue le langage d'autres institutions. La fonction essentielle de cet instrument qu'est une langue est celle de *communication* : le français, par exemple, est avant tout l'outil qui permet aux gens « de langue française » d'entrer en rapport les uns avec les autres » (*ibid.*, édition 64, pp. 12-13). Et même si A. Martinet signale que « le langage exerce d'autres fonctions que celle d'assurer la compréhension mutuelle », par exemple le langage expression de la pensée, le langage expression de soi-même (*ibid.* p. 13), il conclut en ces termes : « En dernière analyse, c'est bien la communication, c'est-à-dire la compréhension mutuelle, qu'il faut retenir comme la fonction essentielle de cet instrument qu'est la langue » (*ibid.* p. 13).

Dans ces premières approches de la fonction communicative du langage n'apparaît aucune référence, ni en linguistique, ni en didactique des langues, au schéma de la communication de Shannon (52) et à la théorie mathématique de l'information (voir Escarpit 76). Les termes *émetteur, récepteur, canal, code* et *message* (même si A. Martinet assimile les deux derniers aux notions saussuriennes de *langue* et *parole*) seront diffusés plus tard auprès des professeurs de langue, d'une part lors de l'arrivée massive en Europe des théories distributionnalistes nord-américaines, d'autre part (et surtout en didactique du français langue maternelle par Peytard et Genouvrier 70, Vanoye 73, par exemple) au travers du schéma de la communication de Jakobson (traduction française 63) qui en emprunta tout au moins les termes, même s'il « détourna » le modèle en fonction de sa propre vision de linguiste pragois (voir Bachmann et autres 81). Mais les méthodologies audio-orales et audio-visuelles retiendront des linguistes, vers les années 60, que *la langue est un moyen, un instrument, un outil de communication* (voir Moirand 74, Gschwind-Holtzer 81) et que *le langage sert à communiquer.* C'est ainsi que Gougenheim et Rivenc justifient par ailleurs, dans le premier numéro de la revue *Le Français dans le Monde*, l'objectif du Français fondamental : « Bien souvent, mus par le désir d'être « complets », certains auteurs enseignaient le vocabulaire par centres d'intérêt successifs, introduisant dans les textes descriptifs trente ou quarante noms pour la maison, autant pour le corps humain ou le vêtement. Cette orientation essentiellement descriptive faisait parfois oublier que le langage est avant tout moyen de communication entre les êtres et les groupes sociaux ; que décrire n'est pas sa fonction essentielle » (*LFDM* 1, 1961, p. 5).

Cependant la notion de communication diffusée par les linguistiques dominantes des années 60 paraît ignorer la dimension sociologique du langage : il est question d'échanger des idées, d'exprimer des émotions, de transmettre de l'information lors de relations interpersonnelles ; on ne parle pas de relations de pouvoir, rarement de la parole en tant que moyen d'action sur l'autre, encore moins de l'utilisation du langage en tant que pratique sociale. Hormis chez Jakobson et Benveniste (63 et 66) qui sans jamais parler du « social » semblent, au travers du concept d'énonciation, se trouver à la lisière de ce domaine, la vision de cette époque paraît bien mécaniste. Est-ce la raison pour laquelle cette notion de communication, si souvent invoquée (mais seulement invoquée) dans la littérature sur l'enseignement/apprentissage des langues, est toujours abandonnée au profit d'une notion connexe, celle de situation ? Ce qu'on a retenu des définitions des linguistes a vite paru insuffisant, au point qu'on a fini par adjoindre à cette première notion, pour essayer de la rendre plus opératoire, le qualificatif d'*authentique* : « dès 1970 lorsque la démarche audio-orale avait été définitivement condamnée, au moment aussi où nombre de postulats des cours audio-visuels étaient soumis à un sérieux réexamen, on avait vu revenir au premier plan la notion de communication authentique, conçue comme moyen autant que simple fin de l'apprentissage... » (Coste 73, p. 74).

Je ne ferai pas un inventaire des différentes définitions de la notion de communication (voir pour cela Escarpit, Bachmann, Gschwind-Holtzer déjà cités). Dans la suite de cet ouvrage, j'entendrai « communication » dans son acception la plus courante en didactique des langues (voir par exemple celle de Canale dans Richards et Schmidt 81) : **il s'agit d'un** échange interactionnel entre au moins deux individus situés socialement, échange qui se réalise au travers de l'utilisation de signes verbaux et non verbaux, chaque individu pouvant être tour à tour (ou exclusivement) soit producteur soit consommateur de messages[1]. Les termes « situés socialement » m'amènent donc à aborder la notion de *situation*, que les promoteurs de la méthodologie dite structuro-globale audio-visuelle ont toujours prise en considération (Gubérina 74).

1.1.2. Situation et communication

Apprendre à parler en situation, voilà donc l'un des fondements du renouvellement méthodologique de l'enseignement/apprentissage des langues amorcé par les approches audio-visuelles autour de 1960. Car les auteurs de la préface de *Voix et Images de France* glissent rapidement de l'affirmation selon laquelle « le langage est un instrument, un outil » sans lequel « il n'y a pas de véritable communication entre les êtres » au fait que (paragraphes suivants) « le langage n'est pas limité à la mélodie des phrases échangées : il se développe à travers des situations, et il est inséparable du mouvement de ces situations. Tout fait du monde extérieur, ou du monde intérieur, dès qu'il est perçu, peut être exprimé et interprété par le langage. Situation et langage sont étroitement associés et solidaires ». Le rôle de l'extra-linguistique dans l'enseignement/apprentissage des langues paraît dès lors admis et reconnu alors même que les linguistiques dominantes le rejettent hors de leur(s) champ(s) d'étude(s). Mais si les spécialistes de l'enseignement des langues ont bien senti les liens unissant les deux notions de **communication** et **situation**, ils ne proposent pas pour autant de cadre théorique rendant compte de leur articulation. Le recours aux dictionnaires d'usage s'avère plus décevant encore ; aucun renvoi de l'une à l'autre dans *Le Petit Robert* et mieux encore, la sixième acception[2] proposée pour *situation* (la seule susceptible d'entrer dans notre propos) ne parle pas de langage : « Ensemble des relations concrètes qui, à un moment donné, unissent un

---

1. Pour une approche moins « linguistique » et plus globale de la communication, voir le recueil de textes présenté par Y. WINKIN 81 : *La Nouvelle Communication*.

2. On trouve dans *Le Petit Robert* sous *situation* :
1. - (concret). *Rare.* Le fait d'être en un lieu ; manière dont une chose est disposée, située ou orientée /.../
Cour (1447) Emplacement d'un édifice, d'une ville /.../
2. - (Abstrait, XVIIe). Ensemble des circonstances dans lesquelles une personne se trouve /.../
3. - Emploi, poste rémunérateur régulier et stable (impliquant un rang assez élevé dans la hiérarchie) /.../
4. - *Loc.* ÊTRE EN SITUATION DE ... (suivi de l'inf.) : capable de ; en mesure, en passe de... ; être bien placé pour ... /.../

sujet ou un groupe au milieu et aux circonstances dans lesquelles il doit vivre et agir »... ou *communiquer*, sommes-nous tentée d'ajouter. Quant au *Dictionnaire de Didactique des langues* (Coste et Galisson 76), il semble méconnaître les relations de l'une à l'autre : l'article *communication* renvoie à *code, compétence, indice* et *signal* alors que *situation* renvoie à *contexte*[3] et *énonciation*.

Si l'on se tourne maintenant vers les dictionnaires de linguistique, on se trouve devant une telle diversité terminologique que l'on est tenté d'affirmer, comme le fait Gschwind-Holtzer (81), « la nécessité pour la didactique de constituer sa propre description en fonction de ses conceptions sur la communication et de l'enseignement d'une langue étrangère ». Dans *La Linguistique, Guide Alphabétique* (Martinet 69), F. François définit la situation comme « l'ensemble des éléments extra-linguistiques présents dans l'esprit des sujets ou également dans la réalité physique extérieure au moment de la communication et auxquels on peut assigner un rôle dans le conditionnement de la forme ou de la fonction des éléments linguistiques », mettant ainsi l'accent d'une part sur l'environnement physique, spatio-temporel de l'acte de communication, d'autre part sur les facteurs psychologiques (l'intention des sujets, les rapports entre les interlocuteurs, les connaissances qu'ils partagent, etc.). Pour Ducrot et Todorov (*Dictionnaire Encyclopédique des Sciences du Langage* 70), « on appelle *situation de discours* l'ensemble des circonstances au milieu desquelles se déroule un acte d'énonciation (qu'il soit écrit ou oral). Il faut entendre par là à la fois l'entourage physique et social où cet acte prend place, l'image qu'en ont les interlocuteurs, l'identité de ceux-ci, l'idée que chacun se fait de l'autre /.../, les événements qui ont précédé l'acte d'énonciation /.../ ». La définition du *Dictionnaire de Linguistique* (Dubois et autres 73) paraît, à première vue, plus réductrice, mais, moins hétéroclite, elle essaie, dans l'article *communication*, d'y articuler la notion de situation : « La *situation de communication* est définie par (1) les participants à la communication, dont le rôle est déterminé par *je* (ego), centre de l'énonciation ; (2) les dimensions spatio-temporelles de l'énoncé et le contexte situationnel /.../. Ces

_____

5. - (1878). Ensemble des circonstances dans lesquelles un pays, une collectivité se trouve /.../
6. - *Philo.* Ensemble de relations concrètes qui, à un moment donné, unissent un sujet ou un groupe au milieu et aux circonstances dans lesquelles il doit vivre et agir /.../
7. - (1718) Moment, passage caractérisé par une scène importante, révélatrice /.../
8. - *Fin.* Tableau qui présente le doit et l'avoir, le patrimoine d'une personne, d'une entreprise à une date déterminée /.../
   3. On réservera (l'accord, dans le domaine francophone, semble s'être fait ici) le terme *contexte* à l'environnement linguistique et *situation* au non-linguistique.

embrayeurs de la communication sont symbolisés par la formule *je, ici, maintenant* ». De ces trois définitions (je ne poursuis pas l'inventaire : voir pour cela les thèses de Germain 73 au Canada et Gschwind-Holtzer 81 en France), on retiendra la présence constante des *sujets, interlocuteurs* ou *participants,* ainsi que de *la réalité* ou *l'entourage physique, les dimensions spatio-temporelles,* l'apparition chez François et Ducrot/Todorov de facteurs d'ordre psychologique (image, intention, rapport...) et la quasi-absence de facteurs d'ordre sociologique (présents en filigrane chez Ducrot/Todorov ?). Les deux dernières semblent s'inscrire, au travers du concept d'énonciation, dans la ligne d'une certaine tradition européenne (Jakobson, Benveniste) et sont annonciatrices d'une dernière collocation de ce terme, **situation d'énonciation**, diffusée largement aujourd'hui en didactique des langues en France par les adeptes de la théorie de Culioli (voir par exemple Gros et Portine 76, Charlirelle 75, Trévise 79). Car peut-on en effet définir une notion en dehors d'un cadre théorique précis (ce qui explique en partie l'hétérogénéité terminologique des définitions de dictionnaires qui se voudraient « généraux ») ?

Pottier (74), qui commence l'exposé de sa théorie par un chapitre sur la communication, propose une formule dans laquelle la situation est incluse dans la communication (p. 25) :

$$\text{communication} = \frac{\text{contexte}}{\text{situation}} + \text{message}$$

et une définition de la *situation de communication* : « Dans la communication courante, des personnes tiennent des propos dans certaines circonstances » (p. 24). Les précisions qu'il apporte sont, à mon avis, susceptibles d'intéresser le professeur de langue : « Sous la rubrique « personne », on trouvera les aspects socioculturels (âge, sexe, rang), entraînant le choix de registres, de formules de politesse, de phraséologie /.../ ainsi que l'attitude vis-à-vis de l'interlocuteur : ordre, prière, avertissement, déclarations. Sous « propos », on place les aspects thématiques (les domaines d'expérience abordés /.../). Sous « circonstances », on réunit les indications marginales telles que le bruit, le lieu où l'on se trouve, le moment de la journée, et toutes les données considérées comme déjà connues par le récepteur ». De fait, les facteurs socioculturels et psychologiques, les domaines d'expérience semblent être appelés désormais à jouer un rôle déterminant dans l'enseignement/apprentissage de la communication ainsi que les rapports unissant les caractéristiques linguistiques des énoncés aux facteurs non-linguistiques de la situation (voir 1.2.4.) Derrière l'instabilité apparente des définitions des linguistes, il semble que l'on puisse dégager des « constantes » entrant dans une analyse componentielle de la situation, constantes auxquelles devrait s'intéresser une théorie de l'enseignement/apprentissage des langues.

Si l'on revient maintenant aux occurrences du terme **situation** dans la littérature sur la didactique des langues, on s'aperçoit d'abord, chez un certain nombre d'auteurs, de l'emploi indifférencié des trois collocations empruntées à la linguistique, **situation de communication, situation de discours, situation d'énonciation** ; pour d'autres, **situation de communication** dériverait plutôt du schéma de Jakobson 63, **situation de discours** des théories se réclamant de l'analyse de discours, et **situation d'énonciation** des théories de l'énonciation. On trouve également d'autres séries de collocations (surtout à partir des années 70) plus spécifiques de la didactique des langues : *situation d'apprentissage, situation d'enseignement, situation de formation ; situation authentique, réelle, artificielle, simulée, scolaire, extra-scolaire,* etc. ; *situation langagière, situation d'oral, situation d'écrit, situation d'écriture, situation de lecture,* etc.

Si l'on interroge des professeurs de langue sur leur « sentiment » linguistique à propos des trois occurrences des linguistes cités plus haut, on en arrive, compte tenu de leurs propositions, à décider : 1) de réserver **situation de communication** aux cas où l'on s'intéresse surtout aux phénomènes de transmission des messages (communication « réussie », « ratés » de la communication...) et où l'on tient compte *des éléments non-verbaux* de la communication (domaine du paralinguistique, de la kinésique et de la proxémique[1], de l'iconique) ; 2) d'utiliser **situation de discours** pour l'étude des éléments verbaux et lorsqu'on cherche des régularités unissant les données linguistiques des énoncés aux *conditions de production et d'interprétation* de ces énoncés ; 3) d'employer **situation d'énonciation** lorsqu'on cherche à retrouver dans le linguistique *les traces d'opérations énonciatives* sous-jacentes c'est-à-dire *des indices* renvoyant aux (co)énonciateurs et aux dimensions spatio-temporelles (circonstances).

Ne faudrait-il pas finalement, en didactique des langues, poser le problème autrement : à quoi nous sert la notion de situation dans une théorie de l'enseignement/apprentissage des langues et dans une pratique de la communication en classe de langue ? A quelle(s) étape(s) de la démarche didactique va-t-elle intervenir ? Comment et pour quoi faire ? Lors de la détermination des contenus d'apprentissage ? Pour une identification des besoins des apprenants ? Lors de la mise en place de stratégies d'enseignement ? Pour analyser des matériaux pédagogiques ? Pour étudier le discours de la classe de langue ? Pour évaluer les capacités communicatives des apprenants ? Chaque objectif didactique demande que la notion de « situation » soit redéfinie en fonction du projet initial (2.1.). Aussi, comme nous rencontrerons les notions de

---

1. La kinésique étudie les gestes et leur signification, la proxémique étudie les déplacements dans l'espace, les distances entre les interlocuteurs, etc. (Voir 2.2., VANOYE et autres 81 et pour la théorie WINKIN et autres 81.)

situation et communication tout au long de cet ouvrage, nous contenterons-nous pour l'instant d'emprunter au glossaire de la méthode d'anglais *Behind the words* (Charlirelle 75) une première définition globale de la situation : « Réseau de circonstances particulières entourant et déterminant un événement en tant que celui-ci est en relation de référence avec un énoncé ». Rien ne me paraît plus opératoire, pour décrire et analyser une situation de communication en didactique des langues, que de se poser, à chaque fois, les éternelles questions des praticiens de la communication : Qui$_1$ parle ? A qui$_2$? Qui communique ? En présence de qui ? A propos de quoi ? Où ? Quand ? Comment ? Pour quoi faire ? Quelles sont les relations entre qui$_1$ et qui$_2$? Entre qui$_1$ et quoi, qui$_2$ et quoi ? Entre quoi et où ? Etc. A chacun, selon ses propres objectifs, d'analyser plus ou moins finement ces composants en tenant compte des facteurs psychologiques, sociologiques et culturels qui conditionnent leurs inter-relations.

Les théoriciens de l'enseignement/apprentissage des langues n'ont pas les mêmes enjeux que les théoriciens de la linguistique. Pour ces derniers, il s'agit de comprendre le fonctionnement de la communication, de la décrire, de l'analyser[1]. Pour les premiers, même si les travaux des seconds sont utiles à leurs investigations, il s'agit plutôt de savoir comment s'acquièrent des **capacités de communication** et **quel(s) type(s) de compétence(s)** interviennent lors de la production et de l'interprétation des énoncés dans une situation de communication définie, afin de mettre en œuvre des stratégies d'enseignement pour apprendre à communiquer.

1.1.3. Une nouvelle notion de référence : la compétence de communication

Dès les années 60, comme nous l'avons vu, les projets didactiques envisageaient d'enseigner aux apprenants à communiquer en langue étrangère. Mais le chemin qui va des intentions aux réalisations et aux pratiques de classe n'est jamais aisé à parcourir. De plus, les modèles linguistiques de référence (linguistiques structurale et distributionnelle, puis générative et transformationnelle) se refusaient à analyser la communication, cherchant soit à décrire le fonctionnement des seuls énoncés linguistiques soit à construire un modèle théorique abstrait de production des énoncés sous l'angle de leur grammaticalité (et jamais de leur capacité de transmission de la communication, de leur intentionnalité et de leur « effet » sur le récepteur). Il a donc fallu attendre, pour que les théoriciens de l'enseignement/apprentissage des langues « se libèrent » des linguistiques théoriques dominantes, la

---

1. Voir par exemple le modèle de HYMES dit modèle « Speaking ».

CADRE THÉORIQUE

convergence entre d'une part les constats des théoriciens des sciences du langage sur les limites des descriptions structurales et génératives ainsi qu'une remise en question des théories de l'apprentissage inspirées du behaviorisme et d'autre part les constats des praticiens de l'enseignement, déçus par l'inefficacité des capacités de communication de leurs élèves, en fin de parcours d'apprentissage, dès qu'ils quittaient la salle de classe audio-visuelle et/ou le laboratoire de langues. La didactique des langues des années 70, parallèlement d'ailleurs au déclin des théories dominantes de la décennie précédente, a alors redécouvert d'autres champs d'études de la linguistique en Europe qui ont paru mieux correspondre à son propos : d'une part, les recherches qui essayaient de dépasser le cadre de la phrase et qui, étudiant les discours, furent vite obligées de prendre en compte des facteurs socioculturels et idéologiques (Robin 73, Maingueneau 76), d'autre part, les études des philosophes analytiques de l'Ecole d'Oxford sur l'intention de communiquer, les effets de la communication et le langage comme action sur l'autre (Searle 69, Austin 62, Strawson 71). Cependant, si enseigner une langue, c'est enseigner à communiquer, sans doute vaut-il mieux encore se référer à des champs théoriques qui se préoccupent du fonctionnement des communications sociales, c'est-à-dire soit des interactions verbales dans des situations langagières définies telles que la conversation par exemple (Gumperz et Hymes 72 et les travaux des ethnométhodologues), soit des corrélations entre des variations linguistiques et des paramètres sociologiques (Labov 72). C'est ainsi que l'on a emprunté aux sociolinguistes nord-américains, qui dès les années soixante ont vu dans le langage *une pratique sociale*, la notion de *compétence de communication*.

Historiquement, cette notion est apparue, dans le domaine nord-américain, à partir des critiques émises par des sociolinguistes (D. Hymes notamment) à l'encontre de la notion de compétence telle qu'elle apparaît dans le « couple » compétence/performance de la théorie générative transformationnelle (Chomsky 65), théorie qui, postulant un locuteur « idéal », cherche à expliciter les règles linguistiques permettant d'engendrer toutes les phrases grammaticales d'une langue. La critique essentielle porte sur le fait qu'aucune place n'y est assignée à l'adéquation des énoncés aux contextes situationnels et socioculturels. Or il semble exister, dit Hymes, des règles d'emploi (sans lesquelles les règles grammaticales sont inutiles) régulant la production et l'interprétation des énoncés appropriés à la situation dans laquelle ils sont produits. Un élargissement de la notion de compétence est alors proposé : **la compétence de communication** relèverait de facteurs cognitifs, psychologiques et socioculturels dépendant étroitement de la structure sociale dans laquelle vit l'individu et reposerait donc, en simplifiant quelque peu, non seulement sur une compétence linguistique (la connaissance des règles grammaticales du système) mais aussi sur une compétence psycho-socio-culturelle (la connaissance des règles d'emploi et la capacité de les utiliser). La notion parut si séduisante aux théoriciens de l'enseignement/apprentissage des langues qu'on ne trouve plus personne qui ne s'y réfère pas, quitte à n'en retenir que le terme et sans savoir toujours très bien ce qu'il recouvre. Ainsi rencontre-t-on nombre de glissements simplificateurs et de dérivations réductrices, comme le souligne D. Coste (78) : ou bien elle devient simple « capacité à gérer efficacement des échanges oraux en situation de face à face » et justifie qu'on délaisse, dans l'enseignement de la communication, l'apprentissage de règles grammaticales, ou bien on « sépare compétence de communication et compétence linguistique » et on les considère comme deux objectifs différents de l'apprentissage des langues, ou encore on en arrive à « considérer la compétence de communication comme une totalité unique » que possèderaient tous les natifs d'une même langue, les différences de capacités communicatives constatées dans la réalité relevant alors de phénomènes de performance. Ainsi, à l'heure actuelle, cette notion, si intéressante qu'elle soit (et personne ne le conteste) pour une théorie de l'enseignement/apprentissage des langues, pose-t-elle aux spécialistes plus de problèmes qu'elle n'en résout.

Certains pensent que l'on peut traiter séparément compétence linguistique et compétence de communication. Dans cette perspective, on entend dire parfois que les approches structurales visent essentiellement l'acquisition d'une compétence linguistique (sur laquelle viendraient se greffer après coup des capacités communicatives) alors que les approches communicatives mettent d'abord l'accent sur l'acquisition d'une compétence de communication (celle du système linguistique étant considérée comme secondaire dans la communication). Cette dichotomie un peu hâtive (Galisson 80) amène certains auteurs à privilégier le rôle de l'une aux dépens de l'autre, niant ainsi la complémentarité de leur fonctionnement. Ainsi, par exemple, Gschwind-Holtzer (81), après une analyse très fine des situations de communication présentées dans une méthode audio-visuelle de français, finit-elle par affirmer en conclusion : « ce qui est assuré à l'apprenant, c'est clairement et restrictivement une compétence linguistique qui, au mieux, le rend apte à communiquer dans des situations à caractère neutre ». Or, si l'étudiant peut communiquer fût-ce dans une situation neutre (et à condition d'ailleurs d'admettre cette neutralité, la méthode en question reflétant un conformisme social non dépourvu d'une certaine idéologie), sans doute a-t-il intégré un minimum de règles d'emploi à côté des règles du système... ? En fait, ces règles ne lui étant pas enseignées, il opère, semble-t-il, un simple transfert en langue étrangère des compétences non-linguistiques acquises en langue maternelle. C'est d'ailleurs sur cette possibilité de transfert des expériences sociales, psychologiques et culturelles que l'on va s'appuyer souvent pour faire acquérir des capacités de communication en langue étrangère (Widdowson 76 et 78, ci-dessous 1.2.2.). De plus, il ne faut sans doute pas assimiler les « modèles de communication » véhiculés par un matériel pédagogique et l'appropriation de ces modèles par l'apprenant, surtout si les situations proposées, culturellement proches, favorisent ce transfert de la langue maternelle vers la langue étrangère des compétences non-linguistiques acquises (voir Roulet 80). Pour conclure, disons ici qu'on peut difficilement imaginer une compétence de communication s'exerçant sans un minimum de compétence linguistique et qu'à l'inverse, quelqu'un qui produirait et interprèterait des énoncés dans une communauté donnée à partir de sa seule compétence linguistique apparaîtrait comme une sorte de « monstre culturel » (Giglioli 72). Compétence linguistique et compétence de communication sont étroitement solidaires, ce que semblent confirmer les réflexions entreprises sur l'acquisition de la langue maternelle.

En effet, lors de l'acquisition d'une première langue (ainsi qu'en situation naturelle d'apprentissage), l'appropriation par l'enfant des règles d'emploi se fait simultanément à celle des règles du système. De plus, la connaissance et la capacité de mise en œuvre des règles du système semblent s'appuyer sans cesse sur les contraintes psycho-socio-culturelles de la communication (voir les réflexions des parents et des éducateurs : « on ne dit pas ça à sa grand-mère », « c'est impoli », « faut dire bonjour à la dame », « alors, qu'est-ce qu'on dit au monsieur ? » etc.). La pratique langagière, en apprentissage naturel, s'insère dans la structure sociale où la langue qu'on apprend est parlée : d'où, comme Hymes l'a noté, le rôle des facteurs non seulement linguistiques, mais aussi cognitifs, affectifs et sociaux dans l'acquisition du langage. Il semble alors impossible de distinguer une compétence linguistique et une compétence de communication ; la tendance est plutôt de voir dans la compétence linguistique une composante, certes indispensable, d'une compétence plus générale, la compétence de communication par exemple. Mais si l'on cherche à expliquer les écarts de pratiques langagières que l'on observe chez les natifs d'une même langue maternelle et l'existence de sous-codes liés à des situations de communication différentes, on est amené à poser l'existence de plusieurs types de compétences de communication en langue maternelle (et non pas d'une seule compétence commune à tous les natifs d'une même langue), pluralité de compétences que l'on maîtrise plus ou moins bien, ce que ressentent les adultes en formation par rapport à leur propre langue et qu'ils expriment en termes d'« incompétences » (Bautier 81). Sans doute faudrait-il s'interroger sur l'origine de ces différents types de compétences de communication en langue maternelle ou véhiculaire, sur le non-parallélisme apparent des compétences de communication en production et en compréhension, qui reposent sur des différences non de compétence linguistique mais d'ordre psycho-socio-culturel (différences d'expérience, refus idéologique conscient ou non...) avant d'envisager les possibilités de transfert en langue étrangère des composantes non-linguistiques des compétences de communication acquises en langue maternelle ou véhiculaire (sans ignorer toutefois les limites et dangers de ce transfert, voir ci-après 1.2.2.). Plutôt que de proposer une autre définition de la compétence de communication, il paraît plus opératoire, en didactique des langues, de chercher à en déduire les différentes composantes et leurs modes d'intervention lors de son actualisation dans une situation de communication. Mais faut-il, pour cela, conserver la dichotomie originelle *compétence/performance* ? C'est la question que soulèvent un certain nombre d'écrits sur la question.

Par souci peut-être de fidélité au cadre historique, certains essaient de redéfinir la notion de compétence de communication en fonction du couple compétence/performance (au sens de Chomsky 65) et ceci dans deux directions opposées. Pour les uns, la compétence communicative relèverait d'une théorie de la performance : mais dans cette optique, comment est-il possible de poser l'existence de « règles » sociolinguistiques dans un modèle de performance ? Pour d'autres, il y aurait, en regard d'une compétence communicative incluant une compétence grammaticale (connaissance des règles du système et capacités de les utiliser) et une compétence sociologique (connaissance des règles d'emploi et capacités de les utiliser), une performance communicative lors de la mise en œuvre de ces deux types de règles et de leur interaction dans la production et l'interprétation d'énoncés réalisés en situation (voir pour la discussion Canale et Swain 80). Autre controverse générée par ce cadre historique : la compétence de communication fait-elle partie d'une compétence plus générale (et la « performance de communication » de même) ? Ou bien, si l'on considère que la fonction principale du langage est la communication, la compétence de communication serait-elle la compétence la plus large qui engloberait alors les autres compétences ? De fait, tous les linguistes qui se sont confrontés au « social » ont senti les limites du modèle chomskyen et ont été amenés à reconsidérer le concept de compétence : soit on propose de l'évacuer (Halliday 70) car il ne serait pas nécessaire de distinguer une connaissance idéalisée d'une langue à côté de son utilisation actualisée (il suffit d'étudier la langue dans ses relations avec les situations dans lesquelles elle s'exerce), soit on essaie de le reformuler en y intégrant des facteurs cognitifs, affectifs et sociaux (comme le fait Hymes qui parle également de performance de communication). Dans une autre perspective, française cette fois, l'étude des discours, et à la lumière notamment des travaux de Fillmore (68) en sémantique d'une part et de ceux, d'autre part, du philosophe Althusser (65) sur l'idéologie, Pelfrène (77), suivant ainsi Slakta (71b), propose également une double articulation de la compétence : « une compétence linguistique qui autorise le discours interprété comme « fait de langue » et une compétence générale qui autorise le discours interprété comme « fait social ». Il reformule en conséquence la notion de performance : « Si, en effet, la compétence idéologique fonctionne comme une interpellation des sujets par l'idéologie ou les idéologies, la performance idéologique fonctionnera comme l'intériorisation par le sujet de l'interpellation par l'idéologie ». Inutile de poursuivre ce débat, qui paraît fort intéressant au plan épistémologique, mais qui, en ce qui concerne notre propos, devient un faux problème. Pour Chomsky, en effet, la communication n'est pas l'affaire de la linguistique et la fonction fondamentale du langage est d'être l'expression de la pensée, non un instrument de communication (à propos de la controverse qui opposa Searle à Chomsky, voir Bachmann et autres 81). A partir du moment où l'on étudie la langue en tant que pratique sociale et qu'on a pour objectif l'étude de la communication, le double concept de Chomsky compétence/performance n'est pas adéquat au propos (même si Hymes[1], en héritier fidèle, avait conservé cette dichotomie). Il semblerait d'ailleurs que les théoriciens de l'enseignement/apprentissage des langues, s'ils parlent abondamment de « compétence de communication », n'emploient pas, pour la plupart, le terme de *performance de communication* et qu'ils préfèrent s'attacher à définir les différentes composantes d'une compétence de communication englobant les autres compétences (voir par exemple Coste 78).

Ainsi Canale (81b), qui distingue une compétence grammaticale, une compétence sociolinguistique, une compétence discursive et une compétence stratégique, propose de différencier une « compétence communicative » (*communicative competence*) incluant les composants précédents et une « communication actualisée » (*actual communication*), justifiant alors l'abandon du terme « performance », source de trop nombreuses confusions en linguistique appliquée. Je proposerai ici, en guise de conclusion à ce premier chapitre, un « modèle » de description des composantes d'une compétence de communication, modèle qui servira de référence tout au long de l'ouvrage et qui m'a paru opératoire dans l'enseignement/apprentissage de la communication.

---

1. « Dans une théorie adéquate de l'acte linguistique, il y aurait, semble-t-il, non pas deux sortes de jugements, mais quatre. Et pour intégrer cette théorie dans une théorie de la communication socioculturelle, il faut donner à cette quadruple distinction une portée suffisamment générale. Je suggérerais donc quatre questions, utilisables dans l'étude de la langue et aussi des autres formes de communication (culture) ; on pourrait se demander :
1. - Si (et jusqu'à quel point) quelque chose est formellement *possible* ;
2. - Si (et jusqu'à quel point) quelque chose est *réalisable* en fonction des moyens d'exécution qui sont à notre disposition ;
3. - Si (et jusqu'à quel point) quelque chose est *approprié* (adéquat, heureux, réussi), par rapport au contexte d'utilisation ;
4. - Si (et jusqu'à quel point) quelque chose est effectivement fait, *se produit* réellement, et ce qu'entraîne cette réalisation. »
(« La compétence de communication », traduction par M. VERDELHAN et N. RACHLIN de « On communicative competence » dans *Travaux de didactique du français langue étrangère*, n° 5-6, Université de Montpellier 1981, p. 9.)

Une compétence de communication reposerait, pour moi, sur la combinaison de plusieurs composantes :
– **une composante linguistique**, c'est-à-dire la connaissance et l'appropriation (la capacité de les utiliser) des modèles phonétiques, lexicaux, grammaticaux et textuels du système de la langue ;
– **une composante discursive**, c'est-à-dire la connaissance et l'appropriation des différents types de discours et de leur organisation en fonction des paramètres de la situation de communication dans laquelle il sont produits et interprétés ;
– **une composante référentielle**, c'est-à-dire la connaissance des domaines d'expérience et des objets du monde et de leurs relations ;
– **une composante socioculturelle**, c'est-à-dire la connaissance et l'appropriation des règles sociales et des normes d'interaction entre les individus et les institutions, la connaissance de l'histoire culturelle et des relations entre les objets sociaux.

Lors de l'actualisation de cette compétence de communication dans la production et l'interprétation des discours, ces différentes composantes semblent toujours toutes intervenir mais à des degrés divers. On peut supposer (en langue étrangère comme en langue maternelle) l'existence de **phénomènes de compensation** entre ces composantes, dès qu'il y a manque pour l'une d'entre elles. Ces phénomènes, qui font partie de l'intervention directe du sujet (avec ses caractéristiques psychosociales) dans la production de ses discours et dans son interprétation du discours des autres ainsi que dans sa propre perception du monde, relèverait en fait de ses stratégies de discours, c'est-à-dire de **stratégies individuelles de communication**[1]. Enseigner à communiquer amènera donc à s'interroger sur ces stratégies ainsi que sur le rôle des différentes composantes de la compétence de communication dans la production et l'interprétation des énoncés.

---

1. Pour moi, à la différence de CANALE 81b, les « stratégies » ne relèvent pas d'une « compétence stratégique », composante à part entière de la C.C. mais interviendraient lors de l'actualisation de cette compétence dans une situation de communication concrète. (Elles subissent néanmoins l'influence des « représentations » que le sujet psycho-social a du monde, des autres et des discours.)

1.2. LES APPROCHES « COMMUNICATIVES »

1.2.1. L'unité minimale de communication

Le terme « approche communicative[1] », directement calqué de l'anglais, est parfois mal accepté dans les pays francophones, mais je l'utiliserai ici parce qu'il entre dans le paradigme « approche linguistique, approche structurale, approche notionnelle, fonctionnelle, instrumentale, etc. », en le prenant dans son acception originelle : il ne s'agit ni des matériaux d'enseignement, ni des procédures pédagogiques (voir Canale et Swain 80) mais des principes d'élaboration des « syllabus » (ce que j'appelle « programme d'enseignement »), c'est-à-dire des répertoires, des inventaires déterminant des contenus d'enseignement accompagnés parfois de suggestions quant à l'intégration de ces contenus dans la mise en œuvre d'un cours de langue. Un programme de langue « communicatif » a pour objectif l'enseignement d'une compétence de communication et propose donc des inventaires définis non plus en terme de structures mais en terme de **fonctions de communication** : s'est posé alors aux tenants de l'approche communicative le problème du choix des nouveaux outils d'investigation, nécessaires à la conception de tels inventaires. Ainsi, un certain nombre de « programmes de langue » ont essayé, ces dix dernières années, de prendre en compte **la dimension communicative du langage**, notamment dans les pays anglo-saxons, à partir des données de la sociolinguistique (Labov, Hymes, Bernstein), de la sémantique (Halliday, Fillmore) et de la pragmatique (Austin, Searle). Cette hétérogénéité théorique des outils descriptifs de référence n'est pas sans conséquence sur le flou terminologique constaté dans les écrits sur l'approche communicative.

---

1. « Dire que *approche* peut être remplacé par *étude, examen* ou *point de vue* (Etiemble, *Parlez-vous français ?*, p. 216) est inexact. L'approche n'est pas une étude : c'est un des moyens employés qui permet l'étude d'un sujet considéré comme rebelle à l'analyse, une « forteresse imprenable ». Et ce choix parmi les moyens fait de *l'approche* une hypothèse de travail (et non un *point de vue*, mot trop faible) donc aussi un instrument labile et approximatif. Ces deux aspects sont fondamentaux et traduisent assez bien l'esprit scientifique actuel. Ils impliquent :
1. - que l'objet à étudier n'est pas *a priori* connaissable ;
2. - que la méthode à employer n'est pas *a priori* définie. »
(REY-DEBOVE, GAGNON, *Dictionnaire des anglicismes.* Les Usuels du Robert, pp. 23-24, 1980.)

Prenons un exemple pour montrer pourquoi cette diversité des unités de description reflète en fait différentes manières d'envisager la communication et d'en décrire le fonctionnement. « *Vous avez une pièce d'identité ?* » est un énoncé banal qu'un Français (et plus encore un étranger) entend fréquemment (à la douane, à l'université, à l'hôtel, dans une banque, au restaurant, etc.). Un cadre structural proposerait en réponse à ce stimulus une structure (P → SN$_1$ + SV, SN$_1$ → Pronom, SV → V + SN$_2$, SN$_2$ → Déterminant + N, etc.) soit paradigmatiquement identique à la question « *Oui, j'ai un passeport* », soit transformée par pronominalisation « *Oui, j'en ai une* », etc. Dans la perspective sémantique de Halliday, on envisagerait trois niveaux de réponse chronologiquement distribués : d'abord un niveau comportemental (je peux m'enfuir, je peux rester, je peux tendre mon passeport sans parler, je peux faire semblant de ne pas comprendre) ; ensuite un niveau sémantique (je vais dire que je la montre, je vais m'excuser en expliquant qu'elle est chez moi, je vais demander pourquoi on me demande cela, je vais refuser de donner mon identité) ; enfin un niveau lexico-grammatical *(Voilà ; je n'en ai pas sur moi* ; ... etc.). Dans la ligne d'Austin, on remarquerait qu'il ne s'agit pas d'une assertion (l'énoncé n'est ni vrai ni faux) mais pas non plus d'une question (demande d'information) ; il s'agit d'un acte de parole qui relève du *dire de faire*, il s'agit en fait d'une requête, d'un ordre, émis par quelqu'un qui a, par son statut, le pouvoir d'en donner ; pour réagir à un tel énoncé, il faut donc d'abord interpréter l'intention de communication de celui qui l'a prononcé avant de traduire dans un nouvel énoncé sa propre intention de communiquer en fonction de l'effet qu'on veut produire en retour. Une perspective sociolinguistique, dépassant cette description en actes, chercherait à mieux définir les conditions de production et d'interprétation de ce type d'énoncés (contextes linguistique et situationnel) ainsi que l'étendue des variations interactionnelles envisageables compte tenu des facteurs psychologiques, sociologiques et culturels de la communication : car quand un étranger, face à une telle demande, répond « *Oui, j'ai mon passeport* » sans le sortir de sa poche, on peut penser qu'il n'a pas compris l'intention de l'interlocuteur ; cependant un Français peut très bien répondre de même, en ayant parfaitement compris le sens de la demande, pour protester contre l'autorité administrative mais à condition de posséder, grâce à la « place » qu'il occupe dans la société, les capacités psychosociologiques de le faire.

En fait, le pluriel du titre de ce chapitre voudrait refléter deux caractéristiques des premières approches communicatives. D'une part, donc, on constate cette extrême diversité d'unités de description empruntées par les programmes communicatifs (voir Licari et autres 81) : fonctions du langage, notions générales et spécifiques dans *The Threshold Level* (Van Ek 75) ; catégories sémantico-grammaticales et catégories de fonction de communication pour Wilkins (73), qui se réfère plus tard explicitement à Halliday et Fillmore pour les premières, et à Austin et Searle pour les secondes (Wilkins 76) ; actes de paroles, opérations discursives, notions générales, notions grammaticales (avec des références explicites à la théorie de Guillaume sur le langage et à la « sémantique grammaticale » de Pottier pour ces dernières) dans *Un Niveau-Seuil* (76)[1] ; mais face à cette diversité, on note cependant une certaine unité dans les critères proposés pour la description des situations de communication (l'objectif est ici fort différent de celui de Gschwind-Holtzer 81 qui s'est attachée à décrire une méthode audio-visuelle constituée), critères plus ou moins décomposés dans les programmes selon un découpage taxonomique que le modèle de *Communicative Syllabus Design* (Munby 78) semble avoir poussé au maximum. D'autre part, malgré la référence unanime, dans tous les programmes communicatifs, à la définition de la compétence de communication proposée par Hymes (71), il semble que l'on assiste à d'énormes divergences dès qu'il s'agit de délimiter quelle(s) compétence(s) de communication faire acquérir à tel ou tel groupe d'apprenants ; la notion finit même (comme nous l'avons signalé en 1.1.3.) par perdre dans cette aventure certains de ses composants. Deux conceptions extrêmes, que nous allons décrire, paraissent désormais s'affronter avec, entre elles, un large éventail d'options intermédiaires.

1.2.2. Une approche minimaliste

Certains programmes d'enseignement visent explicitement l'acquisition de « capacités communicatives minimales » : par exemple enseigner les habiletés nécessaires pour « faire passer du sens », « pour faire quelque chose », « pour dire ce qu'on a envie de dire » dans une langue étrangère (ce que propose Savignon 72). La notion de *niveau-seuil*, diffusée par le Conseil de l'Europe, paraît bien évidemment relever de cette approche. Pour Van Ek (76), il s'agit de « survivre (linguistiquement parlant) lors de contacts temporaires avec des locuteurs d'une autre langue dans des situations de la vie quotidienne » ou bien « d'établir et de maintenir des contacts sociaux en tant que visiteurs dans des pays étrangers ou avec des visiteurs étrangers dans son propre pays ». En soi, le projet n'est pas fondamentalement différent de celui des approches audiovisuelles (voir 1.1.1.) mais l'accent est mis désormais (et presque exclusivement) sur l'acquisition de

---

1. Pour la clarté de l'exposé, je proposerai de parler de *fonction* lorsqu'on se réfère à un cadre pragmatique, de *notion* lorsqu'on se réfère à un cadre sémantique, de *structure* lorsqu'on se réfère à un cadre grammatical (voir 2.2. ci-dessous), ce qui n'exclut pas les recoupements entre ces trois notions.

fonctions de communication (demander ou donner des informations, suggérer, conseiller, proposer, accepter, refuser, etc.). Bien que différent du niveau-seuil pour l'anglais (*The threshold Level* 75) par la globalité de son approche (plusieurs catégories d'apprenants potentiels), par l'utilisation de la notion d'*acte de parole* (unité d'analyse plus fine que celle de fonction) et par l'essai de systématisation d'une grammaire sémantique (notionnelle et non structurale), *Un Niveau-Seuil*, outil de référence pour le français (76), se présente comme « la description d'un **niveau-seuil de compétence de communication** »[1] et « s'efforce de prendre en compte une certaine diversité des apprenants potentiellement concernés par l'accès à **une compétence minimale de communication** »[1] (Roulet 76b). Mais que veut dire ce « minimal » ? Comme « Le niveau-seuil ne saurait en aucune manière devenir une définition canonique d'un contenu d'enseignement à des débutants », les auteurs de *Un Niveau-Seuil* essaient, non sans difficulté, d'en donner une explication dans leur présentation : « une compétence minimale de communication doit être caractérisée de façon fonctionnelle, c'est-à-dire par rapport à ce que cette compétence permet de faire/.../. « Minimal » pourrait d'ailleurs être commenté de plusieurs manières ; la compétence de communication est générale mais guère affinée et, par exemple, les réalisations linguistiques qu'elle mobilise restent peu variées ; ou encore : des compétences minimales de communication peuvent exister en-deçà du niveau-seuil mais particulières, ponctuelles, non générales ; ou bien, au-delà de la compétence générale minimale, l'apprentissage est vraiment « auto-alimenté » et susceptible de se poursuivre sans interaction didactique organisée. Ces explications, toutes en partie fausses ou toutes acceptables, dépendent aussi des valeurs secondes qu'on attribue au mot « compétence » (p. 2). Sans doute une définition parallèle de ce que serait une compétence « maximale » de communication aurait permis aux auteurs de cours de langue de mieux se situer par rapport à ce « minimal ».

Car les niveaux-seuils, les « syllabus » (tels que Wilkins 76, Munby 78) ne sont finalement que des outils au service des enseignants et surtout des concepteurs de matériaux pédagogiques, et (ce que ces derniers ne semblent pas toujours avoir saisi) ils ne sont opérants que moyennant certains ajustements aux « besoins de communication en langue étrangère d'un groupe d'apprenants clairement cerné » (Coste 77a). Or un certain nombre de méthodes de langue, peut-être pour des raisons éditoriales (et surtout pour l'enseignement de l'anglais), essaient de mettre en œuvre les implications méthodologiques de l'approche communicative à l'intention d'un large public d'adultes ou d'adolescents n'ayant pas de

---

1. C'est nous qui soulignons.

besoins particuliers si ce n'est un objectif académique (langue obligatoire) ou des motivations socioculturelles diversifiées (voyages, loisirs, prestige, culture, etc.). Je citerai ici deux applications, par ailleurs assez « réussies », d'une approche communicative minimaliste.

Le cours initial d'anglais oral élaboré au CRAPEL à Nancy vise « l'acquisition d'une compétence de communication orale minimale » (Holec 76) et « s'adresse à des adultes débutants » (Holec 74). Le public visé cherche à acquérir une « compétence minimale en compréhension et expression orale » (ce qui reste vague) mais la nouveauté de ce cours réside dans une définition des contenus en termes de « fonctions communicatives et discursives » ainsi que dans la prise en compte de la spécificité des adultes, et son originalité dans **le choix de documents oraux authentiques** (ce qui est rare dans les cours communicatifs pour débutants).

Les unités capitalisables élaborées dans le cadre des Instituts français en R.F.A. cherchent à « donner aux apprenants une compétence de communication « minimum » au terme d'un parcours d'apprentissage conçu à partir du « contenu d'objectifs » d'Un Niveau-Seuil » dans les domaines des « relations amicales, relations civiles et commercantes », à l'usage de publics définis « touristes, voyageurs » (Lohézic et Péruzat 79). Essai louable d'utilisation de *Un Niveau-Seuil*, ayant su partir d'**une description fine du public visé** (Dalgalian 79), ce matériel a malheureusement hérité de certains défauts du programme originel, en s'appuyant sur des contenus définis en actes de parole trop isolés de leur enchaînement interactionnel et de leur contexte socioculturel (voir l'analyse de Champ-Renaud 82).

Car c'est au travers des réalisations pédagogiques récentes que l'on peut mieux analyser les limites des programmes communicatifs et les dangers d'une approche minimaliste. Ainsi la plupart des programmes d'enseignement insistent sur l'intérêt d'utiliser des **documents authentiques** comme matériaux pédagogiques (Wilkins 76 par exemple) : or il y a contradiction évidente entre ce principe théorique unanimement admis et la manière dont les inventaires de fonctions, actes ou notions ont été établis, à partir de la seule intuition des auteurs et sans qu'aucune enquête sociolinguistique sur l'utilisation de ces unités dans la communication réelle ne soit venue confirmer ces données. Conséquence directe de cet état de fait : ou bien, si on utilise des documents authentiques, les inventaires des programmes s'avèrent superflus et on ne retient alors que la notion d'acte ou de fonction afin de fabriquer une grille d'analyse opératoire (un inventaire est difficile à utiliser comme un outil d'analyse, contrairement à ce que suggérait Roulet 76b), ou bien l'on continue à « fabriquer » des dialogues non plus à partir de « structures » comme dans les approches audio-visuelles classiques mais à partir cette fois de fonctions de communications (ce que l'on trouve dans la majorité des méthodes communicatives pour débutants). De plus, comme la majorité des programmes adoptent une démarche « onomasiologique » (on part de listes de fonctions communicatives et à chaque fonction on fait correspondre différentes formulations possibles dans la langue à apprendre) sans indiquer ni les paramètres sociolinguistiques ni les structures linguistiques sous-jacentes, j'entrevois deux dangers lors du passage à la pratique : d'une part, l'unité d'analyse et de description – par exemple l'acte de parole – tend à devenir l'unité d'enseignement, et remplacer la structure par l'acte ne paraît pas une condition suffisante pour enseigner la communication (voir Beacco 80) ; d'autre part, si l'on considère que la compétence de communication inclut dans ses composants la compétence linguistique (voir 1.1.3), les syllabus ayant privilégié la sémantique au détriment de la phonétique et de la grammaire, on en vient lors d'une mise en œuvre pédagogique à traiter séparément l'apprentissage des règles du système et celui des règles d'emploi et, si cette séparation s'avère trop artificielle, on tend à faire l'impasse sur les premières, considérées alors comme superflues dans l'optique d'un enseignement d'une compétence de communication minimale. Or, si l'on peut opposer (comme le fait Widdowson 78) la situation de classe traditionnelle, où l'attention est focalisée sur le code au détriment de la communication, à la situation non-scolaire où l'on contrôle plutôt l'emploi que le système, il n'est pas dit qu'en situation d'apprentissage, ce qui a trait au système soit moins important que ce qui a trait au code pour apprendre à communiquer. Enfin, dernière réduction de l'approche communicative : la plupart des programmes, élaborés dans le contexte des langues européennes, présupposent des « zones de savoir et d'expérience » communes à la langue maternelle et à la langue seconde (Widdowson 78), c'est-à-dire qu'il y aurait peu de différences, dans des situations soit quotidiennes, soit très spécifiques entre les règles d'emploi d'une langue à l'autre. Or si ce postulat paraît faciliter l'enseignement de la communication en début d'apprentissage, on peut se demander, au-delà du niveau débutant ou quand les zones d'expériences ne se recouvrent pas, comment faire évoluer les capacités communicatives des apprenants et sur quoi faire reposer le développement d'une compétence de communication maximale (voir 1.2.3).

Ce qui me paraît « réducteur » par rapport à la notion de compétence de communication, telle que nous l'avons définie en 1.1.3., c'est que ce type de programmes d'enseignement ne prend que très partiellement en compte, au-delà des intentions, la production d'énoncés « appropriés au contexte socioculturel dans lequel ils sont produits ». Les cours conçus dans cette perspective ont par conséquent retenu les entrées « pragma-sémantiques » des syllabus au détriment des règles sociolinguistiques d'une part et des règles linguistiques d'autre part, d'autant que les programmes ne proposent pas de mise en relation entre la forme des énoncés effectivement produits ou interprétés et les règles de combinaison, les normes d'interaction de la conversation (voir 1.3). Enfin, bien que les éléments prosodiques et les éléments non-linguistiques de la communication (gestes, mimiques, etc.) soient reconnus comme constitutifs d'une compétence de communication, ils ne sont pas pour l'instant intégrés par une théorie de l'enseignement de la communication.

1.2.3. Une approche maximaliste

Si l'on réduit l'acquisition d'une compétence de communication en langue étrangère à une simple capacité à comprendre et à se faire comprendre lors d'échanges oraux en face à face, si l'on minimise d'une part, le rôle des facteurs sociolinguistiques en réduisant les contenus d'enseignement à la production et à l'interprétation d'unités de communication minimales (isolées ou couplées), d'autre part, celui des modèles linguistiques, comme si l'intolérance des natifs (les Français par exemple) devant les approximations phonétiques, la lenteur du débit et les hésitations grammaticales d'un locuteur étranger n'avaient aucune incidence sur le déroulement des interactions verbales, on se trouve alors à l'opposé d'une conception « maximaliste » de l'approche communicative, telle que Roulet l'avait déjà définie en 73 (définition reprise dans Roulet 76a). A la question posée « qu'entendons-nous en effet par posséder une langue comme instrument de communication ? », Roulet propose en réponse trois conditions essentielles : savoir utiliser les énoncés appropriés à certaines situations de communication et savoir les combiner dans des unités plus vastes, la conversation ou le texte long (voir 2.2. et 2.3.) ; savoir maîtriser (voir Jakobson 63) non seulement la fonction référentielle du langage mais aussi les fonctions expressive, phatique, conative, voire poétique ; être capable enfin de comprendre et même d'utiliser les différentes variétés de langue, les principaux sous-codes en fonction des situations rencontrées. De ces trois conditions, les *Notional Syllabuses* de Wilkins et les *Niveaux-Seuils* du Conseil de l'Europe avaient surtout retenu la seconde en proposant des inventaires d'unités minimales de communication rendant compte des fonctions non-référentielles du langage, et si des allusions affleurent parfois à propos des deux autres conditions posées par Roulet, elles ne sont pas traitées par ce type de programmes communicatifs. Pour sortir d'une approche trop minimaliste de l'approche communicative, il apparaît aujourd'hui essentiel : 1) de prendre en compte les travaux portant sur **le discours** (voir les propositions de Widdowson 78) et notamment pour l'oral, **l'analyse des conversations** (voir les travaux de Goffman, Grice et le numéro 30 de la revue *Communications*), sans négliger les variétés de langue mises en lumière par les sociolinguistes ; 2) de ne négliger aucun des **composants de la compétence de communication**, ce qui veut dire envisager des « grammaires de la communication » où **forme** et **fonction** des énoncés seraient mises en relation (voir l'essai de Leech et Svartvik 76 pour l'anglais) et où seraient proposées des règles de combinaison d'énoncés dans les types de discours les plus courants, ce qui veut dire aussi initier assez tôt les apprenants à **la « culture »** de la langue étrangère en abordant des domaines de référence nouveaux pour ne pas négliger les composants socioculturels de la communication. Car une des limites d'une approche communicative trop minimaliste serait de trop s'appuyer sur les composantes non-linguistiques de la compétence en langue maternelle des apprenants.

C'est dans cette perspective que me paraît se développer la position critique de Besse (80a) à propos des méthodes issues de l'approche communicative. Pour lui, elles n'enseignent pas la compétence communicative de la langue étrangère dans la mesure où « on utilise la compétence communicative acquise en culture maternelle pour acquérir une certaine compétence linguistique en langue étrangère » et que « nombre de pratiques réduisent encore la langue étrangère à sa dimension étroitement linguistique en poussant les apprenants à l'utiliser dans des situations structurées par la compétence de communication en langue maternelle ». Loin d'enseigner à communiquer, on s'appuierait donc sur les composantes non-linguistiques de la compétence de communication acquise en langue maternelle pour faire acquérir la seule compétence linguistique de la langue étrangère, ce qui paraît réduire considérablement la portée de l'application des approches communicatives ! Pour des débutants en langue étrangère, j'ai effectivement proposé (Moirand 79b) de choisir des textes où les données référentielles et socioculturelles étaient suffisamment familières aux apprenants pour compenser ainsi les lacunes de la composante linguistique (voir 1.1.3. et 2.3. ci-dessous), propositions qui rejoignent celles de Widdowson (76) : « Le développement de la compétence de communication semblerait impliquer l'acquisition de processus d'interprétation qui combinent les connaissances du code linguistique avec les connaissances et l'expérience non-linguistiques. Cette compétence fait partie de la capacité plus générale d'interpréter notre environnement. Or, celui qui apprend une langue étrangère a déjà acquis cette compétence dans sa langue maternelle et il semblerait par conséquent raisonnable d'exploiter cette compétence dans l'enseignement d'une autre langue ». Mais si ces propositions paraissent réalistes en début d'apprentissage et/ou avec des publics de spécialistes (perspective dans laquelle se place notamment Widdowson), il serait dommageable d'en rester là : ce serait effectivement réduire la langue à un simple « instrument » au sens étroit du terme. Il existe des situations d'apprentissage où l'approche ne peut être minimaliste, pour des raisons sociologiques (comme, par exemple, à l'Université de Louvain où les étudiants en économie néerlandophones doivent acquérir en français une compétence de communication maximale, au plan linguistique comme au plan référentiel et socioculturel[1]). De plus certains apprenants seraient vite démotivés pour apprendre une langue qui n'enrichirait pas leur compétence socioculturelle et leurs capacités d'interprétation. Car peut-on en effet se réclamer d'une approche communicative si les apprenants interprètent le(s) sens d'un document authentique à partir des composantes culturelle, discursive et sociolinguistique de leur compétence de communication en langue maternelle et sans pouvoir faire d'hypothèses sur les latitudes interprétatives admises par les natifs de la langue étrangère dans laquelle le document a été produit ?

Je citerai ici deux positions théoriques qui semblent se rapprocher d'une conception « maximaliste », positions prises dans des contextes d'enseignement secondaire où l'on ne peut définir, il est vrai, des contenus d'enseignement à partir d'objectifs limités et où il paraît difficile, par conséquent, d'adopter un point de vue « minimaliste ». A propos d'un projet d'enseignement des langues étrangères en Écosse, Clark (81) définit une « approche communicative dans un contexte scolaire » comme ayant pour buts, entre autres, d'« aider chaque élève à prendre conscience du système de la langue, des utilisations de la langue et des *variétés de langues*[2] » et d'« étendre ses horizons linguistiques et *culturels*[2] ». De même, dans le cadre d'une recherche sur l'évolution de cours de français à l'école élémentaire et à l'école secondaire dans l'Ontario, Canale et Swain (80) insistent sur le rôle conjoint des compétences grammaticale, sociolinguistique et stratégique dans la communication et soulignent qu'il faut également enseigner aux apprenants des éléments de *la culture étrangère*[2] afin de faciliter, par cette connaissance, les inférences socioculturelles et donc les hypothèses interprétatives. Cette dernière position est bien évidemment en rapport avec le contexte canadien dans lequel elle s'inscrit, ce qui amène à considérer la problématique communicative en fonction des caractéristiques spécifiques de la situation d'enseignement/apprentissage considérée.

---

1. Ce fut l'objet d'une discussion personnelle avec les enseignants de l'ILT de l'Université de Louvain, J. Binon et A.M. Cornu.
2. C'est nous qui soulignons.

1.2.4. Où l'approche communicative rejoint l'approche fonctionnelle sur objectifs

Lors de l'élaboration de cours de langue étrangère, l'approche communicative finit par se confondre, dans la pratique, avec ce qu'on appelle, dans le domaine français, l'approche fonctionnelle (voir la synthèse de Vigner 80) et, dans le domaine anglo-saxon, l'approche sur objectifs spécifiques *(English for Special Purposes)*. C'est d'ailleurs dans cette notion d'« objectif » que réside l'originalité, par rapport aux approches antérieures, des travaux du Conseil de l'Europe 73 *(Systèmes d'apprentissage des langues vivantes par les adultes)* : partir d'une analyse des besoins des apprenants (le modèle de Richterich) afin de mieux définir des objectifs « fonctionnels » d'apprentissage et, par la suite, des contenus d'enseignement exprimés en termes de « fonctions » de communication (d'où les confusions terminologiques entre le « fonctionnel » de l'objectif et la « fonction » de communication). Reprenant alors les propositions de Roulet 76a, nombre de ceux qui enseignaient à des publics spécifiques, ouvriers, employés ou universitaires (voir Heddesheimer et autres 78 et les expériences, citées par Germain 79, au Canada), ont cherché à répondre aux questions préalables à la mise en œuvre d'un cours de langue fonctionnel et communicatif : quels actes de parole l'apprenant sera-t-il amené à produire/interpréter en tant qu'utilisateur de la langue étrangère et dans quelle situation de communication sera-t-il amené à le faire, quels rôles aura-t-il à jouer, avec quels types d'interlocuteurs, en référence à quels domaines d'expérience, etc. ? Mais la démarche a souvent perdu, lors du passage à la pratique, une partie de ses principes théoriques. Certains, dans le cadre d'un enseignement « global », « général » d'une langue à des publics sans besoins spécifiques (notamment les apprenants de l'enseignement secondaire mais aussi les adultes des écoles de langues) ont seulement retenu l'intérêt d'une description des contenus en termes de fonctions (et souvent de micro-fonctions) du langage : faire l'impasse sur le public permet de continuer à fabriquer des méthodes universelles (destinées à tous publics) et surtout universellement diffusables, ce qui ne peut que ravir les éditeurs peu enclins à se pencher sur les publics restreints. D'autres, dans le cadre de publics particuliers, aux besoins théoriquement faciles à cerner (je ne reviendrai pas sur la difficulté à définir le besoin), court-circuitent la définition des contenus d'enseignement en termes communicatifs, en passant directement au choix, par exemple, de textes authentiques (autre principe théorique) à lire, au gré des demandes des apprenants ou de l'institution universitaire, cherchant ainsi à faire accéder à une « information » souvent dépouillée des facteurs socioculturels, pourtant si déterminants dans la diffusion de la connaissance en matière de communication scientifique.

Deux types d'observations peuvent être faites ici, compte tenu des remarques émises précédemment.

Dans une approche « maximaliste », on se demande par quel type de communication aborder la langue étrangère avec des débutants (on ne peut tout enseigner à la fois, tous les types de discours, dans toutes les situations de communication). On peut alors, même si l'enseignement est « général », se tourner vers le public, et pas seulement ses besoins : ses attitudes, motivations, habitudes d'apprentissage, etc., et envisager une description fine de la situation d'enseignement/apprentissage tenant compte de critères tels que adultes/adolescents, pays bilingue/monolingue/multilingue, cultures proches/éloignées, contacts avec l'autre langue faciles/inexistants, etc. (voir ci-dessous 2.1.1.). *Le modèle d'identification des besoins langagiers des adultes apprenant une langue étrangère* élaboré par Chancerel et Richterich (77), parce qu'il prend en compte les caractéristiques de l'apprenant, de l'institut de formation, de l'institut d'utilisation et de la société, peut facilement être adapté à d'autres contextes, publics scolaires notamment, et paraît donc plus opératoire que celui de Richterich 73 pour décrire une situation d'enseignement.

Mais enseigner à des publics particuliers, qui ont des objectifs spécifiques, ne veut pas dire se limiter nécessairement à une approche minimaliste, à des contenus uniquement définis en termes de micro-fonctions du langage et en référence à des domaines d'expériences restreints aux seules connaissances que l'apprenant possède déjà en langue maternelle. Bien que l'on ne vise, au moins dans un premier temps, que l'acquisition d'une compétence de communication qui ne sera mobilisée, actualisée que dans des situations de discours particulières (pour des raisons de priorité de formation), le développement des composantes culturelle et sociolinguistique de cette compétence et l'appropriation par l'apprenant d'un nouveau système linguistique ne devraient pas être laissés pour compte, comme on le voit parfois aussi bien dans des cours pour travailleurs étrangers que dans des programmes pour universitaires étrangers (« l'essentiel est qu'ils comprennent » et qu'« ils se fassent comprendre »). Il ne faudrait pas confondre **une définition de contenus en fonction d'objectifs spécifiques avec une réduction de ces contenus en termes d'unités minimales de communication et de signification** (actes de paroles, opérations discursives, marqueurs formels de cohésion, indices d'énonciation isolés de leurs contextes linguistique et sociolinguistique).

Ainsi, lors de la conception de cours de compréhension de l'écrit destinés à des spécialistes étrangers (historiens, philosophes, médecins, etc.), faudrait-il prendre en compte, aussi bien dans le choix des textes à analyser (corpus préalable à la définition des contenus d'enseignement) que dans la sélection des textes à utiliser en classe, ainsi que dans les stratégies de lecture proposées, des conditions sociologiques du « champ de production » des discours du domaine de référence considéré (notion empruntée à P. Bourdieu et diffusée dans ce domaine par Mariet 80). Un cours de français général conçu au travers de l'étude de la presse ne doit éliminer aucun journal, sous aucun prétexte, mais chercher à développer une compétence de communication apte à se mobiliser à n'importe quel endroit du « champ de production » (voir 2.4 ci-dessous). Un cours destiné à des secrétaires commerciales n'enseignerait pas des formules toutes faites applicables telles quelles mais chercherait, dans une optique communicative (voir 2.4 ci-dessous), à développer des capacités communicatives d'interprétation et de production même si cet objectif dépasse la qualification initiale de ces secrétaires et donc leur besoin « étroitement professionnel » (par exemple savoir sélectionner les paragraphes pré-composés d'une machine à traitement de texte). Un cours destiné à des guides touristiques donnerait une information socioculturelle aux apprenants, information nécessaire au développement de stratégies discursives qui ne sont pas seulement linguistiques... Mais nous avons en fait abordé ici un domaine majeur de la théorie sur l'enseignement de la communication : comment analyser la communication, c'est-à-dire comment décrire les discours que l'apprenant devra produire/interpréter et quelles stratégies de communication aura-t-il besoin de mettre en œuvre pour y arriver ?

1.3. L'ANALYSE
DE LA COMMUNICATION

1.3.1. La communication interactionnelle

Pour faire acquérir aux apprenants en langue étrangère la capacité de produire et d'interpréter des discours appropriés aux situations de communication auxquelles ils se trouveront un jour participer, il faut d'abord se demander comment ces discours fonctionnent. La question paraît avoir été mal posée dans l'approche communicative de l'oral en face à face. En effet, la perspective onomasiologique (on va du sens à la forme) et minimaliste (liste d'unités minimales de communication) des inventaires proposés a court-circuité l'analyse d'authentiques conversations où les actes ou micro-fonctions auraient pu être décrits dans des unités plus vastes et compte tenu des interactions inhérentes aux échanges verbaux. On a retenu tout d'abord des travaux de Hymes la notion de compétence de communication sans voir immédiatement l'intérêt des recherches des ethnométhodologues nord-américains sur l'analyse des conversations. Cependant les praticiens de l'enseignement des langues, ceux qui sont chargés de faire fonctionner des cours de langue, ont eu recours assez vite, devant l'aspect incomplet (trop « intuitif » et « arbitraire ») des niveaux-seuils, à ce que Germain (79) appelle « une solution pragmatique », **les enquêtes**, afin de déterminer des contenus de cours dits « communicatifs » : « toutes les méthodologies examinées reviennent à relever l'ensemble des énoncés produits par des autochtones dans des situations de communication qui se rapprochent le plus des situations identifiées au préalable comme des besoins langagiers ». Se pose alors le problème des choix méthodologiques nécessaires à l'analyse des discours recueillis lors de ces enquêtes.

Or on assiste ces dernières années à une remise en cause de certaines bases théoriques à l'origine des approches communicatives : Austin et Searle s'intéressaient, dans une perspective essentiellement philosophique, à décrire des actes isolés, à partir d'exemples fabriqués, sans tenir compte de leur fonctionnement dans le déroulement d'une conversation. On ne renie pas les bases théoriques de cette micro-analyse des unités de communication mais on semble s'orienter aujourd'hui vers une intégration des données de la pragmatique (dont l'orientation reste théorique) dans le cadre empirique (on part de l'observation) de l'ethnographie de la communication, domaine qui semble évoluer de son côté vers une sociolinguistique des relations interpersonnelles, relations verbales et non verbales (les théoriciens de l'enseignement des langues trouveront une mine d'idées à creuser dans la très bonne synthèse de Bachmann, Lindenfeld et Simonin 81 sur les travaux nord-américains). Dans cette perspective, on essaie de tenir compte des recherches de Hymes et Goffman, de la notion de maxime de Grice et des travaux de Ducrot, Flahault, Récanati en France, pour décrire les réalisations d'actes de parole à l'intérieur du système d'interactions de conversations authentiques (voir les travaux de Roulet et de son équipe 80 et 81 et les numéros 30 et 32 de la revue *Communications*). On cherche soit à prendre en compte les rituels d'interactions, les modalités d'organisation, les procédures linguistiques et paralinguistiques par lesquels s'établit une régulation de la prise de parole, pour finir par déboucher sur la notion de « stratégie conversationnelle » (voir 2.2.1) ; soit à décrire les unités constitutives des conversations, de la macro-unité (l'événement de communication) à la micro-unité (l'acte de parole) en passant par une série d'unités intermédiaires (transaction, échange, séquence), dans la ligne des travaux de Hymes, Ervin-Tripp, etc.

C'est cette intégration de l'unité minimale de communication dans des unités plus larges (séquence, échange et transaction) qui a, pour l'instant, été le mieux exploitée par la théorie de l'enseignement/apprentissage soit pour analyser les discours authentiques définis comme objectifs à atteindre par les apprenants (Heddesheimer et Lagarde 78 et ci-dessous 2.2.), soit pour envisager un nouveau type de progression des contenus d'un cours (Pérez 81 et ci-dessous 2.1.3), soit enfin pour analyser les discours de la classe (ci-dessous 1.3.3.) et les interactions enseignant/enseignés (Sinclair et Coulthard 75). Cependant ces perspectives de recherches, si prometteuses pour l'étude de la communication et si séduisantes qu'elles soient, sont à repenser en fonction d'une théorie de l'enseignement/apprentissage des langues et non pas à être adoptées sans restriction. D'une part, il s'agit toujours, pour l'instant, de **modèles de description** et non de **modèles de production et d'interprétation des discours**, seuls modèles qui seraient parfaitement opératoires dans une approche communicative. Ils peuvent nous aider à mieux comprendre comment une conversation fonctionne, se met en route, se déroule, s'écoule et s'achève, mais ils ne nous informent pas, dans l'état actuel des choses, sur **les stratégies de communication** des locuteurs, stratégies qui sont mises en œuvre lors de l'actualisation de la compétence de communication. Il ne s'agit pas de faire de l'« analyse conversationnelle appliquée » car on retomberait alors dans les mêmes erreurs qu'à l'époque où on a voulu appliquer les théories structurales. Paraphrasant Jakobovits, je dirai ici que nos capacités communicatives dépassent sûrement les capacités des sociolinguistes à décrire la communication. D'autre part, en admettant que les chercheurs, dans la mesure où ils s'orientent actuellement vers des modèles de production et d'interprétation des discours, arrivent à proposer **une théorie des stratégies conversationnelles**, il faudra de toute façon la repenser en fonction de l'enseignement/apprentissage d'une langue étrangère (voir 2.1.4) : d'abord s'il est bien clair qu'il n'y a pas que du linguistique, mais aussi du social, du culturel, de l'idéologique dans la mise en œuvre de ces stratégies, on ne voit pas très bien comment ces facteurs peuvent être intégrés au *processus d'apprentissage* (c'est-à-dire faire l'objet d'une systématisation consciente en milieu institutionnel) ou s'ils relèveraient seulement d'un processus d'acquisition au sens de Krashen 76 (ils ne pourraient alors être acquis qu'en apprentissage naturel, sans systématisation consciente) ; ensuite, s'il paraît important de sensibiliser les apprenants d'une langue étrangère aux rituels d'interactions, régulations de la prise de parole, modes d'intervention de la culture étrangère, peut-on leur demander de se les approprier, de les intégrer à leur compétence, d'être capable de les reproduire ou doit-on les laisser libres de les accepter ou de les refuser, selon leur désir plus ou moins grand d'intégration à la culture étrangère (voir 2.2.1) ? Mais ces remarques s'avèrent également pertinentes à propos des analyses de discours écrits, si l'on en croit nombre de professeurs ou futurs professeurs étrangers de français appelés à rédiger en français un mémoire de maîtrise ou une thèse de doctorat : certains refusent d'adopter un mode d'exposition qu'ils jugent typiquement français, non parce qu'ils ne sont pas capables de le produire mais parce qu'ils ont peur d'y perdre leur « culture ». Néanmoins ils sont conscients de l'importance d'une compétence en reconnaissance (lecture de textes) de ces discours étrangers.

1.3.2. L'écrit et les discours suivis

Si l'approche de l'écrit a été envisagée bien plus tôt sous l'angle de l'analyse de discours, c'est sans doute parce qu'aucun inventaire de fonctions discursives de l'ordre écrit n'a été établi à ce jour. C'est aussi parce qu'il est plus facile d'introduire des écrits authentiques dans un cours de langue étrangère que de courir après d'hypothétiques enregistrements oraux. Or il a bien fallu, dans une approche communicative de la lecture, partir d'une description des discours authentiques produits, afin de mettre en rapport les caractéristiques linguistiques des textes avec leurs conditions de production.

La plupart des analyses entreprises au nom de l'approche communicative visent à mettre en évidence des régularités discursives dans un ensemble de textes (un corpus de référence) choisis en fonction du type d'écrits que les apprenants ont besoin (ou envie) de lire et, plus rarement, de produire. Certaines de ces analyses portent sur l'organisation des textes et essaient d'en dégager **les fonctions principales** (description, argumentation, narration, explication, prescription) et, à un niveau plus fin, de fournir **une liste d'opérations discursives** qui ordonnent le déroulement du discours (présenter un argument, réfuter cet argument, donner un exemple, etc.) ; et l'on s'aperçoit alors que définir les valeurs illocutoires d'un discours relève autant de la logique que de la pragmatique (voir les travaux du Centre de Recherches Sémiologiques de Neuchâtel, Ali Bouacha et Portine 81 et les propositions en didactique de Beacco et Darot 78 et 80, Portine 78). Les analyses portent sur ce qu'on appelle **la cohérence** du texte, cohérence qui fait appel lors de la production et l'interprétation des discours à la composante discursive de la compétence de communication telle que nous l'avons définie en 1.1.3. Mais l'organisation sémantico-grammaticale du texte est toujours en rapport avec l'organisation du domaine de référence et cette relation au monde relève de la sémantique : ainsi dans les descriptions de maladies, les notions spécifiques (termes médicaux désignant les symptômes, les causes, la thérapie) sont en étroite relation avec les notions sémantico-grammaticales de la description, avec des relations causales et des modalités d'injonction. D'autres analyses s'attachent à dégager la syntaxe du texte, non plus à l'intérieur des phrases mais en élargissant le domaine aux relations entre phrases et de paragraphe en paragraphe, ce qui rend compte de **la cohésion** du texte. Ces modèles textuels font appel lors de la production et l'interprétation des discours à une partie spécifique de la composante linguistique de la compétence de communication, telle que nous l'avons définie en 1.1.3. (compétence textuelle). Il s'agit en fait de ce qui relie, soit sur le plan syntaxique, soit sur le plan sémantique, les éléments linguistiques à l'intérieur d'un texte : système des relations de co-référence (anaphores et cataphores grammaticales), système des relations de contiguïté sémantique (réitérations, parasynonymes, hyperonymes, hyponymes en relation diaphorique), articulateurs logiques et rhétoriques (appelés parfois connecteurs), etc. Tous ces éléments (décrits dans Hasan et Halliday 76 notamment) contribuent par ailleurs à **la progression** du texte (comme l'a montré Slakta 75) et doivent être pris en compte dans une pédagogie de la production des discours (et pas seulement pour enseigner à lire). Si cette dichotomie cohésion/cohérence, qui distingue les relations internes au texte de ses relations à la situation de discours, ne fait pas l'unanimité des linguistes, elle paraît opératoire (comme le propose Widdowson 78[1]) dans une théorie de l'enseignement/apprentissage des langues (voir 2.3.3. ci-dessous).

Je pense cependant qu'il faudrait sans doute, afin de mettre en place une véritable compétence de communication mobilisable aussi bien en compréhension qu'en production, analyser plus en profondeur les relations entre certains indices linguistiques qui fonctionnent dans le discours en tant que

---

1. « Je voudrais montrer que là où nous pouvons établir un lien propositionnel entre phrases, sans considération des actes illocutionnaires mis en œuvre, en nous référant à des indices formels syntaxiques et sémantiques, nous mettons en évidence la *cohésion*. La cohésion est donc le rapport explicite entre les propositions exprimées par des phrases. Là où nous reconnaissons l'existence d'un rapport entre les actes illocutionnaires que les propositions – lesquelles peuvent ne pas être liées de façon explicite – servent à réaliser, nous percevons la *cohérence* du discours. » (Traduction de K. et G. BLAMOND. Paris, Hatier-Credif, 1981.)

CADRE THÉORIQUE

traces d'opérations énonciatives sous-jacentes et les dimensions pragmatiques (les variables situationnelles des textes) dans une perspective proche des **théories de l'énonciation** (travaux de Jakobson 63 sur les embrayeurs, Benveniste 70 sur l'appareil formel de l'énonciation et aujourd'hui Culioli). Car le repérage systématique de la façon dont l'énonciateur intervient dans son dicours et prend en charge ses énoncés (marques de personnes, indicateurs spatio-temporels, indices de thématisation, modalités logiques et appréciatives, etc.) me paraît être un révélateur des fonctions discursives des textes et pourrait mieux ancrer dans le linguistique une approche communicative qui tiendrait compte à la fois des caractéristiques linguistiques des textes et de leurs conditions psycho-socio-culturelles de production. C'est une perspective que les recherches francophones ont pour l'instant mieux intégrée que les travaux anglo-saxons (voir Beacco et Darot 78 et 80, Moirand 79b, Lehmann et autres 80 et Portine 78).

Bien entendu, de même que certains outils de l'analyse des conversations sont utilisables pour étudier certains discours écrits sous l'angle communicatif (tracts, comptes rendus de réunions, lettres, etc. - voir 2.3.3. ci-dessous), de même les outils des grammairiens du texte (cohésion, progression) et ceux des théories de l'énonciation s'avèrent opératoires à l'oral pour analyser les échanges verbaux, y compris ceux de la salle de classe (voir 2.2.2. ci-après).

1.3.3. La communication dans la classe

Enseigner à communiquer en langue étrangère amène à s'interroger sur la nature des échanges verbaux dans la classe de langue. On doit à Sinclair et Coulthard (75 et 77) d'avoir mis l'accent sur les actes langagiers des participants de la situation scolaire et d'avoir ouvert la voie à l'étude de **la communication professeur/élèves** (voir par exemple pour une application de leur analyse Markopoulo 81). On a pu dégager ainsi la fréquence lors de ces échanges d'un schéma canonique peu comparable aux interactions de la communication quotidienne : *Question du professeur → Réponse de l'élève → Réaction du professeur*. On avait cru d'abord qu'il était spécifique de l'enseignement traditionnel ou de la méthode directe (*Qu'est-ce que c'est ? → C'est une table → Oui, c'est une table*), mais il subsiste encore dans les cours audio-visuels :

Professeur : « *Que fait Pierre ?* »   (incitation à parler)
Elève : « *Il va chez Mireille.* »   (réponse à l'incitation)
Professeur : « *Oui, il va voir Mireille.* »   (évaluation)

Or l'on se rend compte aujourd'hui qu'il ne suffit pas d'utiliser des documents authentiques (conversations enregistrées, articles de journaux, chansons) pour que les actes communicatifs de l'enseignant changent : il s'agit toujours de *donner des consignes, corriger, évaluer, faire parler*. Ainsi le professeur pose-t-il toujours des questions, même sur des dialogues ou textes authentiques, qui ne sont pas des demandes d'informations [1] mais qui visent plutôt à faire parler l'étudiant pour s'assurer qu'il a compris ou qu'il sait dire en langue étrangère ce qu'il savait déjà dire en langue maternelle (contrôle de la compétence linguistique) : « *Que demande le client ? Qu'est-ce qu'il veut faire ? Quelle est son intention ?* » etc. ou bien « *Qu'est-ce que c'est qui est écrit en gros en haut ?* » → « *Le titre* » → « *Très bien. De quoi parle le titre ?* » etc. Le professeur croit pratiquer la communication parce que le document est authentique alors qu'il ne fait que proposer des activités de repérage et de prise de conscience aux apprenants afin de développer leur compréhension. C'est pourquoi les corpus recueillis dans un cours de langue montrent à quel point les questions posées et les réponses attendues se focalisent sur le système plus que sur la communication : la communication dans la classe a de fait sa propre authenticité, verbale (types d'actes communicatifs et interactifs tels que ci-dessus) et aussi non verbale (gestes du professeur pour faire employer un pronom ou un pluriel, mimique pour évaluer ou faire répéter, échanges non verbaux entre les apprenants pour s'entraider ou se corriger). Il n'est donc pas étonnant que l'on trouve dans ces discours (et même dans certains gestes) **une dimension métalinguistique** qu'il ne faut pas confondre ici avec l'emploi d'une terminologie grammaticale (Besse 80c, Cicurel 82b). Le discours métalinguistique me paraît encore plus inévitable dans une approche communicative où l'on encourage l'apprenant à réfléchir sur son propre apprentissage afin de le prendre en charge (Holec 79), à prendre conscience des valeurs pragmatiques des énoncés et des régularités interactionnelles, à « analyser » les conditions de production et à conceptualiser les notions et les actes. D'autant que l'activité épilinguistique (au sens de Culioli : activité métalinguistique inconsciente du sujet) n'est pas spécifique à la situation de classe : on la trouve en apprentissage naturel, chez l'enfant comme chez l'adulte et l'on sait depuis Jakobson que la communication quotidienne n'est pas exempte d'énoncés métalinguistiques (la fonction métalinguistique du langage est centrée sur le code). Mais on ne sait pas encore très bien comment introduire la métalangue dans le processus d'enseignement, sauf à le faire d'abord en langue maternelle (Adamczewski 75, Roulet 80).

D'autres analyses ont porté sur la **communication dans la classe** lors d'activités plus créatives de **simulation** (« faire semblant de faire quelque chose ») ou de **jeux de rôle** (« faire

---

1. On les appelle questions d'« élicitation ».

CADRE THÉORIQUE

semblant d'être quelqu'un d'autre »), activités qui se veulent en principe plus proches des échanges interactionnels non scolaires, (voir 2.2.3.). Les remarques essentielles faites à leur propos tendent à montrer que l'apprenant se trouve alors engagé dans une double situation d'énonciation (Trévise 79) : il est par exemple M. Livori, coincé à Paris par une grève d'Air France et qui cherche à obtenir une place dans un train pour Rome (première situation d'énonciation dans laquelle il n'est pas personnellement engagé comme le serait un M. Livori authentique s'il ne s'agissait pas d'un jeu mais de la réalité) ; mais il est aussi lui-même, X... apprenant une langue étrangère avec un professeur et d'autres apprenants (deuxième situation d'énonciation dans laquelle il est affectivement impliqué, guettant les réactions de l'enseignant, cherchant à faire rire, amuser ou séduire les autres). Prendre conscience de cette double situation et de ses conséquences sur le discours des apprenants n'est pas remettre en cause l'intérêt de ces exercices dans l'apprentissage de la communication car, en situation naturelle d'apprentissage, il arrive que l'on se sente également dans une double situation d'énonciation (on discute parfois avec des natifs moins par envie de discuter que par désir de faire des progrès) et, en situation naturelle de communication, il arrive que nos actes communicatifs s'adressent moins à nos interlocuteurs qu'aux participants, spectateurs dans la situation (par exemple dans un lieu public, café, train, ou salle d'attente).

Cependant, si l'on pense, avec Clark (81), que pour qu'il y ait « communication réelle », il faut des interlocuteurs personnellement engagés dans un but à atteindre et qui cherchent à combler, grâce à leurs échanges, des « trous d'informations », c'est lors d'activités « artificielles », qui ne cherchent pas à « simuler » la réalité ou à « faire entrer » l'authenticité dans la salle de classe, que l'on observe des actes de discours « authentiquement communicatifs » : par exemple si l'on divise la classe en groupes, en donnant à chacun des tâches différentes mais pour lesquelles ils ont besoin de chercher des données auprès des autres groupes afin de les mener à bien (documents « lacunaires » à reconstituer, images-devinettes, problèmes logiques à résoudre, jeux à réaliser, etc. - voir Maley 80) et bien entendu, lorsque la situation locale s'y prête, quand on fait appel aux principes des méthodes actives sous forme d'enquêtes à réaliser ou de dossiers à produire, donc de questionnaires et d'interviews à faire auprès de natifs de la langue qu'on enseigne (voir Dalgalian et autres 81). Peut-être les apprenants n'auront-ils jamais ce type de tâches à réaliser dans leur vécu quotidien mais il semble que les activités mises en œuvre pour les mener à bien dans un cadre institutionnel les oblige à mobiliser des capacités communicatives réelles et surtout à s'appuyer sur des stratégies de communication authentiques (Couédel 81 ; ci-dessous 2.2.3. et 2.3.4.).

Or si enseigner à communiquer suppose que l'on intègre au processus d'enseignement ce type de stratégies (comme le pensent Canale et Swain 80), on devra d'abord chercher à savoir **comment elles fonctionnent dans une salle de classe** (entre les apprenants de même langue maternelle et entre des apprenants de langue maternelle différente). Quand on introduit en effet dans un cours de langue le travail en groupes, on s'aperçoit que les apprenants impliqués dans une tâche commune font appel pour la mener à bien à des stratégies particulières dès qu'ils perçoivent un décalage entre leurs besoins de communication et leurs capacités communicatives potentielles : il s'agit en effet d'arriver à faire passer son point de vue, discuter celui des autres, accepter de se corriger, corriger les autres, etc. (voir Grandcolas 81). Ces stratégies de communication (verbales et non verbales), qui sont nécessaires lors de l'actualisation d'une compétence de communication (voir 1.1.3. ci-dessus), ne paraissent pas différer fondamentalement des stratégies mises en œuvre par des étrangers en situation naturelle d'apprentissage (stratégies de reformulation, de sollicitation, d'éludage, de compensation..., Frauenfelder et Porquier 79) lors d'échanges interactionnels avec des natifs. Aussi il paraît utile, complétant ainsi les analyses proposées ci-dessus en 1.3.1., de décrire des discours entre natifs et étrangers car un locuteur « perçu » comme étranger donne lieu à des stratégies discursives de la part d'un natif différentes de celles qu'il aurait adoptées face à un autre natif (simplifications, hypercorrections, paraphrases, changements intonatifs et rythmiques). Or c'est ce type de productions que l'apprenant aura à « gérer », à « interpréter » quand il quittera le cours de langue et par rapport auxquelles il devra sans arrêt s'évaluer. Il paraît donc important de les intégrer dès l'élaboration des programmes d'enseignement[1].

---

1. Cette première partie a été développée à partir de la Conférence d'ouverture faite au XIIᵉ Colloque de l'Association Canadienne de Linguistique Appliquée à Ottawa en mai 1981. Je remercie ici les collègues canadiens qui m'ont donné l'idée de réaliser cet ouvrage et principalement l'A.C.L.A. qui, en m'invitant à prononcer la conférence d'ouverture du Colloque sur « L'enseignement de la langue comme instrument de communication », m'a amenée à m'interroger longuement sur cette question.

                CADRE THÉORIQUE

2. Les implications de la théorie

Le titre de cette deuxième partie ne sous-entend pas que l'on va chercher maintenant à appliquer une quelconque théorie du discours. Après avoir défini les contours d'un cadre de référence théorique qui nous donne les moyens d'analyser la communication et cherche à dégager les notions essentielles susceptibles d'intervenir dans une **théorie de l'enseignement des langues,** on pose ici quelques principes d'applications de cette théorie (ce qui nous amènera à faire appel à des notions empruntées à d'autres cadres théoriques : psychosociologie, psycholinguistique, sciences de l'éducation...), lors de l'élaboration de programmes d'enseignement dont l'objectif serait de développer chez les apprenants des **potentialités communicatives** aptes à s'actualiser plus tard dans des situations naturelles (c'est-à-dire non scolaires) spécifiques (par exemple situations d'échanges oraux en face à face, situation de lecteur solitaire, etc.).

2.1. L'ÉLABORATION DE PROGRAMMES D'ENSEIGNEMENT

2.1.1. Une démarche fonctionnelle

On a l'habitude de distinguer une situation dite d'*apprentissage naturel* et une situation d'*apprentissage institutionnel* : « Alors qu'en situation scolaire, l'apprenant est en contact avec des données linguistiques sélectionnées, ordonnées et massées, plutôt issues d'un modèle homogène, et comportant des aspects métalinguistiques, en situation naturelle, ces données sont hétérogènes et dépendent seulement des situations, des interlocuteurs, des actes de parole, auxquels participe l'apprenant. En situation scolaire, il produit des phrases, objets linguistiques ; en situation naturelle, il réalise des actes de parole. Les réactions des interlocuteurs, qui servent aussi de données à l'apprenant, sont en situation scolaire des interventions normatives, en situation naturelle des réactions au message (compréhension, réussite des effets pragmatiques) » (Noyau 79). Pour Krashen (76), à ces deux situations correspondent deux processus différents : il propose d'appeler *acquisition* [1] celui mis en œuvre par un apprentissage non formel « implicite »[2] et *apprentissage*[1] celui mis en œuvre par un apprentissage formel et « explicite » [2].

De fait, pour parler une langue étrangère, on peut soit l'apprendre « sur le tas » au contact de natifs et, en général, en vivant dans un pays où cette langue est parlée, soit suivre des cours dans une institution spécialisée (université, école de langue, etc.) ou avec un professeur particulier ; on peut, pour des raisons diverses, être contraint d'apprendre selon la première manière (travailleur migrant, réfugié politique...) ou selon la seconde (objectifs académiques ou professionnels) dans un lycée ou une entreprise par exemple. Cependant, opposer ces deux types de processus ne paraît pas évident dès que l'on y réfléchit quelque peu. Travaillant dans un pays dont il ne connaît pas la langue, un apprenant peut, tout en acquérant des capacités communicatives élémentaires au contact de natifs, se servir de dictionnaires, de grammaires et d'outils de référence qui vont l'aider à « formaliser » son acquis ; n'habitant pas un pays où l'on parle la langue qu'il veut ou doit apprendre, un apprenant peut, sans suivre de

---

1. A ne pas confondre avec l'opposition classique :
acquisition : par le jeune enfant de sa langue maternelle ;
apprentissage : d'une seconde langue à l'âge « adulte » (ou « adolescent »).
2. *Implicite* au sens de « non conscientisé » et *explicite* au sens de « conscientisé ».

cours de langue, utiliser des données « naturelles » (émissions de radio ou de télévision, films sous-titrés, conversations avec des natifs, etc.) pour compléter un apprentissage personnel plus « conscient » reposant sur des matériaux auto-didactiques (méthode *Assimil* par exemple) ainsi que sur des grammaires, dictionnaires, etc. ; à l'inverse, aller suivre un cours de langue dans un pays où se parle cette langue n'exclut pas le recours à une utilisation non formelle de la langue dans la vie quotidienne (c'est même une raison d'être de ce type de programmes). Il semble donc que nombre de situations soient mixtes avec une part d'*acquisition* (connaissances implicites, inconscientes) et une part d'*apprentissage* (connaissances explicites, conscientes). Mais quelqu'un qui n'apprend une langue que par des procédés « naturels » ne développe-t-il pas finalement ses propres **stratégies d'apprentissage** afin de prendre conscience du système de la langue, stratégies qui viennent parfois contrecarrer le « contrôle » de l'acquis par l'apprenant et vont jusqu'à « brouiller » la communication en focalisant l'attention sur la forme plutôt que sur l'acte de communication ? (Pour une discussion du modèle de Krashen, voir Noyau 79.)

Pour la clarté de l'exposé, je parlerai de **situations d'apprentissage** quand il n'y a pas d'enseignant et de **situations d'enseignement/apprentissage** ou **situations d'enseignement** (cette réduction du terme n'implique pas qu'il n'y a pas d'apprentissage mais résulte du principe d'économie !) quand il y a un enseignant, seule situation prise en compte dans le présent ouvrage où il s'agit d'« enseigner à communiquer en langue étrangère ». Ainsi parmi les situations d'apprentissage évoquées plus haut, ou pourrait distinguer celles où l'apprenant (A) est directement en contact avec la langue qu'il veut apprendre (L_2) dans son utilisation et ses variétés quotidiennes

$$A \rightarrow L_2 \text{ (objet d'apprentissage)}$$

de celles où l'apprenant est en contact « indirect » avec L_2 par l'intermédiaire de matériaux auto-didactiques (MAD)

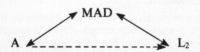

On se trouve généralement devant une situation d'apprentissage « mixte », comme nous l'avons vu ci-dessus, où les contacts avec la langue cible sont plus ou moins fréquents selon que l'on se trouve dans (ou à proximité d') un pays où cette langue est parlée. Ce type de situations intéresse particulièrement les psycholinguistes et les psychologues et, plus récemment, les sociolinguistes et les sociologues (à travers notamment l'étude de la langue des travailleurs migrants). Elles intéressent moins les spécialistes de l'enseignement des langues qui, pourtant, devraient prendre en compte les données des recherches effectuées par les précédents sur les stratégies de communication, les stratégies d'apprentissage, les attitudes et les représentations, les besoins et les motivations, etc., données qui s'intègrent tout naturellement dans une théorie de l'enseignement des langues (voir notamment les Actes des Colloques de l'Université Paris VIII sur l'*Acquisition d'une langue étrangère* 79, 80, 81, et Perdue et Porquier 80).

Les concepteurs de programmes et de matériaux d'enseignement et, bien entendu, les enseignants de langue sont plus directement interpellés par **les situations d'enseignement/ apprentissage**, celles où matériaux et professeurs servent de médiateurs entre les apprenants et la langue, objet d'apprentissage, voire d'uniques « modèles » de cette langue si elle n'est pas enseignée dans un pays où elle est parlée. Dans une telle situation, les enseignants de langue réagissent de manière diverse : certains estiment (ils sont de plus en plus rares) que la connaissance qu'ils possèdent de l'objet d'enseignement les dispense d'utiliser le moindre matériel (authentique ou fabriqué), mais l'apprenant qui n'aurait pour seul contact avec la langue que le discours de l'enseignant dispose alors de bien peu de données, de variétés de répertoires limités et d'interactions bien artificielles pour se « construire » son apprentissage (voir 1.3.3.). Dans le cas où l'institution impose à l'enseignant une méthode constituée (audio-orale, audio-visuelle ou communicative), là encore divers comportements sont adoptés : certains « appliquent » la méthode sans beaucoup réfléchir à son adéquation à la situation d'enseignement dans laquelle ils sévissent mais d'autres se poseront la question de son adaptabilité et donc analyseront d'abord cette situation. Si l'enseignant est libre de choisir « sa méthode », il peut se renseigner sur les méthodes qui existent sur le marché... et prendre par principe la dernière sortie, mais il peut aussi réfléchir, avant de commencer son cours et tout au long de son enseignement, sur les paramètres de la situation d'enseignement à laquelle il participe afin de bâtir son programme **en fonction de** cette situation et, s'il adopte une méthode, afin de l'adapter, de la compléter, de la « subvertir » en conséquence.

C'est ainsi que je définis donc **une démarche fonctionnelle**, indispensable à un enseignement de la communication qui tienne compte des objectifs des apprenants (voir 1.2.4. ci-dessus) : il s'agit, **devant une situation d'enseignement/ apprentissage dans laquelle on se trouve impliqué en tant que participant** (apprenants d'un côté et matériaux, enseignant, institution de l'autre étant les quatre « acteurs » en présence), **de décrire et d'analyser les différents paramètres de cette situation.** *A qui, où* et *quand on va enseigner, ce que l'on va enseigner, pourquoi, comment, quand* et *où on va l'enseigner* : répondre à ces interrogations permet de concevoir un enseignement de la communication (puisque tel est notre objectif ici) **en fonction des** données recueillies aux différentes étapes de la démarche, étapes que nous résumons dans un schéma p. 45 et que nous commenterons ensuite[1].

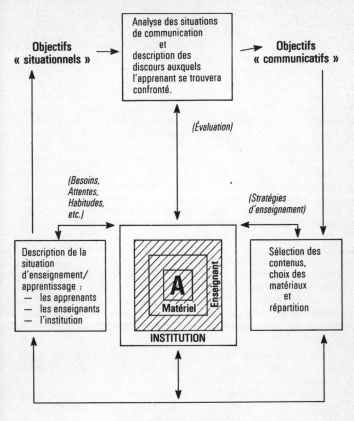

(ÉVALUATION EXTERNE)

A = Apprenant

Institution = Institution au sens « large » (Société, appareils d'État, etc.)

▨ = Classe de langue ou endroit où l'essentiel du cours se déroule

---

1. Tout schéma est par nature réducteur. Une démarche fonctionnelle « réflexive » suppose des remises en question incessantes, des retours en arrière, des sauts en avant, ce qui veut dire qu'il n'y a pas de chronologie imposée dans les étapes envisagées : les trois cadres extérieurs « tournent » autour de la classe avant et tout au long du cours. Si cette impression d'un ordre obligatoire subsiste, elle est due aux contraintes de l'exposition (la linéarité du discours...). Des « parcours » d'enseignement comparables ont été proposés par HEDDESHEIMER et LAGARDE 78, VIGNER 80 et lors des stages de formation du CRÉDIF-ENS St-Cloud animés par Denis Lehmann et Gisèle Kahn avec lesquels j'ai souvent travaillé et discuté (KAHN et LEHMANN, 82).

2.1.2. Définir des objectifs « communicatifs »

Il est devenu banal, depuis les premiers travaux du Conseil de l'Europe, de faire précéder la définition des objectifs d'un programme de langue d'une analyse des besoins langagiers. Mais cette perspective européenne visait à l'origine l'enseignement à des adultes ayant une certaine conscience du « besoin », alors qu'aux Etats-Unis par exemple, à la même époque, « l'enseignement par objectifs, inspiré de la taxinomie de Bloom, trouve son point de départ dans le concept behavioriste d'objectifs de comportements et non dans le concept de besoin » (Germain 79). Le besoin, même entouré des adjectifs « subjectif », « objectif », « ressenti » et accompagné des notions connexes de demande, d'attente et de désir, paraît insuffisant à lui seul pour décrire l'ensemble des paramètres d'une situation d'enseignement/apprentissage (cadre gauche du schéma ci-dessus), qu'il s'agisse d'apprenants, d'enfants, d'adolescents et même d'adultes[1]. Sans remettre en cause l'intérêt d'une problématique du besoin (largement développée, commentée, discutée par Coste 77b, Porcher 77a, Pelfrène 78, Debyser 79, Besse 80b, Vigner 80 et, bien entendu, par Richterich 73, 77, 79, etc.), je me contenterai ici de renvoyer à Richterich et Chancerel (77) pour une définition du rôle de l'identification des besoins langagiers[2], afin de ne pas sous-évaluer l'importance d'autres types de données.

Il s'agit donc de recueillir des informations sur les apprenants, les enseignants et l'institution (je n'assimile pas les enseignants à l'institution bien qu'ils en fassent partie... mais les apprenants aussi). Ces trois acteurs de la situation d'enseignement peuvent également participer à ces investigations effectuées sur eux-mêmes ou sur les deux autres : par exemple, mise au point par les apprenants d'une échelle destinée à évaluer l'image qu'ils ont de la langue qu'ils veulent – ou doivent – apprendre.

Se demander **qui est l'apprenant**, c'est chercher à connaître, outre son *identité* (âge, sexe, situation familiale, statut social, ressources, etc.), ses *motivations* (voir Gardner et Lambert 72) et surtout (parce qu'elles en découlent) quelles *images* il se fait non seulement de ses besoins en langue, c'est-à-dire de

---

1. Ceux-ci ne savent pas plus que les précédents (contrairement à une opinion largement répandue) ce qu'ils veulent apprendre et pourquoi, et ce qu'ils attendent d'un cours de langue (voir les publics des cours de langue des Universités, des Écoles de langue, des Centres Culturels et même des cours de formation permanente).
2. « Dans l'état actuel de nos travaux, nous pensons que l'identification des besoins langagiers est le moyen privilégié, il peut y en avoir d'autres, de rechercher ce compromis pour préciser les modalités d'intervention, de dialogue, de négociation, de participation entre apprenant et institutions de formation et/ou d'utilisation » (RICHTERICH et CHANCEREL 77, p. 7).

ses « manques », mais aussi de sa compétence de communication à l'arrivée, quelles *attitudes* il a face à la langue visée et envers ceux qui la parlent, quelles *représentations* il s'est construites concernant l'apprentissage des langues, son propre apprentissage et ses expériences antérieures d'apprentissage, enfin quelles sont ses connaissances, ses domaines d'expérience et surtout ses *habitudes d'apprentissage* (données dont il faudrait tenir compte pour le choix des stratégies d'enseignement, voir 2.1.4. ci-dessous). On sent bien qu'un nouvel apprentissage fera évoluer ces images, attitudes et représentations : enseignants et apprenants ont donc intérêt à mener ce type d'investigation **tout au long** du parcours d'apprentissage et non seulement **avant** le début du cours.

De même, se demander **quelle est l'institution,**c'est chercher à déterminer son *statut* (institut de formation et/ou institut d'utilisation pour reprendre les formulations de Richterich et Chancerel 77, établissement public ou privé, national ou international, etc.) et ses *ressources* (moyens matériels, financiers, et... humains – enseignants, techniciens, secrétaires) mais c'est aussi analyser ses *demandes* et, par le biais par exemple d'une analyse de contenu des programmes, ses propres *objectifs* (l'institution a tendance à définir les besoins des apprenants à partir de ses propres objectifs), ses *attitudes* face aux apprenants, aux enseignants, aux méthodes, *la représentation* qu'elle a d'une compétence de communication et des moyens d'enseignement pour y parvenir, et ses habitudes d'organisation, de contrôle et d'évaluation[1], sans sous-estimer dans ces données l'importance des contraintes d'ordre politique et idéologique.

Se demander **qui est l'enseignant**, c'est, au-delà d'une analyse de son *statut* et de son *rôle* dans l'institution (comment est-il perçu ?), faire un bilan de ses connaissances, de ses expériences, des formations reçues et des possibilités d'auto-formation et de recyclage, c'est s'interroger (tout enseignant peut le faire lui-même) sur *l'image* qu'il a des apprenants et de la langue qu'il enseigne, sur *la représentation* qu'il se fait de la communication et de la manière dont on apprend à communiquer, c'est réfléchir enfin sur ses habitudes d'enseignant, ses stratégies d'enseignement, ses capacités à écouter et à observer les apprenants.

On pourrait essayer d'établir un inventaire exhaustif des recherches que l'on peut mener à cette étape de la démarche. Mais outre qu'il serait fastidieux, là n'est pas l'essentiel de notre propos : chacun doit, en fonction de la situation d'en-

---

1. Susan Starfield, dans un mémoire de maîtrise sur *L'enseignement du français en Afrique du Sud* (UER EFPE, Université Paris III, 1980), propose ainsi de croiser plusieurs types de données : une analyse de discours des programmes officiels, une analyse de contenu des examens, une analyse des méthodes employées et enfin un questionnaire auprès des enseignants.

seignement dans laquelle il se trouve et en fonction du rôle qu'il y joue (auteur de matériel, responsable pédagogique, concepteur de programme, enseignant, etc.), déterminer quelles investigations vont l'aider dans sa tâche lors de la mise en route d'un cours de langue, de son déroulement et de sa phase finale (voir 2.1.4. ci-dessous, l'évaluation différée). Les investigations menées à cette étape relèvent, pour la plupart, des méthodes des **sciences psychologiques et sociales** : techniques d'enquête avec croisement de données recueillies par questionnaires auto-administratifs, entretiens individuels, entretiens de groupe, tests, échelles d'attitude, etc. (voir Richterich et Chancerel 77) ; analyses de contenu des entretiens, des programmes, des règlements, des examens, des réunions, etc. qui s'orientent parfois vers des analyses de discours issues des sciences du langage (voir Pelfrène et autres 76).

L'ensemble des données recueillies lors des investigations retenues fournit d'une part une image globale de la situation d'enseignement et permet d'autre part de **poser des objectifs** au cours de langue, compromis entre ce que sont et ce que semblent vouloir les apprenants, les demandes et les contraintes de l'institution, ce que peuvent faire enfin les enseignants. A partir de cette description, on arrive en fait à savoir (très globalement) dans quelles situations les apprenants souhaitent et/ou doivent utiliser *en priorité* la langue étrangère : situations professionnelles, situations touristiques, situations académiques etc. ; situations d'oral en face à face, situations d'oral en réunion de groupe, situations de lecture, situations de communication épistolaire, situations d'examen, etc. Il s'agit donc d'« **objectifs situationnels** » (les situations de communication prioritaires dans lesquelles les apprenants auront à utiliser la langue étrangère), objectifs qui ne sont pas encore exprimés en termes d'analyse de la communication (interactions, actes de parole, gestes, règles de cohérence, etc.).

Traduire ces objectifs situationnels en **objectifs communicatifs** nous renvoie à certains aspects du cadre théorique tel que nous l'avons analysé dans notre première partie (notamment en 1.1. et 1.3.) et au cadre supérieur de notre schéma : il s'agit d'étudier les différents paramètres des situations de communication retenues précédemment (voir nos propositions en 2.2. et 2.3.), de mettre en relation ces paramètres avec les éléments verbaux et non verbaux de la communication et enfin d'analyser les discours (éléments verbaux) produits dans ces situations (voir 1.3.1. et 1.3.2. ci-dessus). Cette étape de la démarche commence donc inévitablement par **un recueil de documents dans leur fonctionnement réel**. Ce recueil peut être facile à réaliser (par exemple rassembler des annales d'examens, des consignes écrites de matériels professionnels, des questionnaires d'embauche, etc.), mais plus délicat dès qu'il y a enregistrement dans des situations d'oral en face à face en présence de participants muets (employé/client dans un office de tourisme, secrétaire/étudiant dans une université) ou dès que se posent les questions de représentativité du champ de production que nous avons évoquées en 1.3.2. ci-dessus (textes de spécialité par exemple).

Il peut demander des moyens techniques peu onéreux (photocopie) mais peut également impliquer pour l'oral l'utilisation de la vidéo (pour l'instant, hélas, trop peu mise à contribution). Il suppose que l'on tienne compte, pour l'oral également, des interactions non seulement entre natifs mais aussi entre natifs et étrangers (voir 1.3.3.) si l'on veut proposer aux apprenants des exemples de stratégies de communication « réalistes » et des moyens « authentiques » d'évaluation (voir 2.1.5. ci-dessous). Quant au choix des modèles d'analyse (de la situation, des discours et des stratégies), il devra tenir compte de la spécificité de la démarche. **Cette étape doit en effet être mise en relation** d'une part avec **la description précédente** – le cadre gauche du schéma –, d'autre part avec sa finalité ultérieure, **la détermination des contenus d'enseignement en termes d'unités de communication.** De plus, les données de la description évoluant tout au long du cours de langue, à tout moment, on pourra avoir besoin de recueillir de nouveaux discours produits dans d'autres situations que celles prévues initialement (voir 2.1.4.).

Rappelons pour terminer que l'on fait appel, pour définir des « objectifs communicatifs », à des méthodes relevant plutôt du champ des **sciences du langage** : recherches sociolinguistiques pour l'étude des variétés de discours, les paramètres situationnels, les interactions et les stratégies conversationnelles ; théories de l'énonciation pour une mise en rapport des traces des opérations énonciatives dans le discours avec les conditions de sa production ; domaine de la pragmatique pour l'analyse en actes de parole, fonctions de communication et opérations logico-discursives ; grammaires de texte pour certaines règles de cohérence ; études sémantiques pour dégager les notions et, dans une certaine mesure, la psycholinguistique pour l'étude des stratégies de communication.

2.1.3. De la détermination des contenus d'enseignement à leur répartition

L'analyse des discours recueillis permet d'établir des **inventaires d'objectifs communicatifs** à atteindre, en termes de situations, interactions, indices d'énonciation, fonctions de communication, marques de cohésion et notions (lexicales et sémantico-grammaticales), par exemple. Mais ces objectifs communicatifs ne se confondent pas forcément avec des contenus d'enseignement correspondant à des objectifs d'apprentissage. Dans le cas, par exemple, d'une formation en langue de standardistes de services internationaux, on peut isoler, entre autres situations, celles où le correspondant étranger demande un numéro qu'il connaît et retrouver dans l'ensemble des discours recueillis un « **schéma conversationnel** » de base commun :

– *Je voudrais téléphoner au...*	(pays)
– *Vous avez le numéro ?*	
– *C'est le...*	(numéro)
– *Le... ?*	(numéro)
– *C'est ça, à..., au...*	(ville, pays)
– *O.K.*	
– *Merci.*	

Il s'agit d'une situation d'échanges verbaux, par le canal du téléphone, où l'apprenant doit au minimum, en termes de communication, apprendre à repérer des actes de demande, retenir l'objet de la demande (le numéro, le lieu) et savoir formuler en interaction des actes de requête, de demande de confirmation, de répétition et de vérification. Lors de la détermination des contenus d'enseignement, on sera amené à différencier entre **des activités**[1] (comprendre/parler au téléphone, distinguer/prononcer des chiffres, épeler, etc.) et **des fonctions de communication** (savoir interpréter les formulations directes ou indirectes de la requête, de la vérification, etc.). Ainsi comprendre les chiffres en langue étrangère, les identifier, compte tenu des différences de prononciation probable des interlocuteurs, objectif d'apprentissage qu'on ne peut ici négliger, est une activité qui met en jeu, en priorité, le développement des capacités de discrimination auditive en langue étrangère, capacités que l'on pourra faire acquérir dans bien d'autres situations que celles du téléphone (jeux de société, jeux radiophoniques, etc.). Autre exemple : la lecture de consignes, activité commune à de nombreux apprenants (étudiants, ouvriers, employés), devient dans certains contextes un objectif d'apprentissage nécessaire : au-delà des objectifs communicatifs impliquant un apprentissage des formulations du « dire de faire » et des actes de recommandation et de mise en garde ainsi que des traces formelles de modalités pragmatiques et modalités d'injonction typiques de ces discours, on proposera ce genre d'activités dans d'autres situations auxquelles les apprenants ne seront peut-être jamais confrontés, en utilisant des matériaux différents de leur réalité future et surtout en sachant varier les tâches qu'on leur demande de réaliser (arriver à jouer, à monter une maquette, à faire un dessin ; réussir un puzzle, réaliser un tableau vivant, une scène mimée, etc.). Pour mettre en place un cours

---

1. J'entends par *activités* ce que l'on trouve parfois sous le terme de *fonctions de communication* mélangées à des *actes* et que j'estime important de différencier : par exemple, comprendre des conversations, se servir du téléphone, lire des petites annonces, suivre une conférence, prendre des notes, lire à voix haute, etc. ne sont pas, pour moi, des fonctions de communication mais des activités.

de compréhension de l'écrit destiné à des étudiants d'université, on ne confondra donc pas les objectifs communicatifs de ces publics (repérer s'il s'agit d'une démonstration, d'une narration, d'une argumentation critique ou d'une prescription) avec les activités qui sont sous-jacentes à tout projet authentique de lecture (voir 2.3) : lire pour faire un exposé, lire pour écrire un article, lire pour trouver une définition ou des exemples, lire pour comprendre un schéma, lire pour traduire, etc. Distinguer les objectifs d'apprentissage des objectifs seulement communicatifs permet d'une part de faire une place à l'apprentissage des structures phonétiques et grammaticales dont le rôle dans la compétence de communication ne doit pas être sous-estimé (voir 1.1.3.) et d'autre part d'avoir une autre stratégie pour choisir des documents à utiliser dans les cours de langue. Car, pour revenir sur les trois exemples évoqués plus haut, est-ce vraiment l'**authenticité** du document utilisé qui importe ? L'authenticité de l'activité proposée n'est-elle pas finalement aussi importante ?

Plusieurs paramètres devraient intervenir lors du **choix des matériaux d'enseignement** : certaines données de la description de la situation d'enseignement, besoins et motivations des apprenants, demandes de l'institution, ressources des uns et des autres, etc. (cadre gauche du schéma), les analyses des situations de communication visées par l'apprentissage et celles des discours produits dans ces situations (cadre supérieur du schéma) et enfin les réactions des apprenants « en train d'apprendre » à partir de ces matériaux (cadre central et 2.1.4. ci-dessous). On pourrait objecter à la démarche que beaucoup de programmes sont contraints de court-circuiter l'analyse des situations et discours authentiques (parcours inférieur du schéma), que d'autres ne tiennent pas compte de la situation d'enseignement, ni même des analyses de discours réalisées (en utilisant exclusivement par exemple les données des niveaux-seuils) et enfin que certains confondent les documents authentiques nécessaires à la définition des objectifs communicatifs (y compris s'il s'agit par exemple de sélectionner des actes de parole dans *Un Niveau-Seuil*, voir 1.2. ci-dessus) avec les matériaux à utiliser dans le cours de langue. Mais rappelons qu'il s'agit de définir quelques principes d'application d'une théorie de l'enseignement/apprentissage des langues et non pas de décrire la réalité actuelle des programmes de langue. Une des premières données de la description (cadre gauche du schéma) amène pourtant à prendre en considération les méthodes existantes (à l'intérieur de l'école ou sur le marché de l'édition) et les dossiers élaborés par d'autres enseignants (tout cela fait partie des *ressources* de l'institution) : non seulement on analysera leurs contenus linguistique, communicatif, thématique et idéologique, mais on mettra surtout en rapport ces contenus avec les données recueillies sur les apprenants et notamment avec l'image qu'ils ont de leurs capacités communicatives futures. Il arrive en effet que l'on puisse utiliser une partie de ces matériaux à condition toutefois de modifier les activités proposées, compte tenu des caractéristiques du public. Mais d'une manière générale, il est plus satisfaisant (et pas seulement pour l'esprit) que l'enseignant fabrique lui-même une partie des matériaux d'enseignement[1] à partir desquels les apprenants vont se construire leur apprentissage, et, s'il s'agit d'enseigner/apprendre à communiquer en langue étrangère, qu'il utilise largement des enregistrements, textes et documents authentiques choisis en fonction des paramètres évoqués. Reste que l'enseignant et/ou le concepteur de programmes d'enseignement ont alors à effectuer sur chaque document retenu ce que j'appelle **une analyse prépédagogique** (Moirand 77a et 79b) dont la fonction, à différencier des analyses précédentes où il s'agissait de mettre en lumière des régularités discursives, est double : mieux comprendre comment fonctionne un texte oral ou écrit à ses différents niveaux (sociolinguistique, pragmatique, sémantique, logique, syntaxique, morphologique, phonétique, typographique, iconique...), contribuer à la mise au point de stratégies d'enseignement appropriées, aptes à aider les apprenants à développer, face à des discours étrangers, les compétences nécessaires à leur compréhension et/ou leur production (voir 2.2.2 et 2.3.3.).

C'est là que l'on s'interroge sur **les tâches** à proposer aux apprenants car d'elles vont découler les activités au travers desquelles ils se construisent une compétence de communication en langue étrangère. L'on s'aperçoit alors que l'authenticité du document ne débouche pas forcément sur des activités ni sur des tâches authentiques : lire un tract en classe n'implique pas le même projet que dans la réalité et le tract n'a donc pas les mêmes fonctions communicatives (voir 2.3.) ; comprendre une conversation enregistrée n'est pas la même chose que d'y assister dans la réalité, encore moins d'y participer (voir 2.2.). A l'inverse, des tâches peu authentiques *a priori* (au sens où on ne les rencontre pas en dehors de la classe) peuvent déboucher sur des **activités authentiques** et/ou de la communication authentique : reconstituer par exemple l'ordre de déroulement d'une conversation ou d'un texte à partir de morceaux pré-découpés et distribués dans le désordre à différents sous-groupes d'apprenants obligent ceux-ci à demander des informations (il s'agit ici d'une fonction de communication authentique) soit à l'enseignant, soit aux autres apprenants (voir 2.2.3. et 2.3.4.). C'est pourquoi mieux vaut privilégier l'authenticité des activités ou des fonctions de communication mises en œuvre par les tâches que celle des documents et accepter, par exemple, d'intégrer dans les programmes de langue ce que nos collègues canadiens appellent des **documents réalistes**, à mi-chemin entre le fabriqué et l'authentique. Je me contenterai ici de citer Pérez (81), qui me paraît bien résumer cette prise de position théorique : « La

---

1. Il peut d'ailleurs s'appuyer pour cela sur les outils élaborés dans le cadre de l'approche communicative (Niveaux-seuils, syllabus, etc.), voir 1.2.

question est de savoir si vraiment on doit tout faire pour respecter le principe d'authenticité. Tant qu'il s'agit de documents écrits, le problème ne se pose pas. On peut toujours faire une collecte. Mais lorsqu'il s'agit de productions orales, les choses se compliquent. Dans l'élaboration du cours de français L$_2$ pour élèves-infirmiers, nous n'avons pu pour des raisons de code d'éthique, syndicales et autres, procéder dans les hôpitaux aux enregistrements à partir desquels on aurait pu travailler. Des informateurs (infirmières et anciens patients) nous ont conseillés en suivant pas à pas la fabrication des dialogues. Ces dialogues ne sont pas authentiques, nous pouvons les qualifier de réalistes. Dans l'élaboration d'un cours semblable pour migrants, l'équipe du COFI à Montréal a procédé à la mise en situation de francophones : les concepteurs jouaient le rôle de malades, une infirmière jouait son propre rôle. Les dialogues obtenus peuvent être qualifiés de semi-authentiques. La présence du micro, le fait de savoir qu'on est enregistré, peut influencer les réalisations langagières. Malgré tout, les dialogues sont d'un grand réalisme ». Cette façon de procéder diffère du « fabriqué » des méthodes audio-visuelles où les dialogues sont écrits (et les différents rôles souvent par le même auteur pour un même dialogue) avant d'être joués, ce qui fausse considérablement les caractéristiques interactionnelles des situations d'échanges en face à face.

Authentiques ou réalistes, les documents, comme les contenus d'enseignement qui ont déterminé leur sélection, sont « distribués » dans le temps tout au long du cours de langue. Parce qu'on ne peut tout introduire à la fois, **une répartition** des contenus est en effet inévitable (je préfère éviter le terme de « programmation », trop technocratique et un peu prétentieux, et réserver le terme de progression aux seuls apprenants). Mais comment répartir les contenus définis en termes de situations, fonctions, actes et notions et présentés au hasard de documents authentiques ou même réalistes (voir 1.3.1.) ? Peut-on faire intervenir les anciens critères des progressions structurales ? Il ne semble pas qu'il y ait de doctrines établies en la matière mais plutôt des propositions de répartition suffisamment souples pour prendre en compte, au fur et à mesure du déroulement du cours, la progression des apprenants (voir 2.1.4). Certains d'ailleurs, arguant du fait que toute progression d'enseignement *a priori* est remise en cause par celle des apprenants, pensent qu'il suffit d'apporter des documents[1] dans la classe, peu importe dans quel ordre, à partir desquels les apprenants structurent eux-mêmes leur apprentissage. Si cette confiance dans les stratégies des apprenants n'est pas contestable, on peut cependant s'interroger sur la nécessité de maintenir un enseignant dans la

---

1. Ils comptent parfois sur l'apport de documents par les apprenants mais cet apport dépend plus de leurs ressources que de leurs motivations. Cela reste par ailleurs utopique dans la majorité des situations d'enseignement.

classe. Or l'absence d'enseignant dans les programmes fondés sur l'autonomie est justement compensée par une présentation ordonnée et réfléchie des contenus, avec soutien d'un animateur à la demande (voir les travaux du CRAPEL à l'Université de Nancy). Je suis donc d'accord avec les autres, ceux qui pensent qu'il faut encore prévoir un certain ordre dans la présentation des contenus (Besse 80b et surtout Courtillon 77 et 80), ne serait-ce que pour « accélérer » la prise en charge par l'apprenant de son propre apprentissage.

Mais **que faire progresser dans un cours communicatif ?** Ce n'est plus le lexique, en fonction d'inventaires de fréquence et de disponibilité ; ce ne sont plus les structures grammaticales en fonction de critères de rendement ou d'extensivité ou du critère, peu scientifique, de facilité. Paradoxalement, si les unités de progression ont changé (fonctions, actes de parole, notions et parfois situations), on retrouve à peu près les mêmes critères : on parle de formulations de moins en moins « probables », de notions de moins en moins « rentables », d'actes de plus en plus « complexes ». Ainsi *les progressions « en spirale »* (à la suite de Wilkins 76) proposent de présenter un petit nombre de formulations de fonctions et notions dans des situations d'abord limitées, puis d'étendre le type de situations avec les mêmes formulations, puis le nombre de formulations dans des situations identiques (d'abord celles des notions, ensuite celles des fonctions), d'introduire enfin fonctions et notions et ainsi de suite ; mais la sélection des formulations paraît reposer sur des critères simple/complexe (parfois définis en fonction d'une analyse contrastive préalable). D'autres auteurs envisagent d'enseigner d'abord les formes des notions sémantiques les plus « généralisables » relevant d'une *« grammaire fondamentale »* avant d'aborder la *« grammaire du sujet »* (modalités, marques d'énonciation, plus liées aux composants psycho-socio-culturels de la communication – Courtillon et Papo 77), mais ne retrouve-t-on pas là le vieux principe cher à l'enseignement des langues de commencer par une langue « neutre » et « référentielle » avant d'aborder une langue plus « modalisée », plus « émotive » et personnalisée ? En ce qui concerne les actes, certains (Debyser 80) suggèrent d'enseigner en premier *les formulations « directes »*, par exemple pour la requête les impératifs et les performatifs (*Emmène-moi au cinéma, je te demande de m'emmener au cinéma*, etc.), et se demandent comment aborder ensuite les formulations « indirectes » (*j'aimerais bien voir ce film ; cet acteur est très bon ; tu aimes X... ?*) ; n'est-ce pas également contradictoire avec une approche « maximaliste » de l'enseignement de la compétence de communication (voir 1.2.3.) qui voudrait tenir compte dès les débuts de l'apprentissage des composants socioculturels de la communication ? Certains de ces auteurs affinent et précisent peu à peu leurs conceptions (Courtillon 80 par exemple) mais toutes ces propositions portent sur une présentation ordonnée des micro-unités de communication : or se pose le problème non seulement de leur articulation mutuelle mais surtout de leur intégration dans des unités plus larges (interactions, événement de communication, texte, situation, etc.). C'est ainsi qu'on voit apparaître des cours où fonctionnent en parallèle des modules dits « situationnels » avec des modules dits « fonctionnels », centrés sur un ou deux actes de parole en interaction (Gremmo 78).

Il me semble vain d'essayer de trop affiner une répartition des unités minimales des contenus d'enseignement (on retombe alors dans les micro-graduations des approches structurales, cette fois-ci au niveau communicatif) hors de la classe de langue elle-même et sans s'appuyer sur la progression des apprenants. En revanche, on peut envisager, dans l'état actuel du cadre théorique, des répartitions de macro-unités d'enseignement.

Je pense d'abord à ce que l'on pourrait nommer des **répartitions situationnelles** : soit en proposant des événements de communication où, dans un premier temps, toutes les interactions sont « prévisibles » (elles entrent dans le thème de l'événement : apporter par exemple son linge à laver dans une blanchisserie → « Ce sera prêt quand ? » → « Mardi soir, ça vous va ? » → « Plus tôt, ce n'est pas possible ? », etc.) avant d'envisager des interactions non prévisibles (elles sortent du thème de l'événement ; on parle, toujours dans la blanchisserie, des impôts, de la politique, de sa santé, etc.) et de moins en moins prévisibles, de plus en plus allusives ou humoristiques, pleines d'implicites, voire de connivences en fonction des relations des interlocuteurs, etc. (voir 2.2. ci-dessous) ; soit en suivant la chronologie « authentique » des situations que l'on peut rencontrer dans la réalité (voir 2.4. ci-dessous, Colombier et Poilroux 77), c'est-à-dire la chronologie du référentiel. Je pense ensuite à ce que l'on pourrait nommer des **répartitions discursives** : soit on tient compte, à partir d'une analyse en niveaux d'unités communicatives (événement, transaction, échange, acte), d'un allongement des différents « moments » : de plus en plus d'actes dans les échanges, de plus en plus d'échanges dans l'ouverture, le développement et la fermeture d'une transaction, de plus en plus de transactions dans un événement (voir Pérez 81 et 2.2. ci-dessous) ; soit on tient compte, à partir d'une analyse sociologique, des conditions de production des discours dans le champ du domaine considéré afin d'envisager une répartition « représentative » (Mariet 80), répartition que l'on combinera aux données d'une analyse linguistique sur les types de discours : partir du descriptif, puis du narratif avant d'aborder l'argumentatif, le critique, le polémique intégrés au descriptif et/ou au narratif. Je pense enfin à ce que l'on pourrait nommer des **répartitions pédagogiques** : proposer aux apprenants, sur le même type de documents, des tâches de plus en plus complexes, impliquant des activités de plus en plus diversifiées, etc. (Maley 80). Les trois types de **répartitions, situationnelles, discursives et pédagogiques,** pourront bien entendu se combiner et être toujours remises en cause par la progression des apprenants[1], si on les effectue *a priori*. C'est pourquoi la répartition des contenus et des documents a lieu en fait tout au long du cours ; ce que permettent les matériaux élaborés sous forme de dossiers, modules, ensembles pédagogiques interchangeables ; ce que ne permettent pas les méthodes dont la progression des contenus reposait sur une conception trop rigide de l'élaboration des programmes. Ce qui laisse également aux acteurs principaux de la classe de langue (enseignant et apprenants) une part d'intervention non négligeable dans la sélection et la répartition des contenus d'enseignement ainsi que sur les stratégies d'approche et d'appropriation de ces contenus (voir 2.1.4. ci-dessous).

Si la description des situations d'enseignement emprunte plutôt aux méthodes des sciences psychosociales (cadre gauche du schéma), alors que l'analyse des situations de communication et des discours produits dans ces situations relève plus de celle des sciences du langage (cadre supérieur du schéma), **le choix des documents** utilisés dans la classe, **la sélection des contenus d'enseignement** ainsi que la manière de les présenter (stratégies d'enseignement) et la façon dont les apprenants les intègrent (stratégies d'apprentissage) sont au centre d'**une théorie de l'enseignement/apprentissage des langues** qui couvrirait la mise en place d'un programme dans sa totalité : phase préparatoire, déroulement du cours, phase finale (cadre droit du schéma et surtout cadre central, lieu du déroulement du cours, que nous expliciterons en 2.2. et 2.3. ci-après).

2.1.4. La progression des apprenants face aux stratégies d'enseignement

Les théoriciens de l'enseignement/apprentissage des langues et les concepteurs de matériaux pédagogiques suggèrent à l'enseignant des stratégies (méthodologie, procédures, exercices) pour introduire dans la classe des contenus d'enseignement et présenter aux apprenants des documents authentiques, réalistes ou fabriqués. Cependant, à partir du moment où l'enseignant intervient en partie (s'il utilise un matériel constitué) ou en totalité (s'il élabore son cours lui-même) sur la sélection des contenus et le choix des matériaux qu'il va présenter dans la classe ainsi que sur leur répartition dans le temps, lui seul peut définir en dernier ressort ses propres stratégies dans une démarche fonctionnelle qui veut tenir compte des paramètres de la situation d'enseignement pour

---

1. Elles s'appuient, toutes trois, sur les connaissances que l'on a des apprenants (cadre gauche du tableau) et sur ce que l'on connaît de leur compétence (expérience, compétences référentielle, discursive et linguistique).

enseigner à communiquer en langue étrangère. Car lui seul reste au contact des apprenants tout au long du cours et lui seul peut observer non seulement leur progression d'apprentissage, mais aussi l'évolution de leurs motivations, de leurs demandes et de leurs attentes. On ne peut donc *a priori* ni rejeter ni recommander de procédures particulières : **l'objectif de l'enseignant** est d'abord de favoriser une exposition des apprenants à un maximum d'échantillons de langue étrangère, ensuite de les aider à structurer ces données en organisant leur présentation, et à se les approprier en leur proposant des tâches mettant en jeu des activités faisant appel à des opérations linguistiques et cognitives diversifiées, enfin d'évaluer et de leur faire évaluer leur compétence de communication par comparaison de leurs propres productions avec les échantillons présentés, avec des productions de natifs ou d'autres apprenants et avec leurs productions antérieures.

Je distinguerai d'abord des **macro-stratégies** relevant d'une méthodologie globale d'enseignement : méthodologie audio-visuelle, suggestopédie, *Community language learning* (voir Saferis 78, Stevick 76, Maley 80) dont on pourra toujours retenir certaines procédures ; par exemple l'activité de productions d'énoncés sur images de certaines méthodes audio-visuelles permet une variation de formulations sur un même acte de parole en fonction de données situationnelles ; la suggestopédie met l'accent sur le développement des facteurs d'une motivation positive à l'apprentissage (par exemple, avoir un « rôle » valorisant dans le groupe), ce qui n'est pas à négliger lorsqu'on veut enseigner à communiquer ; l'« apprentissage en communauté » essaie de tenir compte de ce que les apprenants ont vraiment envie de dire avant de systématiser l'apprentissage.

Je distinguerai ensuite des **micro-stratégies** cherchant à organiser des procédures d'enseignement/apprentissage permettant la production d'énoncés en communication : le travail en groupe, qui favorise la communication entre les apprenants (ceux-ci, engagés dans la réalisation d'une tâche, sont moins centrés sur la forme de l'énoncé que sur sa fonction et développent alors des stratégies de communication pour faire passer leur point de vue) ; les techniques de créativité qui font appel à l'imagination et développent chez l'apprenant l'invention dans le langage et donc, à mon avis, des capacités stratégiques de compensation ; les techniques de simulation et de jeux de rôle (voir 1.3.3.) qui permettent une libération de l'expression et surtout une prise en compte du rôle de l'affectivité dans les interactions ; les méthodes actives qui, elles aussi, décentrent l'attention de l'apprenant du seul apprentissage des règles linguistiques, en focalisant son attention sur une réalisation concrète : enquête, journal (Couédel 82), émissions vidéo (Couédel 81), etc. (voir Dalgalian et autres 81). D'autres stratégies permettent de prendre en compte d'autres aspects d'une compétence de communication : il s'agit du travail individuel autogéré, à partir de consignes, et intégrant l'utilisation d'outils tels que dictionnaires, glossaires, etc. lors d'activités de compréhension de documents écrits, oraux ou vidéo, travail qui concourt au développement de capacités d'auto-apprentissage (sur *l'auto-apprentissage dirigé*, voir Holec 79)[1].

Je distinguerai enfin ce qu'on a coutume d'appeler des **exercices** (en fait, tout dans une classe de langue est exercice, destiné à ce que les apprenants *exercent* leur compétence de communication en langue étrangère ou un aspect de cette compétence) dans lesquels les stratégies précédentes vont se matérialiser : par exemple, lors d'activités de compréhension, des exercices de repérage mettant en jeu des opérations d'identification, de catégorisation ; des exercices de recomposition (d'images, de textes, de dialogues ou de grilles à remplir) mettant en jeu des opérations de classement, de hiérarchisation ; des exercices « lacunaires » (lacunes à remplir dans un texte, sur un graphique, une image) mettant en jeu des opérations de mise en relation ; lors d'activités de production, des exercices « pragmalinguistiques » mettant en jeu des opérations d'énonciation et des règles interactionnelles ; des exercices de narration mettant en jeu des opérations de repérage dans le temps et l'espace ; des exercices de description (d'images, de graphiques, etc.) mettant en jeu des opérations de détermination, de hiérarchisation, de qualification ; des exercices de contraction mettant en jeu des opérations de regroupement, etc.[2].

Quels que soient les méthodologies globales de référence, les procédures adoptées et les exercices proposés, l'activité de l'enseignant oscille entre un **« faire faire »** (faire comprendre, faire parler, faire repérer, etc.) et un **« permettre de faire »** (laisser parler, encourager, etc.). Dans les situations les plus favorables, l'apprenant, gérant seul son apprentissage, vient lui demander conseil et il sert alors de « référence » et d'« évaluateur » (voir les expériences du CRAPEL sur *l'apprentissage autodirigé avec soutien*). Dans l'un ou l'autre cas, il joue un rôle de catalyseur d'apprentissage et, pour cela, il faut qu'il sache écouter, observer, voir les apprenants afin de suivre leur progression.

Car **l'apprenant est en perpétuelle évolution** tout au long du parcours d'apprentissage qu'il entreprend en entrant dans un cours de langue. Non seulement sa connaissance de la langue étrangère progresse mais évoluent également ses motivations,

---

1. Les stratégies évoquées diffèrent de la procédure classique où tout énoncé est centré sur l'enseignant : celui-ci pose une question (donne une consigne) sur une image, un texte, un enregistrement authentiques, à tour de rôle chaque apprenant produit un énoncé (une réponse ou une verbalisation de l'activité répondant à la consigne). C'est cette stratégie qui répond au schéma classique évoqué en 1.3.3. : *Élicitation → Réponse → Réaction*.
2. Sur les exercices, voir le livre de G. VIGNER, à paraître dans cette collection.

ses demandes, ses stratégies d'apprentissage, ses représentations de la langue qu'il apprend et de l'apprentissage d'une
langue en général, etc. Sans doute est-ce là une raison de
l'échec des méthodes trop dirigistes : le même schéma de
leçon, la même procédure d'enseignement (explication,
mémorisation, exploitation), le même type d'exercices sévis-
saient du début à la fin du cours, à tel point qu'on voyait
dans les cours extensifs fondre les effectifs le jour où les
élèves savaient qu'on allait répéter ! C'était méconnaître une
des lois fondamentales de l'apprentissage – à savoir que le
processus fait évoluer l'apprenant lui-même et pas seulement
sa connaissance de ce qui fait l'objet de son apprentissage –
que de lui proposer des stratégies d'enseignement qui, elles,
n'évoluaient pas du début à la fin du cours. Cependant, si
l'apprenant évolue, parallèlement au développement de sa
compétence de communication en langue étrangère (rappelons qu'il s'agit à la fois des connaissances linguistique et
psycho-socio-culturelle et de la capacité à les mobiliser dans
les situations de communication rencontrées, voir 1.1.3.), le
processus de base sur lequel repose l'apprentissage d'une langue est toujours identique : **l'exposition à la langue** permet
d'intégrer certains éléments de cette langue et certaines données sur son fonctionnement → à partir de ces données, l'apprenant va faire **des hypothèses** et réfléchir sur son fonctionnement → à partir des éléments mémorisés et des hypothèses
faites, il va **tester sa connaissance transitoire** (son « système
intermédiaire ») soit en compréhension, soit surtout en production car il pourra là recevoir confirmation ou infirmation
de ses hypothèses et faire ainsi progresser l'état de sa connaissance. Dans le processus, entrent en jeu non seulement des
connaissances linguistiques mais aussi des connaissances
psycho-socio-culturelles : ainsi peut-on émettre l'hypothèse
de **compétences de communication transitoires** qui passeraient
par des états successifs et intermédiaires dans lesquels l'équilibre entre les différentes composantes (linguistique, discursive, référentielle et socioculturelle) serait lui aussi instable et
transitoire. Mais on ne peut évaluer l'état de ces compétences
communicatives intermédiaires, on peut seulement l'inférer
du discours de celui qui apprend.

Dans un cours de langue, qui a lieu loin d'un pays où cette
langue est parlée, **l'exposition** est constituée par **l'ensemble
des documents utilisés, le discours de l'enseignant** et **celui des
autres apprenants**. C'est dire l'importance du choix des échantillons de langue apportés au travers des matériaux, c'est dire
aussi l'importance du discours de l'enseignant (d'où le développement actuel des analyses portant sur la langue de l'enseignant). C'est dire aussi que le discours des autres apprenants va également jouer un rôle dans cette exposition et
qu'il est donc vain de s'opposer à toute réflexion sur des
énoncés erronés, sous prétexte que les apprenants vont les
fixer. Car, fort heureusement, tout ce à quoi l'apprenant est
exposé ne s'enfourne pas tel quel dans son esprit. Pour
reprendre les termes et le modèle proposés par Frauenfelder

et Porquier (voir le schéma ci-après), tout ce qui arrive à « l'entrée »[1] n'est pas « saisi »[1] et tout ce qui est « saisi » et « intégré » n'est pas automatiquement produit à la « sortie »[1], seul endroit où s'exercent le contrôle de l'évaluation par l'enseignant :

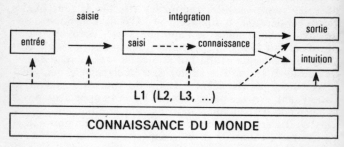

(Frauenfelder et Porquier, 1979)

Ce modèle du processus global à la base de l'apprentissage d'une langue étrangère peut servir de point de départ à une réflexion qui porterait sur les rapports entre les stratégies d'enseignement et les stratégies de l'apprenant, point névralgique des cours de langue en situation institutionnelle. Cette réflexion dont je ne donnerai ici que quelques points de repère devrait emprunter aux recherches psycholinguistiques de ces dernières années (voir Porquier 82). Les stratégies de l'enseignant vont intervenir à « l'entrée » et sans nul doute influencer « la saisie » : non seulement dans la manière de sélectionner, répartir, utiliser, présenter, expliquer ces documents mais dans la façon de donner des consignes, proposer des tâches et des exercices, corriger et évaluer les productions des apprenants (« la sortie »). Or n'oublions pas que le discours de l'enseignant et les productions des apprenants constituent également des données pour l'« entrée », ce qui justifie le développement actuel des recherches sur les discours ainsi que sur les échanges verbaux dans la classe, qui sont autant d'interactions intervenant à « l'entrée ».

Face à ces **stratégies d'enseignement**, l'apprenant est loin d'être passif lors de « la saisie » : il intervient au travers d'opérations mentales de type cognitif (qu'on appelle généralement processus) mais si ces opérations sont à la base de tout apprentissage, la façon dont l'apprenant va les mobiliser

---

1. Les termes « entrée », « saisie », « sortie » traduisent ceux de *input*, *intake* et *output*, très fréquents dans la littérature anglo-saxonne sur l'apprentissage des langues (voir FRAUENFELDER et PORQUIER 79).

IMPLICATIONS DE LA THÉORIE

semble dépendre de facteurs individuels : d'abord sa connaissance du monde (d'où le rôle, malgré tout, des composantes référentielle et socioculturelle de la compétence de communication de la langue maternelle (voir 1.2.3. et 1.1.3.), ensuite ses connaissances linguistiques (les composantes linguistique et discursive des compétences de communication acquises en langue maternelle et dans d'autres langues) et, dans la plupart des cas, le système « appris » (conscientisé) d'une langue de référence[1], enfin ses habitudes et représentations de l'apprentissage d'une langue.

Il existerait donc des **stratégies individuelles d'apprentissages** (dans la façon d'inférer, généraliser, mettre en relation, répéter mentalement, mémoriser, etc.) qui organiseraient « la saisie » en sélectionnant certaines données, en les mettant en relation avec d'autres déjà intégrées, en les hiérarchisant et, par suite, en favorisant leur appropriation par l'apprenant dans sa compétence et donc la possibilité pour lui de les utiliser lors de « la sortie ». Car, à « la sortie », lors d'activités de communication en compréhension et/ou production, d'autres stratégies interviendront pour mobiliser cette compétence de communication transitoire ; il s'agit alors de **stratégies de communication**, stratégies qui reposent sur des phénomènes de compensation, semble-t-il, entre les composantes linguistique, discursive, référentielle, socioculturelle et que certains essaient actuellement d'analyser : stratégies de reformulation, d'éludage, de sollicitation (Porquier 79, Frauenfelder et Porquier 79), sans oublier les stratégies non verbales, l'utilisation du mime ou du dessin, les gestes de sollicitation par exemple. Les recherches sur l'apprentissage institutionnel distinguent un troisième type de stratégies, les **stratégies scolaires** par lesquelles l'apprenant manifeste ses capacités d'adaptation au système scolaire pour bien réussir les exercices et surtout les épreuves d'examen auxquels on le soumet ; ce sont des stratégies qui visent des objectifs académiques : réussir un concours et non pas *apprendre à communiquer* en langue étrangère.

En situation naturelle d'apprentissage, on s'aperçoit que stratégies de communication et stratégies d'apprentissage sont souvent confondues mais est-ce vraiment différent en apprentissage institutionnel, dans les interactions avec l'enseignant ou avec d'autres apprenants lors de travaux de groupe et à condition qu'on favorise des activités de communication[2] ? D'autre part, les stratégies scolaires ne sont-elles pas assimilables aux stratégies d'adaptation à la communication en

---

1. La langue de référence n'est pas toujours la langue maternelle dans les pays multilingues où la langue d'enseignement sert de référence (par exemple l'anglais pour l'Inde).
2. Les classes où l'on trouve des étudiants dont la langue de référence est différente pourraient être de bons révélateurs de ces stratégies.

société, que l'on développe dans la vie sociale et professionnelle (on dit ce qui se dit dans cette situation, ce que les
autres attendent de vous, ce qu'il faut dire pour être « embau-
ché » ou simplement accepté dans un groupe) ?

Ce sont là des questions que les théoriciens de l'enseigne-
ment/apprentissage des langues étrangères ont un peu trop
abandonnées aux investigations des psycholinguistes et tout
dernièrement des sociolinguistes, qui se sont par ailleurs plus
intéressés à l'enseignement/apprentissage de la langue maternelle que des langues non-maternelles. Il est temps de
confronter les recherches menées dans la classe sur le type de
stratégies développées par les apprenants en fonction des
tâches, des exercices d'apprentissage et des modes d'évaluation proposés par l'enseignant avec les recherches menées
hors la classe sur le type de stratégies développées en langue
étrangère dans des situations de communication diversifiées
entre natifs et étrangers ou étrangers de langue maternelle (ou
langue de référence) différente[1]. Cette confrontation pourrait
apporter en effet quelques éclaircissements à la notion,
encore bien floue, de **stratégies de communication en langue
étrangère** et sur ses rapports avec la notion de **compétence de
communication** (voir 1.1.3.).

Pour l'instant, que l'on exclue ces stratégies d'un modèle
de compétence de communication en les faisant intervenir à
la « sortie » lors de l'actualisation de cette compétence ou
qu'on les y inclue, elles restent dans les deux cas au centre du
débat sur l'évaluation de cette compétence, puisqu'on ne peut
inférer celle-ci que de l'analyse des discours produits par les
apprenants et de leurs propres jugements, de leurs propres
évaluations, notamment en compréhension.

2.1.5. A propos de l'évaluation

Une démarche fonctionnelle, telle que nous l'avons définie
en 2.1.1., dans la mesure où elle essaie, grâce à toute une série
d'investigations menées avant, pendant et après un cours de
langue, de mieux définir des objectifs de communication et,
par conséquent, de mieux répartir des contenus d'enseignement déterminés en fonction de ces données, englobe, dans

---

1. Peut-être faudrait-il également s'intéresser aux stratégies développées
pour ne pas avoir à communiquer (n'acheter que dans des supermarchés, ne
manger que dans des restaurants libre-service, se faire accompagner d'un ami
qui peut traduire, etc.), et à l'origine de ces attitudes négatives envers la communication avec des natifs chez certains groupes d'immigrés ou de réfugiés
politiques par exemple.

sa définition même, la notion d'**évaluation** (voir Porcher 77b), empruntée au plan théorique aux chercheurs des **sciences de l'éducation.**

Mais, évaluer[1], au sens trivial du terme, est un acte omniprésent dans un cours de langue, si l'on prend en considération d'autres aspects que l'évaluation externe (qu'impose souvent l'institution) et que l'évaluation formelle (les tests et autres épreuves d'évaluation). Car les participants de la classe de langue, enseignants et apprenants, s'ils ont en tête des objectifs communicatifs suffisamment définis, sont sans arrêt en train d'évaluer, c'est-à-dire de repérer où ils en sont sur leur parcours d'enseignement pour les uns, sur leur parcours d'apprentissage pour les autres. Toute tâche, tout exercice proposés sont en même temps pour l'enseignant un moyen d'évaluer les capacités communicatives des apprenants ainsi que pour ceux-ci un moyen d'auto-évaluation. Bien entendu, cette évaluation constante mais empirique est bien trop entachée de subjectivité pour qu'on s'en contente. Aussi demande-t-elle à être « rationalisée » et complétée par des évaluations plus objectives : comparaison avec des productions antérieures, avec des productions de natifs ou d'étrangers plus « compétents » ; évaluations prévues à des moments précis du parcours d'apprentissage et combinant des questionnaires d'auto-évaluation, des discussions avec les apprenants sur leur apprentissage de la communication, des épreuves spécifiques administrées par l'enseignant et si possible des tests plus « formels » élaborés avec un spécialiste de l'évaluation.

Il reste que, actuellement, la réflexion en ce domaine paraît en avance sur les pratiques[2], dans la mesure où pendant longtemps on a substitué à la notion d'*évaluation* celle de *certification*, c'est-à-dire la satisfaction d'objectifs académiques (Porcher 77b) : réussir à des concours, des examens externes, des entretiens d'embauche évaluant, pour mieux sélectionner et éliminer, plutôt des savoirs sur la langue, présumés quantifiables, qu'une compétence de communication efficiente (parfois la seule composante linguistique de cette compétence). Je me contenterai donc d'évoquer ici les cinq questions classiques que me posent les professeurs et futurs professeurs de langue en espérant que les recherches menées conjointement par des praticiens/théoriciens de l'enseignement/apprentissage des langues et des spécialistes de l'évaluation permettront bientôt d'y répondre efficacement[3] :

---

1. Dans le quotidien d'un cours de langue, l'acte d'évaluer entretient d'étroits rapports avec *la correction*, que l'enseignant corrige ou qu'il incite l'apprenant à se corriger, que l'apprenant se corrige (auto-contrôle), corrige un autre apprenant ou sollicite une correction (voir GRANDCOLAS 81).

2. On peut consulter ici l'ouvrage fondamental de CARROLL 80 sur l'évaluation de la compétence communicative et celui de OLLER et PERKINS 80.

3. Le *pourquoi évaluer* ne se pose pas si l'on considère que l'évaluation fait partie du processus d'enseignement/apprentissage.

– Qui peut évaluer une compétence de communication en langue étrangère ?

– Qu'est-ce qu'on évalue exactement ?

– Comment on l'évalue ?

– Où on l'évalue ?

– Quand on l'évalue ?

On pense d'abord qu'il incomberait aux concepteurs de programme d'**évaluer les compétences de communication transitoires** au fur et à mesure du déroulement du cours : mais ceux-ci sont souvent trop centrés sur les contenus d'enseignement et pas assez sur les problèmes d'apprentissage. En fait, seuls les participants de la situation de classe sont en mesure d'effectuer une évaluation suivie des progressions des apprenants, ce qui suppose qu'ils en aient les moyens et n'exclut donc pas une collaboration efficace avec les concepteurs de programme, les spécialistes de l'évaluation et même éventuellement l'institution. Dans une perspective communicative, on s'est aperçu du rôle que peut jouer l'évaluation dans « l'accélération des processus d'apprentissage » (Schlissinger 81), rôle plus déterminant encore si elle est prise en charge en partie par l'apprenant, en partie par une collaboration enseignants/apprenants. Mais l'auto-évaluation présuppose une formation spécifique de l'apprenant (Holec 81) afin qu'il puisse comparer ses productions avec celles des natifs, avec celles d'autres apprenants, avec les siennes à d'autres moments du cours en fonction des capacités communicatives visées, et juger de l'évolution (en faisant appel notamment à l'introspection) de ses stratégies de communication, d'interaction et surtout de compréhension, en fonction de ses objectifs communicatifs, dont il doit d'abord prendre conscience, et de sa représentation de la « réussite » en langue étrangère.

On a pendant longtemps essayé d'**évaluer la langue matière d'enseignement** soit en la découpant (en phonétique, grammaire, vocabulaire, etc.), soit en tenant compte des rubriques traditionnelles des leçons de langue (dictée, conversation, thème, version, etc.), soit en isolant les quatre « skills » fondamentaux des méthodologies structurales (compréhension et expression orales, compréhension et expression écrites). Mais comme on était centré sur la langue plus que sur la communication, on évaluait ou bien des connaissances (lexicales, grammaticales, orthographiques...), ou bien des stratégies scolaires (capacités à réussir des exercices, par exemple répondre à des questions sur un texte écrit pour juger des progrès en conversation, ou compléter les blancs d'un test de closure pour juger de la compréhension). Dans une perspective communicative, qu'il s'agisse de l'évaluation par l'enseignant, d'une évaluation mutuelle entre apprenants ou d'une auto-évaluation, on essaie d'abord, en fonction des objectifs terminaux visés ou en fonction d'un objectif intermédiaire global ou spécifique, de déterminer des **critères d'évaluation** avant de chercher à apprécier une performance. Par exemple, en expression orale, on évaluera (Holec 81) : la correction linguistique, les variétés et la cohérence des registres, l'efficacité pragmatique, les capacités de développer des stratégies de compensation, la fluidité du débit, la richesse verbale et non verbale, l'adaptation du discours, etc. Cependant, si l'on veut, à travers l'étude des discours et des jugements des apprenants, **évaluer leur compétence de communication**, je crois (en accord avec Canale 81a et 81b) qu'il faut commencer par mieux définir les contours théoriques du « modèle » de cette compétence afin d'en isoler les différentes composantes (Canale et Swain 80 proposent de prendre en compte différents critères relevant des compétences grammaticale, sociolinguistique, discursive et stratégique).

Comment évaluer cette compétence ? Ici se pose la question des types d'épreuves permettant de la mobiliser : quelles tâches demander aux apprenants et quelles activités mettre en jeu ? Mais (et c'est sans doute la particularité des programmes communicatifs), il n'y a finalement pas de différence entre les exercices d'apprentissage et les épreuves d'évaluation (voir par exemple ce que propose Mothe 81 pour le milieu scolaire). Toute activité communicative est en même temps évaluative et si l'on prend soin d'en varier les modalités d'intervention (en petit groupe, en solitaire, avec ou sans l'enseignant, en interaction avec des intervenants extérieurs à la classe, natifs ou étrangers, etc.), on aura tous les cas de figure possibles d'une évaluation, la différence résidant alors dans la centration des participants soit sur l'apprentissage (plutôt sur « l'entrée », soit sur l'appréciation de la réussite (plutôt sur la « sortie ») – voir, sur les tâches, Frauenfelder et Porquier 80. Dans de nombreux programmes communicatifs, on demande en effet aux apprenants de passer d'un fait divers ou de consignes ou d'un récit oral ou écrit à une scène mimée, un tableau vivant, un dessin ; d'un texte lu ou écouté à un tableau ou un graphique à compléter, à des grilles de compréhension à remplir ou à élaborer, etc. (voir 2.2. et 2.3.) ; on retrouve aussi le passage inverse d'un tableau ou d'un graphique ou d'une histoire en images à un récit à dire ou à écrire, celui d'un film vidéo ou d'une série de photos à un commentaire oral ou à des légendes écrites, etc. ; on retrouve enfin l'utilisation de techniques d'enquêtes (interviews, questionnaires, etc. avec utilisation de la vidéo, du magnétoscope... ou du carnet de notes !) auprès des natifs de la langue qu'on apprend. Cependant, si une approche communicative n'exclut ni les résumés ni les traductions totales ou contractées en tant que moyen de transmission des messages, elle prend en compte, pour mieux évaluer (et c'est une différence fondamentale avec les approches précédentes), les conditions de production de ces types de discours : à qui transmet-on l'information ? Pour quoi faire ? Avec quelle intention ? (Voir 1.1.2.). De plus, elle s'accommode d'épreuves qui combinent, comme dans la réalité quotidienne (voir 2.4.), compréhension et expression orales (échanges interactionnels), compréhension écrite puis compréhension et expression orales, compréhension écrite puis expression écrite, compréhension orale (téléphone) puis expression écrite, etc. ; car, comme le dit Mothe (81, p. 64) : « Pourquoi ne pas essayer de rapprocher autant que possible les situations d'évaluation de ces situations langagières authentiques, en imaginant des épreuves qui reprennent les mêmes combinaisons ? », en utilisant à des fins d'évaluation les techniques de simulation lorsque la situation d'enseignement ne permet pas de sortir de la classe pour rencontrer des natifs ni même de les y faire entrer.

Il s'agit en effet de savoir **où évaluer les capacités des apprenants à mobiliser leur compétence de communication transitoire.** L'idéal existe : si on enseigne par exemple au Québec à des adultes anglophones dont les objectifs sont d'abord professionnels, il est facile de les envoyer « sur le terrain » apprécier l'état de leur communication en français ; si on enseigne l'anglais à des étrangers à Londres, ceux-ci pourront tous les jours (à condition toutefois de les former) contrôler la progression de leur compétence ; et même si on enseigne l'anglais en France, on peut trouver des anglophones (avec des accents différents, des statuts et des expériences diversifiés) prêts à servir de « témoins, de points de comparaison » et de « test » à des apprenants français. Bien entendu, cette forme d'évaluation n'est pas à elle seule suffisante, pas plus qu'une stricte évaluation interne à la seule classe de langue, au travers des exercices évoqués précédemment ; mais c'est une forme souvent négligée, même si les situations d'enseignement s'y prêtent volontiers : les assistants étrangers dans les lycées en France ne semblent guère être sollicités en ce sens par les professeurs de langue ; et les natifs de la langue qu'on enseigne résidant dans le pays d'enseignement trouveraient là un éventuel moyen d'intégration.

Reste à savoir **quand pratiquer l'évaluation** : on ne peut en effet « lâcher » sur le terrain ou « mettre » face à un natif n'importe quel apprenant, n'importe quand, sous peine de provoquer un découragement trop grand, ou même un rejet de la langue par l'apprenant, en tous cas des attitudes négatives face à ceux qui la parlent. Cette forme d'évaluation doit être négociée entre l'enseignant et les apprenants ; elle demande à être préparée et parfois précédée d'autres formes d'évaluation (simulation évaluative, épreuves formelles, auto-évaluation) et ceci tout au long du parcours d'apprentissage, avec en tête des objectifs communicatifs bien définis et des possibilités de comparaison (discours de natifs, discours d'autres apprenants, discours de l'apprenant à différents stades de son apprentissage et notamment au début du parcours, discours « visé » à l'arrivée), donc de repérage (Porcher 77b). C'est en ce sens que l'on peut parler du caractère « formatif » de *l'évaluation* par opposition au caractère « notatif » de *la certification*. Mais par-delà cette évaluation permanente tout au long d'un cours de langue, un programme communicatif devrait prévoir, quelque temps après la fin du cours, la possibilité d'effectuer ce que j'appelle **« une évaluation différée »** afin de tester l'enseignement[1] : a-t-on su développer chez l'apprenant des capacités d'autonomie suffisante pour qu'il puisse continuer à gérer seul son apprentissage (sans aucun soutien désormais que ses seuls outils de référence) ? A-t-on su lui donner des **« potentialités communicatives »** aptes à s'actualiser dans des situations authentiques au travers de stratégies de communication diversifiées ?

J'ai essayé, dans une première partie (1.1., 1.2. et 1.3.), de définir ce que pourrait être le cadre théorique de référence d'un enseignement de la communication, à la lueur des données actuelles des **sciences du langage** (sociolinguistique, analyse de discours notamment) et au travers des notions de *communication, situation* et *compétence de communication.*

Au début de cette deuxième partie[2], en envisageant l'élaboration de programmes d'enseignements communicatifs, j'ai fait appel à des notions empruntées à d'autres champs d'études, notions inhérentes à tout programme d'enseignement et non spécifiques d'un enseignement de langue : *besoins, motivations, attitudes, représentations, ressources* viennent des **sciences psychosociales** ; *détermination, sélection* et *répartition* des contenus, *méthodologies* et *procédures* d'enseignement, *objectifs* et *évaluation* viennent des **sciences de l'éducation** ; *processus, opérations* et *stratégies, acquisition, apprentissage* et *progression* sont des notions qui viennent des **sciences psychologiques**, notamment de l'apprentissage.

Une théorie de l'enseignement/apprentissage des langues ne « réduit » pas ces notions, comme on l'en accuse à tort, mais elle les éclaire d'un jour particulier, puisqu'il s'agit d'enseigner à communiquer en langue étrangère[3].

---

1. *L'évaluation différée* peut se faire au travers d'entretiens et/ou de questionnaires : le problème est de retrouver les apprenants.
2. Les chapitres 2.2 et 2.3 seront centrés sur le cadre central du schéma (en liaison avec le cadre de droite).
3. Ainsi la notion de progression n'est pas spécifique à l'enseignement d'une langue mais elle va s'enrichir ici des notions d'*interlangue, système intermédiaire, compétence de communication transitoire, stratégies de communication.*

2.2. UNE APPROCHE
DE L'ORAL INTERACTIONNEL[1]

2.2.1. De l'oral qu'on décrit à l'oral qu'on enseigne

Pour décrire l'oral authentique en face à face, on dispose maintenant d'un certain nombre de « modèles », mis au point dans des perspectives différentes ; citons pour mémoire (voir 1.3.) le modèle de Sinclair et Coulthard (75) pour l'oral de la classe, que Heddesheimer et Lagarde (78) ont adapté à l'oral fonctionnel de la vie quotidienne, et le dernier en date, le plus « fignolé », celui de Roulet (Roulet et autres 81) pour les conversations authentiques[2]. Ce dernier, séduisant dans son principe, pose un certain nombre de problèmes quant à son utilisation en didactique : il reste essentiellement descriptif, et s'il convient bien à l'analyse des conversations « prévisibles » (voir 2.1.3.), il s'avère moins opérant dès que les échanges deviennent plus personnalisés, moins transactionnels. Il est de plus trop affiné pour être utile à l'enseignant lors d'une analyse prépédagogique dont les objectifs sont différents et visent entre autres à se demander comment enseigner à **produire** et **interpréter l'oral** (non pas à le décrire). Avant de chercher des critères opératoires pour une telle analyse, voyons brièvement les problèmes que pose le recours à un de ces modèles d'analyse conversationnelle sur, par exemple, l'une des conversations du corpus du *Français fondamental*[3].

Témoins : Mme Th. N. = T.
 Jean-Louis, son fils, 6 ans = J.-L.
 Cliente, 32 ans, ouvrière dans une papeterie = X.
 Cliente, 20 ans = Y.

. . . .

X. – Je voudrais de la laine, madame, s'il vous plaît, vous savez comme je vous ai prise : rouge... Ça sent bon chez vous.
Y. – Oui, ça sent le parfum...

---

1. *Interaction* signifie ici « influence réciproque » qui rejaillit dans le langage sur la forme des énoncés et le déroulement des échanges dans les conversations et les réunions de groupes.
2. Voir les ouvrages théoriques de référence cités en 1.3.1.
3. (GOUGENHEIM-MICHÉA-RIVENC-SAUVAGEOT : *L'élaboration du français fondamental* – 1er degré. Didier) Il est intéressant de s'interroger d'une part sur ce qu'on aurait pu faire de ce corpus si, à l'époque, les modèles d'analyse avaient été centrés sur le discours et d'autre part sur la manière dont on concevrait aujourd'hui une telle enquête et son traitement.

T. – C'est de l'eau de Cologne sur le poêle.
Y. – Hum ! ça sent bon !
X. – J'en voudrais cinq pelotes !
T. – Seulement je crois pas que ce soit le même rouge que l'autre.
X. – Oui, oui. Ben, je vois.... ah me voilà bien !
Y. – Il me semble que c'est pas tout à fait le même...
X. – Oh, quoique ça c'est... ça fait rien...
T. – S'ils pouvaient le finir...
Y. – On en a fini un...
T. – Mais c'est pas le même bain, quoi, y a pas...
T. – C'est pas le même bain, c'est ça... Et puis on verra un rouge sur l'autre. Ben, tant pis.
X. – Et alors vous n'en avez pas pour finir celui qui est commencé ?
Y. – On va prendre celle-ci.
T. – Je vais vous donner de la même couleur.
X. – Oui, 5 pelotes. Puis alors mon Dieu, ben...
Y. – Oui, mais c'est pas la même, quoi.
T. – Non, non, non. Moi c'est pareil, je l'ai porté, on me l'a portée jeudi, mais quand je l'ai mise en boîte, j'ai dit : tiens... Mais d'un bain à l'autre, ça, ça change... Ah c'est pareil, c'est la même.
X. – La même marque, mais le numéro ?
Y. – Du D 3.
X. – Je vais en prendre 7.
Y. – Oh ça n'a pas d'importance.
T. – C'est la même qualité... Ça varie d'un bain à un autre.
X. – Oui, ça sent bon, hein ?
T. – Oui, ça sent meilleur que le pétrole... Alors ça va mieux ?
X. – Ben vous savez, je crois que ça recommence encore. Je devais aller au médecin tantôt, mais on travaille toute la journée.
T. – C'est pas votre métier qui vous fait ça, non ?
X. – Ah non, il m'a dit naturellement que c'était pas fait pour m'arranger, parce que le papier ça dessèche les mains, mais autrement ça, ça vient pas de ça, ça vient pas de là. Oh, vous savez, ça, c'est pas drôle... Allez, vous allez être chargée, dites donc, Monique.
Y. – Je vais m'en aller si vous voulez...
X. – Alors à... alors au premier étage, la porte à droite. Je vais venir.
Y. – Vous pourrez rentrer quand vous voudrez.
T. – Ça fait cinq cent soixante-quinze.
X. – J'ai pas du tout de monnaie, hein.
T. – Ouh ! sur dix mille ! J'ai pas de billets !... Vous en avez, vous, de la monnaie de dix mille, Paul ? Ça va.
X. – Oui... Vous voulez les soixante-quinze francs ?... Si !
T. – Oui, si vous voulez. Je veux bien.
X. – Ben je vais vous les donner...
J.-L. – Oh là là, le gros billet !
X. – Ah voilà mille... deux mille... trois mille... quatre mille... ah, ben alors !
J.-L. – Qu'est-ce que t'as fait ? Tu t'es brûlée ?
X. – Non, mon chéri, je me suis pas brûlée, mais j'ai mal à mes mains, tu vois ; j'ai pas été sage.
T. – Tu vois quand on est pas sage, hein.
X. – Voilà ce qui arrive.
T. – Et cinq mille ! Voilà.
X. – Merci madame.
J.-L. – Ah ! qu'il est gros !
T. – Ah lui, les billets !

X. – Oui ça a l'air de l'intéresser, hein ?

T. – Vous savez pas ce que lui fait son frère, des fois ?

X. – Non.

T. – S'il a un billet de cinq francs, l'autre jour il avait, le petit, une pièce de cinquante francs, hein, pour un billet de cinq francs il lui a donné ses cinquante francs lui !

J.-L. – Oui, mais c'était un billet !

T. – Il aime les billets. Alors les pièces, ça l'intéresse pas du tout.

J.-L. – Je le garde ce billet-là ?

T. – Ah ! tu changes pas, non ? Je veux pas, na.

X. – Au revoir, m'sieur-dame.

T. – Au revoir, madame X...

J.-L. – Ça y est, Paul ? Tu m'en donnes un billet ?

A la lumière des recherches citées plus haut, nous nous rendons compte des difficultés que pose une simple description, en raison de la présence de trois thèmes croisés : une série d'**échanges transactionnels** (la laine que l'on vient acheter), une série d'**échanges personnalisés** (la santé), une série d'**échanges conjoncturels** (le parfum, l'argent et l'enfant), alors qu'on aurait pu prévoir une « structure transactionnelle » simple à deux développements (dans le cas où la transaction « réussit »).

Par exemple :

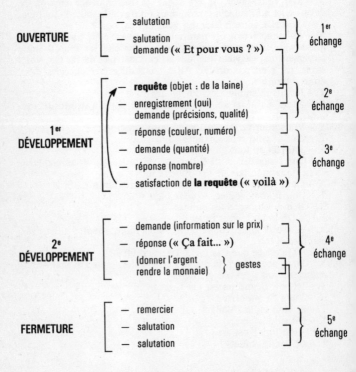

Mais si la conversation extraite du corpus du *Français fonda-mental* débute bien par une requête (requête + sollicitation + précaution[1] + rappel + précision), elle est immédiatement suivie par une deuxième intervention du même locuteur *Ça sent bon chez vous*, qui introduit alors un échange[2] non transactionnel, soit :

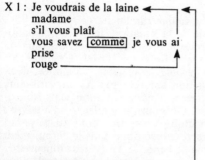

Thème 1	**Thème 2**

X 1 : Je voudrais de la laine
    madame
    s'il vous plaît
    vous savez [comme] je vous ai
    prise
    rouge

X 2 : Ça sent bon
    chez vous
Y 1 : Oui, ça sent
    le parfum
T 1 : C'est de l'eau
    de cologne sur
    le poêle
Y 2 : Hum ! Ça sent bon

X 3 : J' [en] voudrais cinq pelotes
T 2 : Seulement je crois pas que
    ce soit le même rouge que
    l'autre
X 4 : Oui, oui. Ben, je vois...
    ah me voilà bien !

On peut penser que, à la première intervention de X, la mercière répond par un mouvement (déplacement pour aller chercher la laine), ce qui donnerait :

1er échange
(Première intervention
interrompue)
    X 1 : Je voudrais... rouge   (requête)
    T : Réponse non verbale
        (enregistrement de la requête)

X, attendant la laine, amorce une deuxième intervention, peut-être pour garder un contact « positif » avec T :

    X2 : Ça sent bon chez vous (constatation[3]).

---

1. « *Précaution* » est une appellation empruntée à GOFFMAN (sert à « atté-nuer » la mise en demeure d'une requête et se traduit ici par *s'il vous plaît*).
2. *Intervention, échange* sont ici empruntés au dernier modèle de ROULET 81, modèle hiérarchisé qui distingue *échange* puis *intervention* puis *acte*, la plus petite unité (modèle sans doute appelé à évoluer encore puisqu'il s'agit de recherches en cours).
3. Il s'agit ici de la valeur illocutoire de l'acte.

Mais cette dernière intervention permet à Y de « s'immiscer » dans la conversation et introduit le deuxième échange (« latéral » par rapport à la transaction) :

Y1 : Oui, ça sent le parfum (approbation, réitération)

ce qui amène T à expliquer :

T1 : C'est de l'eau de Cologne sur le poêle

et Y à « s'introduire » à nouveau (pour capter l'attention ?) :

Y2 : Hum ! Ça sent bon.

J'appelle cet échange **« conjoncturel »** parce qu'il est lié à un élément peu prévisible de la situation, ici le cadre spatio-temporel (ce que confirme la présence dans le discours de déictiques et déterminants définis *ça, c', le*). L'énoncé X2 ouvre l'échange qui se déroule entre trois personnes, deux concernées par la transaction amorcée par X, une troisième qui n'est que « participante » dans la situation mais s'introduit dans la conversation. On pourrait « affiner » l'analyse : l'énoncé X2 (valeur illocutoire : assertion constative) paraît prendre une valeur interactive spécifique dans le déroulement de la conversation ; de même l'énoncé Y1 (valeur illocutoire : approbation) semble avoir une autre fonction (demande d'explication), ce que T1 en tous cas semble interpréter ainsi[1].

Quand X3 réitère la requête *(J'en voudrais cinq pelotes)*, tout en précisant la quantité, elle met fin (provisoirement) à l'échange conjoncturel « parasite » en renvoyant doublement à la transaction en cours : le *en* renvoie à la laine qu'a sortie la mercière mais aussi au contexte linguistique de la première intervention X1 *(je voudrais de la laine)*.

Je ne poursuivrai pas ici l'analyse car l'on se rend compte de la complexité interactionnelle que recouvre une courte conversation enregistrée dans un magasin, dès que l'on sort de la simple transaction d'objets et quand, par exemple, les participants se connaissent déjà. Pourtant, même si le modèle de Roulet 81 (que nous avons simplifié ici) permet par exemple d'inventorier, sur un corpus de **conversations transactionnelles** dans un magasin, les marqueurs d'ouverture (« *A qui le tour ?* », « *Et la dame, qu'est-ce qu'elle veut ?* », « *Ce sera quoi, aujourd'hui ?* », « *Et pour vous* », etc.), les marqueurs de fermeture (« *Ce sera tout* », « *Ça fait...* etc. ») et ceux de « relance transactionnelle » (« *Et après ?* », « *Il vous faut autre chose ?* », etc.), il s'avère incomplet pour analyser la communication dans sa globalité[2] : il manque à ces modèles l'intégration des **facteurs non verbaux de la communication**, non seulement les intonations mais surtout les gestes, les

---

1. Je me demande s'il ne faudrait pas, pour analyser les valeurs et fonctions des actes dans les conversations, *recourir au sentiment du locuteur* (questions identiques à celles qu'on utilise pour décrire les discours des apprenants).

2. Pour une problématique « globale » de la communication, voir WINKIN et autres 81.

mimiques, les déplacements, la position des interlocuteurs dans l'espace du magasin. Or enseigner à communiquer à l'oral suppose d'une part que l'on prenne en compte les données de la proxémique et de la kinésique (voir par exemple Mouchon dans Vanoye et autres 81), ce que ne font pas les modèles linguistiques d'analyse conversationnelle (il faudrait décrire des enregistrements vidéo) et d'autre part que **l'on ne réduise pas** l'apprentissage de l'oral à la simple capacité à gérer des échanges transactionnels (fonctionnels au sens étroit du terme) en face à face (voir 1.2.2.).

Car, si on observe dans les quartiers du centre de Paris le déroulement des échanges de la vie quotidienne (dans les épiceries, boucheries, boulangeries, blanchisseries...), on se rend compte qu'il est fréquent, y compris avec de nouveaux clients, que l'échange dépasse la simple transaction ; d'autre part, les étrangers des cours de français que nous avons interrogés voudraient justement ne pas être exclus, parce que non natifs, des échanges et plaisanteries conjoncturelles que l'on entend par exemple sur les marchés parisiens (sinon autant aller dans un supermarché où l'on n'a pas besoin de parler).

Mais une analyse, qui vise à mieux comprendre comment un discours fonctionne pour mieux savoir comment enseigner l'oral, amène à se poser d'autres questions que celles des spécialistes de la communication.

Tout d'abord, quelles sont **les compétences requises** pour pouvoir participer à ce type d'échanges ? Et l'on voit, grâce à l'ébauche d'analyse de la conversation précédente, que sont sollicitées à la fois toutes les composantes de la compétence de communication (voir 1.1.3.) : la composante linguistique aux niveaux phonétique, syntaxique et même textuel (anaphores grammaticales : *en, ça,* par exemple) ; la composante discursive pour comprendre les implications verbales (la pragmatique) et non verbales (la kinésique, la proxémique) de la situation de communication ; la composante socioculturelle pour produire/interpréter les actes, les échanges, les rites d'interaction ; la composante référentielle enfin pour mettre en rapport les notions co-référentes avec les objets réels *(laines → pelotes/couleurs → bain,* ou *ça sent bon → parfum → eau de cologne,* etc.). Conséquence de cette première observation : en accord avec Gaonac'h (81), on ne peut « défendre des exercices visant l'acquisition d'automatismes « à vide », c'est-à-dire sans que cette acquisition soit intégrée dans une activité de communication » parce qu'« un processus de discours « automatisé » ne prend sa signification fonctionnelle que s'il est effectivement déclenché et contrôlé par des représentations relatives à un schéma de communication[1] » (voir 2.2.3.).

---

1. GAONAC'H (82) se réfère à un modèle de production à deux niveaux : « Niveau I : Pour une situation donnée, il y a sélection et combinaison d'éléments du système cognitif du locuteur, aboutissant à une représentation de la

Ensuite, si l'on vise une communication en langue étrangère dans sa globalité, comment introduire ce type d'échanges dans une classe de langue et développer **des activités communicatives** entre les apprenants ? Apporter dans un cours de langue l'enregistrement (même vidéo) d'une conversation transforme ces échanges en objet d'analyse et les rend, surtout s'ils ne sont pas vidéoscopés mais simplement écoutés au magnétophone, bien plus difficiles à interpréter que dans la réalité puisqu'il manque alors les indices relevant du situationnel, du gestuel, du référentiel. Ainsi l'introduction de ce type de documents authentiques, au lieu de favoriser des activités communicatives, contribue à perpétuer le schéma canonique évoqué en 1.3.3. (« *Que veut la cliente ?* » → « *Elle veut acheter de la laine* » → « *Bien. Elle sait laquelle ? Qu'est-ce qu'elle dit à la mercière ?* », etc.). Il paraît important de s'interroger sur un apprentissage de l'oral qui dépasse cette maïeutique question/réponse, y compris celle qui essaie de prendre en compte les paramètres de la situation (*Où se passe cette conversation ? Qui parle la première ? Elle connaît la marchande ? Elle est déjà venue ?*, etc.) mais perpétue encore la structure spécifique des échanges verbaux professeur/élève.

Enfin restent les problèmes épineux (que ne résolvent pas les modèles actuels d'analyse conversationnelle) posés par l'étude en classe **des stratégies conversationnelles** (voir 1.3.3.) : comment prendre/reprendre l'initiative de la conversation, comment récupérer la parole, quels « gestes » de compensation utiliser, comment prévoir le déroulement de ses interventions dans les échanges en face à face... Un simple regard sur les transcriptions ci-contre, enregistrées dans un secrétariat d'université, me permet d'évoquer ici cet aspect fondamental d'un enseignement de la communication : les rites d'interaction sont assez facilement repérés, intégrés par les étudiants (*C'est pour quoi ? Qu'est-ce que vous voulez ? Vous pouvez répéter ?* ou mimique ayant la même signification...) ; mais on voit que B, ayant eu l'initiative de s'identifier dès le début de la conversation (*Je suis grec..., J'ai une bourse de doctorat...*) a moins de difficultés à se faire comprendre de la secrétaire que C (bien qu'ayant les mêmes caractéristiques : statut, nationalité, etc.), qui omet de « se présenter »... On peut, en observant un secrétariat où viennent des non-natifs, remarquer d'autres facteurs, non verbaux parfois, qui entravent le bon déroulement des interactions : l'étudiant qui se précipite

---

conduite de langage adaptée à la situation. Outre un schéma formel susceptible d'organiser le discours, cette représentation comprend les règles sociolinguistiques exigées par la situation /.../. Niveau II : Il s'agit là de la gestion « pas à pas » du discours : intervention des opérateurs psycholinguistiques interphrastiques (cohérence, référenciation), intraphrastiques (marqueurs morpho-syntaxiques), ainsi que paralinguistiques (prosodie, mimique). Ces opérations correspondent à la « compétence linguistique » du locuteur mais sont en rapport avec des compétences cognitives /.../ et pragmatiques (connaissance du réel) ».

DANS UN SECRÉTARIAT D'UNIVERSITÉ[1]

A « Bonjour/ Madame/
  – Bonjour/ c'est pour quoi ?/
  – C'est pour m'inscrire// Je voudrais des renseignements/
  – Sur quoi ?/ Vous avez lu la brochure ?/
  – Non /.../ Je ne sais pas/. Il y a un programme ?
  – Faut d'abord lire la brochure de l'U.E.R./ Vous reviendrez après/ »

B « Bonjour/ Madame/
  – Bonjour/ c'est pour quoi ?/
  – Je suis grec/ et j'ai une bourse de doctorat pour préparer une thèse dans votre institut/
  – Votre nom/ s'il vous plaît// Vous avez un papier du CROUS ?/
  – ......
  – O.K. Vous êtes sur la liste// Vous avez pris contact avec un enseignant ?/
  – ... Excusez-moi/ je ne comprends pas/
  – Vous avez déjà vu un enseignant ?/ Un professeur ?/
  – Pas encore/
  – Bon/ Voilà la liste des enseignants/ leurs séminaires/ leur spécialité// Vous choisissez un enseignant et quatre séminaires/
  – Il faut choisir tout de suite ?/
  – Il vaut mieux /.../ Il y a du monde/
  – Je peux réfléchir un peu ?/
  – Bon/ Mais revenez cette semaine/ Remplissez ce dossier/ Vous revenez avec/ »

C « Bonjour/ Madame/
  – Bonjour/ qu'est-ce que vous voulez ?/
  – Je voudrais des renseignements /.../ pour m'inscrire/
  – Vous avez fait une demande de pré-inscription ?/
  – Non /.../
  – Ben/ alors/ c'est trop tard/
  – Mais/ au CROUS/ on m'a dit que c'était possible/
  – Vous faites partie de la Communauté européenne ?/
  – Non/ je suis grec /.../ mais j'ai une bourse/
  – Fallait le dire tout de suite// Donnez-moi l'attestation du CROUS/ votre passeport/ pour que je vérifie votre nom //
  – Voilà/
  – Vous remplissez cette fiche/ et vous me la rapportez tout de suite/ avec cinq photos/ deux enveloppes timbrées avec votre adresse// Ensuite/ vous irez faire l'inscription administrative au rez-de-chaussée bureau 108/ et vous reviendrez me voir pour l'inscription pédagogique//
  – Excusez-moi /.../ Vous parlez trop vite pour moi/ Vous pourriez répéter ?/ »

---

1. Une analyse en actes de paroles (voir 2.2.2.4.) des conversations enregistrées permet de distinguer *les actes des secrétaires* (saluer, demander l'objet de la visite, donner une information sur un fait, demander de s'identifier, faire préciser, poser des questions d'ordre administratif, réclamer des papiers administratifs, faire des suggestions, faire des propositions et répéter, paraphraser, etc.) des *actes des étudiants* (salutation, annoncer l'objet de sa visite, s'identifier, avouer son ignorance, demander des informations sur un fait, donner des précisions sur soi-même, demander des précisions sur un fait et dire qu'on n'a pas compris, faire répéter, faire écrire, faire expliciter, etc.).

près (trop près !) de la secrétaire, celui qui attend un long moment... qu'on lui dise d'entrer sans même oser frapper, celui qui vient d'un pays où faire la queue est normal et celui qui vient d'un pays où « le plus fort » passe le premier et où « la bousculade » fait partie des coutumes locales (à l'université comme à l'arrêt d'autobus), celui qui veut voir des enseignants (et pas des secrétaires) parce que dans son pays ceux-ci sont plus disponibles, ou même qui s'attend (parce que boursier...) à être reçu par le directeur du département, etc. Mais peut-on **enseigner des stratégies de communication** (verbales et non verbales) en langue étrangère ? Peut-on **inculquer des « règles » socioculturelles** qui sont parfois à l'opposé de celles des apprenants ? L'on touche ici me semble-t-il, une différence fondamentale entre enseigner une langue maternelle et une langue étrangère : il paraît peu souhaitable de demander à des non-natifs d'intégrer toutes les stratégies, y compris les mouvements, les gestes, les mimiques qui relèvent de la culture étrangère. Au plus faut-il en faire prendre conscience : que les apprenants les comprennent mais sans qu'ils se sentent contraints forcément de les « produire ». Nombre de résistances (des apprenants comme des enseignants non-natifs) à l'apprentissage de la communication en langue étrangère me paraissent relever de ces barrières culturelles, barrières que les méthodes de langue elles-mêmes contribuent à entretenir. Observer et interpréter les gestes (on peut observer sur un marché parisien le rôle des **emblèmes** ou « actes non verbaux qui ont une traduction verbale directe » – Mouchon 81) me paraît faire partie d'un enseignement/apprentissage de la communication en langue étrangère. Le fait que les modèles d'analyse conversationnelle proposés négligent, pour l'instant, le rôle des gestes expressifs, ou régulateurs d'échanges, ou compensateurs du verbal ou illustratifs des propos tenus, dans l'étude des interactions en face à face (Cosnier 78), réduit, pour moi, leur portée en didactique des langues.

Mais encore faut-il être conscient que les apprenants, s'ils **ont besoin** de connaître les comportements, **n'ont peut-être pas envie** de les intégrer et de les produire. Aussi, entre la communication telle que peuvent la décrire les spécialistes du domaine (linguistes, éthologues, etc.) et celle que l'on va proposer aux apprenants dans un cours de langue, une étape essentielle concerne l'enseignant : savoir analyser des *mini-corpus*[1] oraux à l'aide d'instruments heuristiques simples et limités, rapides à appliquer et suffisamment opératoires pour apporter des solutions aux objectifs d'enseignement que l'on s'est fixés en choisissant ces documents. Cette étape permet,

---

1. Il s'agit, par ce terme, de désigner des ensembles de documents de même type à la disposition de l'enseignant mais qui, ni par leur volume, ni par leur contenu, ne sont « représentatifs » du domaine.

en outre, de distinguer ce qu'il faut faire observer de ce qui doit être intégré, et ce qu'il faut apprendre à interpréter de ce que les apprenants ont envie de faire et de produire eux-mêmes.

2.2.2. Des outils d'analyse pour l'enseignant

2.2.2.1. Les objectifs de cette analyse

La nécessité pour l'enseignant de disposer d'outils d'analyse à différents niveaux est apparue de manière cruciale à partir du moment où le document authentique est entré dans le cours de langue (Moirand 77a). Mais le rôle de l'enseignant est aujourd'hui fondamental lors d'une répartition des contenus qui tienne compte de la progression des apprenants (2.1.3 et 2.1.4) ; dans cette perspective, l'analyse prépédagogique de petits ensembles (« mini-corpus ») de documents authentiques ou réalistes prend donc une signification nouvelle, ses fonctions allant bien au-delà de ce que j'avais proposé en 77 et 79. Elle permet à l'enseignant de mieux s'approprier, s'il en existe, des analyses de discours portant sur le même type de documents (analyses dont l'apport est incontestable – voir 1.3.1 et 2.1.2.) ; elle lui donne des critères de sélection et de répartition, en lui évitant de confondre la collecte des discours à analyser avant la mise en place d'un programme de langue et le recueil de textes à utiliser dans la classe elle-même (2.1.3.) ; elle l'aide à repérer, rechercher, éventuellement enregistrer des documents oraux complémentaires et à mieux percevoir la dialectique constante dans la vie quotidienne de l'ordre oral à l'ordre scriptural ; elle l'amène à imaginer des activités d'apprentissage et des activités de communication différenciées (voir 2.2.3) ; elle sert enfin de « référence » lors des évaluations internes (voir 2.2.5.).

Si les enseignants ont toujours effectué, lors de la préparation de leurs cours, des analyses de ce type (dont les objectifs étaient cependant moins ambitieux) aux niveaux phonétique, grammatical et lexical, ils ont souvent négligé de tenir compte d'une part de la spécificité de l'oral authentique à ces niveaux (voir pour ces questions le numéro 145 de la revue LFDM sur le document authentique, Léon et autres 79) et d'autre part des conditions de production de ces discours et de leur déroulement dans le temps et l'espace. Dans une analyse globale de la communication, on préfère partir de l'étude des paramètres de la situation de discours dans laquelle le document a été produit (**approche situationnelle**) pour décrire ensuite le déroulement des interactions (**approche conversationnelle**), dégager la valeur illocutoire des énoncés et la forme des actes de parole (**approche pragmatique**), rechercher les indices des opérations énonciatives sous-jacentes (**approche énonciative**) et les marqueurs rendant compte de la cohésion et de la cohérence des discours (**approche textuelle**). On peut alors mettre en rapport ces données avec les traits spécifiques d'oralité dégagés lors d'une analyse des micro-structures phonétiques, lexicales et grammaticales (par exemple, phrases inachevées, pauses, ellipses, reprises, hésitations, etc.) dont je ne traiterai pas ici (voir Fillol et Mouchon 80).

Pour illustrer ces différentes approches, je m'appuierai sur des enregistrements effectués par deux jeunes professeurs de français étrangères dans le cadre de leur maîtrise [1] (mais que j'utilise ici différemment) :

Corpus A : Conversations au téléphone à l'Office du Tourisme de Chypre à Paris.

Corpus B : Discours de guides touristiques (Paris et châteaux de la Loire).

CORPUS A *(Marie-Antoinette Orphanou 81)*

OFFICE DE TOURISME
Conversations téléphoniques[2]

A 1. *Femme*
« Office du Tourisme de Chypre, bonjour.
– Bonjour, madame. Est-ce que vous pourriez m'envoyer des documents sur Chypre, s'il vous plaît ?
– Bien sûr. Vous me donnez votre nom, s'il vous plaît ?
– Alors, c'est Madame Morais, M-o-r-a-i-s-, Odilia, 28, rue des Grands Champs, 45300 Sermaises et Loiret. Sermaises ça s'écrit : S-e-r-m-a-i-s-e-s.
– D'accord.
– Vous pourriez me l'envoyer en deux exemplaires si c'est possible, s'il vous plaît ?
– En deux exemplaires.
– Oui.
– D'accord.
– Merci, au revoir.
– Au revoir. »

A 2. *Homme*
« Allo, Office du Tourisme de Chypre, bonjour.
– Bonjour, Madame, je voudrais savoir quel est le tarif, aller-retour, en place économique pour aller à Chypre, euh... dans la période du 15 au 30 juin.
– Hem, est-ce que les voyages à forfait vous intéressent ou vous voulez uniquement le tarif aller-retour par avion ?
– Euh... Je voudrais savoir ce qu'il y a de moins cher surtout, parce que j'ai des amis qui sont à Chypre...

---

1. ORPHANOU Marie-Antoinette (1981) : *Analyse en actes de parole du discours des employés de l'Office du Tourisme de Chypre* ; SRIANGURA Kanchana (1980) : *La formation de guide touristique en Thaïlande.* Université Paris 3, U.E.R. Etudes Françaises pour l'Etranger, mémoires de maîtrises.
2. Enregistrements effectués et publiés avec l'aimable autorisation de l'Office du Tourisme de Chypre.

– Oui.
– Et, ils vont venir... euh...
– Vous allez rester chez eux ?
– Euh, en principe. Alors...
– Ecoutez, pour le tarif excursion, c'est 2 525 francs.
– Deux mille cinq cent... ?
– Vingt-cinq francs.
– 2 525 francs, aller-retour ?
– Oui, pour le billet d'avion uniquement. Tandis que pour un voyage à forfait, pour le même tarif, vous avez l'avion plus un hôtel trois étoiles, demi-pension.
– ... hôtel trois étoiles, demi-pension. Alors est-ce que je pourrais prendre par exemple... un séjour pour huit jours, mais avec un retour au bout de quinze jours ?
– Oui, bien sûr, vous pouvez le faire.
– Donc je peux le faire, euh donc, je peux rester huit jours chez eux et, pour le reste, je prends un hôtel demi-pension et ça me permet...
– Oui, et si vous ne voulez pas d'hôtel, si vous voulez louer une voiture, vous pouvez prendre un autre forfait avion plus location de voiture.
– Ah, bon. Alors, c'est combien ?
– C'est 2 000 francs pour une semaine environ.
– ... 2 000 francs pour une semaine... Et, pour quinze jours ?
– Pour quinze jours, il faut compter 90 francs en plus pour la voiture, par jour.
– ...voiture, plus... alors, 90 francs par jour...
– Bon. Si vous voulez, je peux vous envoyer notre documentation.
– Oui, si vous voulez... vous avez une documentation ?
– Oui !
– ... Alors, je suis M. Colas, C-o-l-a-s, 9 square Peclet...
– Oui...
– 66160. [oui][1] Céret, Prades.
– D'accord.
– Comme ça je verrai...
– Il y a toutes les possibilités sur la documentation.
– Ah ben, c'est très bien ! Je vous remercie beaucoup, madame.
– De rien, au revoir.
– Au revoir. »

A 3. *Homme*

« Office du Tourisme de Chypre, bonjour.
– Oui bonjour. Je voudrais des renseignements sur des séjours à Chypre, s'il vous plaît.
– Oui, qu'est-ce que vous voulez savoir ?
– Eh bien, je voudrais savoir déjà, quelle – quelle est la partie qui est accessible pour pouvoir aller à Chypre...
– C'est la partie sud... Je peux vous envoyer une documentation.
– Vous m'en avez envoyé une, mais j'ai une carte...
– Oui, il y a une ligne de démarcation sur la carte, Monsieur.
– Ah !

---

1. Les énoncés entre crochets sont les énoncés de « l'autre » qui interfèrent (énoncés de l'employé et du client qui se chevauchent).

– Oui, il y a une ligne noire qui va de, heu, de l'ouest à l'est.
Ça commence à Kapo Pirgos...
– Attendez. Je ne vois pas de ligne sur votre carte, hein ?
– Ah non, il y a une ligne, hein. Il y a une ligne qui... Je...
Vous voyez Famagouste sur la carte ? C'est à l'est.
– Oui, Famagouste je vois...
– A l'est. Alors sous Famagouste il y a une ligne noire... qui
commence à Dhérynia. Dhérynia... vous voyez le village
Dhérynia sur la carte ?
– Oui, oui...
– Alors, au-dessus il y a une ligne, vous voyez ?... [Oui...] entre
Famagouste et Dhérynia.
– Qui passe par Ara-Akhyritou...
– Qui passe par Akhyritou, Athna et tout ça, qui va à Nico-
sie...
– Ah, oui c'est ça, oui... !
– Et puis, elle continue – [Ah !] à l'ouest – [Ah ! oui !] vous
voyez ?
– Oui, oui, oui, qui va jusqu'à Ka-tou Py Pyrgos !
– Voilà !
– Voilà. Très bien.
– C'est la ligne de démarcation.
– D'accord. Et alors, il n'est pas possible de se rendre, euh...
d'une zone dans une autre.
– Non, c'est impossible.
– Il faut choisir ? Il faut aller euh... à Chypre sud ou Chypre
de l'autre côté ?
– Euh... ça-a ! Je ne sais pas si vous voulez aller... si vous
pouvez aller dans la partie occupée par les Turcs, en tout
cas les avions et les bateaux ils vont tous dans la partie non
occupée.
– Ah bon, d'accord.
– Hmm... Et... Et la partie la plus belle de... de l'île... c'est le
sud ?
– Les deux parties sont belles.
– Ah bon.
– Oui, il y a des choses à voir dans les deux parties, des plages
magnifiques dans les deux parties.
– ... dans les deux parties... Parce que sur la documentation là,
vous m'indiquez qu'il y a des forfaits à partir de
2 100 francs. Or, moi le premier prix que j'ai trouvé c'est à
partir de 3 000 francs.
– Oui, le forfait 2 100 francs, c'est le forfait avion plus voi-
ture.
– Ah.
– Et puis, en ce qui concerne les forfaits avion plus hôtel, ça
commence à 2 600 francs, demi-pension... Emm, pour être
plus précise c'est l'hôtel P... à Paphos.
– A Paphos ?
– Oui.
– P... ?
– [Oui] Ah, d'accord.
– Alors, ce prix comprend la demi-pension pour une semaine
et puis l'avion.
– Et puis, pour la semaine supplémentaire... Vous savez com-
bien... ?
– Pour la semaine complémentaire, ne quittez pas, je vais
vous dire ça... Alors, ça fait à peu près 3 200 francs pour
deux semaines.
– 3 200 francs pour deux semaines.

– Oui.
– Oui, d'accord.
  Est-ce que, par exemple, prenez un séjour d'une semaine, avion plus hôtel [– oui] et puis qu'après je cherche à me débrouiller tout seul, plus voiture... Est-ce que c'est possible ?
– Bien sûr, c'est possible.
– Et on trouve à se loger...
– Seulement, le logement chez l'habitant n'existe pas à Chypre ; cette formule n'existe pas, mais une fois sur place vous pouvez trouver beaucoup d'hôtels ou une pension, il y a beaucoup de possibilités.
– Ah, bon. Et c'est pas tout complet.
– Pour... Pour quel mois ?
– Moi, ce que je voulais y aller c'était pour début de saison, ou juillet.
– Ecoutez, je ne peux pas vous garantir que vous trouverez une place, étant donné que c'est l'été... [Oui]... il y a beaucoup de touristes...
– Oui, il y a beaucoup de touristes...
– Oui.
– Ah, oui. Euh... Est-ce que le... les tarifs sont à peu près les mêmes qu'en France, pour les hôtels ? C'est moins cher, plus cher... ?
– Pour les hôtels ça varie entre 50 francs et 250 francs par jour.
– D'accord, 250 francs par jour c'est les grands hôtels.
– C'est les hôtels 5 étoiles.
– 5 étoiles.
– Oui.
– Bon. Ecoutez, je vous remercie... Vous n'avez pas un ... un Tour Operator à m'indiquer qui soit mieux que les autres ?
– Non, ça dépend de vous, parce qu'ils proposent tous les mêmes hôtels.
– Oui, je crois.
– Et les tarifs, il n'y a pas une grande différence entre les tarifs, et puis ils sont officiels...
– Bon, je vous remercie beaucoup.
– De rien.
– Au revoir.
– Au revoir. »

A 4. *Homme*
  « Office du Tourisme de Chypre, bonjour.
– Allo.
– Oui.
– Office du tourisme ?
– Oui, Monsieur.
– Oui, bonjour. Je suis M. Morel... J'vous ai déjà téléphoné là...
– Oui...
– ... à propos de renseignements que j'avais reçus de vous, ce dont je vous remercie d'ailleurs.
– Oui.
– ... Non, j'voulais vous demander... euh... j'ai pris contact avec... euh, la mais... enfin, l'agence N... Je voulais savoir si c'est... c'est sérieux ? Il n'y a pas de problème ?
– Il n'y a pas de problème, elles sont toutes sérieuses.
– Ah, bon. C'est Voyages N..., au 35, avenue de l'Opéra à Paris.

– Ah oui, c'est très très sérieux, oui !
– Ça va ?
– Oui, c'est une des agences qui travaille le plus pour Chypre...
– Bon. Comme ils m'ont... déjà ici... ils m'ont envoyé tous les renseignements là...
– Oui.
– Oui, alors... Je vais vous contacter le... enfin dans le courant du mois.
– C'est bien.
– Bon, je vous remercie.
– De rien, Monsieur. Au revoir.
– Au revoir. »

A **5.** *Jeune homme étranger*
« Office du Tourisme de Chypre, bonjour.
– Oui, bonjour Madame.
– Bonjour, Monsieur.
– Oui, alors, je voudrais aller à Limassol s'il vous plaît.
– Oui.
– Bon, alors quand vous avez un bateau, premièrement ?
– Pour un bateau, bon. Euh, il y a un bateau au départ de Brindisi et au départ du Pirée.
– Le Pirée, c'est où ça ?
– C'est... euh, un port près d'Athènes.
– Non, non, je voudrais à Limassol. Vous n'avez pas Limassol ?
 Oui, mais au départ d'où ?
– Euh, je ne sais pas. Où est-ce que vous avez des départs, à Paris, en France, dans les ports...
– Non, il n'y en a pas.
– Bon.
– Je vous dis qu'il y a seulement de Brindisi.
– Où ?
– ... Brindisi, en Italie, et Pirée, pour le bateau. En ce qui concerne l'avion, il y a un vol direct de Paris, tous les samedis.
– Bon, d'accord.
– Oui.
– Et, par bateau, il n'y a pas de Marseille, il n'y a pas de...
– Non. Le port le plus proche, c'est Brindisi, en Italie.
– Il faut aller en Italie ?
– Oui.
– Ou-la-la... Bon. En avion, combien ça coûte ?
– Par avion.
– Tarif jeune.
– Pardon ?
– Tarif jeune.
– Tarif jeune, oui. C'est 1 990 francs l'aller-retour.
– Aller.
– L'aller simple, 995 francs.
– Bon, je vous remercie Madame.
– De rien, Monsieur.
– Vous me donnez votre numéro s'il vous plaît ?
– Notre numéro, ou celui de la compagnie aérienne ?
– De la compagnie aérienne.
– Le 225-22...
– 225-22

– Oui, 99.
– 99, je vous remercie, Madame.
– De rien.
– Au revoir.
– Au revoir, Monsieur. »

A 6. *Homme d'un certain âge*
« Office du Tourisme de Chypre, Bonjour.
– Euh, je voudrais avoir un renseignement. Euh, j'ai fait un voyage récemment à Chypre, je voudrais savoir si dans votre Office vous vendez des objets chypriotes.
– Si nous en vendons ?
– Pardon ?
– Si nous en vendons, ici ?
– Si le... ?
– Je n'ai pas bien compris, Monsieur, excusez-moi.
– Ce n'est pas l'Office de Tourisme Chypriote ?
– Oui, Monsieur.
– Oui ?
– Oui.
– Bon. Alors, je voudrais savoir si vous avez un certain nom-bre... je viens de Chypre... un certain nombre d'objets, euh, chypriotes en vente.
– Non, Monsieur. Nous en avons mais pas pour en vendre.
– Pas en vente ?
– Non, Monsieur.
– Et comment pourrait-on... Est-ce que vous pourriez me don-ner... par exemple, il y a des... j'ai vu entre, euh, Larnaca et Famagouste – où je ne suis pas allé – j'ai vu, il y avait une fabrique d'objets, de vases par exemple à l'imitation... Est-ce que ça existe en France ?
– Pas à ma connaissance, Monsieur.
– Bon, d'autre part de la commandéria, où est-ce que on en trouve ?
– Commandaria !
– Oui !
– Euh, pour ça non plus je ne peux pas vous donner d'adresse, je ne sais pas.
– Bon, merci beaucoup, excusez-moi.
– Je sais qu'il y en a dans les restaurants chypriotes à Paris.
– Ah, il y a des restaurants chypriotes !
– Oui ! Et je pense qu'ils peuvent vous en vendre, oui.
– Oui... Est-ce que vous connaissez ces restaurants ? Vous pourriez m'en indiquer un ?
– Oui, par exemple il y a l'O..., au boulevard Picpus.
– Pardon ?
– Ça s'appelle l'O..., et ça se trouve au boulevard Picpus.
– 13 ?...
– Non...
– Je voudrais l'adresse.
– Ne quittez pas, une seconde, s'il vous plaît, je vais chercher l'adresse. Allo ?...
– Oui.
– Alors, ça se trouve au 25...
– Oui...
– Boulevard Picpus...
– Boulevard ?

– De Picpus, ça s'écrit P-i-c-p-u-s.
– ... i-l-u-l ?
– Nonnon, nonnon, non. P, comme Pierre...
– Pardon ?
– P comme Pierre.
– Oui.
– I comme Irène...
– Oui...
– C comme César.
– Oui...
– P comme Pierre...
– Oui...
– U comme...
– Picpus !
– Voilà !... Voilà.
– 85, boulevard de Picpus !
– Non, c'est le numéro 25 !
– 25, boulevard Picpus !
– Voilà !
– Eh bien, merci beaucoup. Excusez-moi.
– De rien, ce n'est pas grave. Au revoir ! »

A 7. *Femme*

« Office du Tourisme de Chypre, bonjour.
– Bonjour, Madame. Est-ce que vous pourriez m'indiquer vos heures d'ouverture, s'il vous plaît ?
– Oui, de neuf heures à treize heures et de quatorze heures à dix-huit heures.
– Attendez. Alors je reprends. De... ?
– De neuf heures...
– De neuf heures...
– A treize heures...
– A treize heures...
– Et l'après-midi, de quatorze heures... à dix-huit heures.
– Oui, et ceci du lundi au samedi ?
– C'est fermé le samedi.
– C'est... donc, c'est du lundi au vendredi.
– Voilà.
– Je vous remercie beaucoup, Madame.
– De rien.
– Au revoir, Madame.
– Au revoir. »

A 8. *Homme*

« Office du Tourisme de Chypre, bonjour.
– Bonjour, Madame. J'aurais voulu quelques renseignements, s'il vous plaît. J'aurais voulu savoir à quoi correspondait la livre chypriote.
– Hem, une livre chypriote est divisée en 1 000 mils.
– Oui.
– Et elle vaut environ treize francs.
– Elle vaut combien ?
– Treize francs.
– Treize francs, oui. Et, pour partir là-bas, qu'est-ce qu'il faut prendre comme argent ?
– Euh, le plus simple c'est de prendre des billets de francs français.
– Oui, et je... je... je peux changer là-bas ?

– Bien sûr... [Ah bon, d'accord] à n'importe quelle banque.
– A n'importe quelle banque... D'accord. D'autre part, j'aurais voulu savoir, à Larnaca...
– Oui.
– Il y a des organismes qui louent des voitures ?
– A l'aéroport même.
– A l'aéroport même ?
– Oui, Monsieur.
– Est-ce que je peux savoir le nom ?... c'est...
– Euh, ne quittez pas s'il vous plaît.
– Oui.
– Allo ?
– Oui.
– Il y a HERTZ...
– Comment ?
– HERTZ.
– Comment ça s'écrit ?
– H.E.R.T.Z.
– Oui...
– Il y a AVIS...
– Oui...
– Ça s'écrit A.V.I.S.
– Oui, oui.
– Il y a LOUIS, L.O.U.I.S.
– Oui.
– Il y a aussi, PETSAS, P.E.T.S.A.S.
– Oui. Oui, euh... bon. Ils sont à l'aéroport..,
– Oui.
– Quand on sort, il n'y a pas de... euh... on les... euh, on les voit...
– Ah, oui... oui.
– Oui, oui, en sortant.
– En sort... bon. Et, ça coûte combien à peu près, pour une journée environ... ; par exemple si on prend pour quinze jours... on a... on a des prix euh...
– Hem, ça dépend, quelle voiture vous voulez prendre ?
– Oh la-la... la plus, la plus petite... enfin, disons la plus petite quoi.
– La plus...
– Le tarif le moins, le moins cher quoi.
– 75 francs par jour, le kilométrage illimité.
– 75 par jour.
– Oui.
– D'accord. Pour, euh... pour quinze jours il n'y a pas de... il n'y a pas de réduction.
– Si, il y a des réductions.
– Ah bon, d'accord. Mais il faut compter 75 francs.
– Oui. Enfin, pour une Mini Minor par exemple.
– Oui.
– Ça sera 75 francs par jour.
– Par jour.
– Si vous la prenez pour une semaine ou deux semaines, vous aurez un prix spécial.
– Ah, bon d'accord. O.K.
– C'est-à-dire, ça vous reviendra moins cher que ça.
– D'accord. Bon, d'autre part, j'aurais voulu savoir euh, d'Athènes à Larnaca, il y a des vols ?
– Oui, il y a des vols deux fois par jour, même plus.
– Deux fois par jour !
– Oui.

– Tous les jours !
– Oh oui. Oui.
– Oui, Et... bon, à quelle heure à peu près ?
– Ne quittez pas s'il vous plaît.
– Oui.
– Alors, il y a un vol quotidien à neuf heures du matin...
– Oui... Euh, d'Athènes ?
– D'Ath... Non, ça c'est de Larnaca.
– Ah c'est de... Ah oui, d'accord... de Larnaca.
– Bon, je vous dis d'abord de Larnaca et puis ensuite, je vous dis...
– D'accord.
– Alors, de neuf heures, arrivée à Athènes à dix heures quarante.
– Oui, Athènes 10 h 40.
– Un autre vol à 14 h 15...
– Oui...
– Arrivée à Athènes à 15 h 55.
– 15 h 55, oui.
– Bon, ça c'est tous les jours.
– Tous les jours, oui.
– Oui. Et puis, il y a un troisième vol quatre fois par semaine.
– Ah bon.
– Tous les mardi, vendredi, samedi et dimanche. Samedi et dimanche à 19 h 15.
– Oui...
– Et, arrivée à Athènes à 20 h 55.
– ... arrivée à Athènes à 20 h 55. Oui, et de... et d'Athènes ?
– D'Athènes, c'est pareil, c'est les mêmes jours...
– Ah, c'est pareil, et... de 0 h du matin aussi... euh...
– ... un vol le matin, un vol l'après-midi, et quatre fois par semaine, un vol le soir. Je vous dis l'horaire si vous voulez.
– Oui je veux bien.
– Alors, départ d'Athènes à 11 h 25...
– Oui...
– Arrivée à Larnaca à 18 h 20.
– Oui...
– Et puis, quatre fois par semaine... les mêmes jours que l'autre...
– Oui, oui.
– Départ d'Athènes à 21 h 40...
– Oui...
– Arrivée à Larnaca à 23 h 20.
– A 23 h 20...
– Oui.
– D'accord. Euh... qu'est-ce que je voulais encore savoir... Ah oui, je voulais savoir si les billets de - de... euh de ces vols-là, on pouvait les avoir d'ici.
– Bien sûr.
– Oui, on peut faire la réservation chez vous.
– Enfin... vous pouvez faire la réservation ici.
– Oui...
– Et puis, pour les billets ça dépend... vous allez à Chypre avec le vol direct ou... comment vous allez faire ?
– C'est-à-dire, moi mon intention si vous voulez, c'était de... bon, de faire déjà un séjour à Athènes.
– C'est-à-dire aller à Chypre via Athènes.
– Voilà, c'est ça, oui.
– Alors, si vous prenez Air France ou Olympic...
– Oui...

IMPLICATIONS DE LA THÉORIE

– Ce sont eux qui vont s'occuper de votre billet.
– Oui...
– Qui vont vous donner votre billet, mais pour la réservation, vous pouvez la faire dès maintenant, ici.
– Ah, je peux le faire chez vous d'ici... uniquement pour ce qui concerne le vol Athènes-Larnaca.
– Ah, vous pouvez... oui-oui.
– Parce que, je peux faire uniquement, par exemple Athènes-Larnaca pour...
– Oui.
– Pour les jours que... Enfin que je peux définir.
– Oui, vous pouvez faire ça, ou alors, si vous partez avec Air France ou Olympic vous pouvez le faire en même temps...
– Ah oui, d'accord.
– ... eux il peuvent le faire pour vous.
– Ah oui, d'accord... Et, ça coûte combien..., combien ça coûte ?
– Eh... je... de Paris...
– Nonon, d'Athènes... Athènes.
– Athènes-Larnaca aller-retour ?
– Euh, en tarif excursion, je pense...
– Oui.
– Environ 1 200 francs.
– ... Larnaca... environ... Aller-retour ?
– Oui.
– D'accord. Bon, alors... c'est tout. Bon ben, je vous remercie beaucoup, Madame.
– De rien.
– Au revoir, Madame.
– Au revoir, Monsieur. »

A 9. *Homme d'un certain âge*

« Allo.
– C'est l'Office de Tourisme de Chypre ?
– Oui, Monsieur.
– Bonjour, Madame.
– Bonjour.
– Je voulais vous demander un petit renseignement. Je vais à Limassol, à l'hôtel A... au mois de juin.
– Oui...
– Et puis, je voulais vous demander ceci : j'ai des guides géographiques qui mettent « routes malsaines », et puis qu'il y a des lagunes... Est-ce qu'il y a des précautions à prendre pour l'eau, pour la malaria, pour les moustiques...
– Oh, non.
– Non ?
– Non.
– Il n'y a plus de... Il n'y a pas trop de moustiques ?
– Euh, noon. Non, je ne vois pas de problème. Non, il n'y a pas de...
– Non. Non. L'eau est bonne à boire... ?
– Oui, Monsieur. Oui.
– C'est... L'eau courante, elle est normale ?
– L'eau courante, oui. Il y a de l'eau minérale aussi, mais l'eau courante est bonne.
– Ah bon. Eh ben, il n'y a pas de problème... Merci.
– De rien.
– Au revoir.
– Au revoir. »

A 10. *Femme*

« Office du Tourisme de Chypre, bonjour.
– Bonjour, Madame. L'hôtel C... à l'appareil. Je remets mes fiches à jour, et je voudrais savoir si M. Iannis C... est toujours le Directeur de l'Office du Tourisme ?
– Non, c'est M. Nikola... Nikolaou, le Directeur.
– M. Nikola... ?
– Ni-kolaou. N-i-k...
– Oui...
– ... o-l-a-o-u.
– Et vous, vous êtes toujours 50, Champs-Elysées ?
– Oui, oui.
– Merci beaucoup, Madame. Au revoir.
– Au revoir. »

A 11. *Femme*

« Office du Tourisme de Chypre, bonjour.
– Bonjour, Madame. C'est l'hôtel N... à l'appareil.
– Oui...
– Nous aurions besoin pour (*inaudible*) de posters.
– Oui...
– Est-ce que vous pourriez nous envoyer une documentation, je veux dire par là des cartes...
– Oui, bien sûr. Vous me donnez votre adresse, s'il vous plaît ?
– Oui, c'est à l'intention de Madame Moreau, Hôtel N..., 22, rue de Castiglione, 75001.
– Oui, d'accord.
– Merci.
– Au revoir.
– Au revoir. »

A 12. *Femme*

« Office du Tourisme de Chypre, bonjour.
– Bonjour, Madame. C'est la Fédération S..., de Lille. Ne quittez pas.
– Merci... ... Oui ?
– Oui, bonjour Madame... [Bonjour]. C'est S... Loisirs, hein ?
– Oui.
– Est-ce que c'est vous qui m'avez appelée, Madame, ce matin ?
– Oui, c'est moi, Madame.
– Voilà, alors, j'aimerais savoir s'il y a possibilité de conserver un peu plus longtemps les... les bobines parce que nous avons des séances très importantes à faire pour les voyages.
– Pour très bientôt ?
– Heu... ?
– Parce que si c'est pour très bien... si ce n'est pas pour très bientôt, vous pouvez nous les envoyer, puis je vous les renvoie après, parce que j'en ai besoin pour la fin du mois.
– Heu, c'est pas par exemple pour S... à Paris ?
– Non, S... à Paris, j'en aurai besoin pour début juin.
– Parce que nous, voilà, nous avons des... comment, des séances à partir de la semaine prochaine.
– Oui...

– Et... jusqu'au moins le mois, jusqu'en mai, hein ?
– Heu, tout le mois de mai ?
– Oui.
– Bon, écoutez, je vais voir et puis je vais vous rappeler peut-être la semaine prochaine, hein ?
– Bon, d'accord.
– De toute façon, pour le moment gardez-les, et puis... [D'accord]... Je vous rappelle la semaine prochaine, hein ?
– Entendu, merci !
– D'accord ?
– Merci beaucoup. Au revoir.
– Au revoir. »

CORPUS B *(Kanchana Sriangura 80)*

GUIDES TOURISTIQUES

B 1. *Excursion en autocar-visite de Paris*

« /.../ A gauche entre le Louvre derrière c'est la Place de la Concorde /.../ Au centre, l'Obélisque du XIIIe siècle avant Jésus-Christ/ L'Obélisque de Louxor/ C'est ici que Louis XVI et Marie-Antoinette ont été guillotinés pendant la Révolution. Environ 1 500 personnes ont été décapitées pendant la Révolution// A droite au fond/ c'est la Madeleine que nous allons voir plus tard/.../ Au fond le Bois de Boulogne/.../ Vous allez voir le Palais de Chaillot/ palais d'exposition de 1900/.../ Et puis nous allons prendre la direction opposée/ Nous rejoignons le pont// Au milieu du pont/ la statue de la Liberté/.../ Des quartiers neufs devant vous/ Les quartiers de Grenelle// On est en train de construire une affaire de 25 gratte-ciels/ Le gratte-ciel rouge devant vous à gauche, c'est un hôtel japonais Nikko// A droite/ l'ambassade d'Australie/ et devant vous l'hôtel Hilton/ Ici/ c'est un des quartiers résidentiels de la Tour Eiffel sur la rive gauche. »

B 2. *Visite-conférence « L'église Saint-Sulpice »*

« /.../ C'est aussi une église dont la visite est intéressante parce que c'est un véritable multiple de la structure du XVIIIe siècle/ qu'il s'agisse du rocaille/ qu'il s'agisse du baroque/ qu'il s'agisse du néo-classicisme renaissant/ tous ces mouvements sont présentés à Saint-Sulpice// Et puis enfin un autre élément qui mérite déjà à lui seul la visite à Saint-Sulpice/ à savoir la Chapelle de Saint-Ange/ qui se trouve/ là/ tout de suite à droite/ qui a été réalisée en effet par Delacroix /.../ Donc au XIIIe siècle on sait/ que c'est déjà une église assez grande// Il y a près de soixante mètres de long/ soit exactement la moitié de l'église que vous pouvez voir aujourd'hui/ Mais le temps passant/ les siècles s'écoulant/ arrivés au XVIIIe siècle/.../ Il semble que les paroissiens du quartier/ estimaient que cette église/ était très modeste et/ commençait à tomber en ruines/ et c'est cette raison que lorsque l'on tenait à organiser de grandes cérémonies/ de belles manifestations religieuses au XVIIe siècle/ elles se tenaient/ dans l'abbatiale de Saint-Germain-des-Prés/ où les religieux en donnaient l'autorisation// Ce qu'il faut savoir aussi/ à propros de cette paroisse/ c'est qu'au XVIIe siècle/ elle regroupait un très grand nombre de paroissiens// /.../

Nous allons avoir l'occasion/ de voir également/ que les architec-
tes/ qui ont travaillé à Saint-Sulpice/ sont vraiment très nom-
breux// Il s'agit vraiment d'une création collective de cette église//
Le premier d'entre eux s'appelait/ Camar/ et/ c'est Camar/ qui
est/ le premier de multiplier par trois/ la surface de l'église de
Saint-Sulpice/ C'est bien sûr/ un architecte qui n'évoque pas
grand-chose pour nous/ Ce que l'on sait/ c'est qu'il avait/ d'abord
construit l'Église Saint-André-des-Arts/ et qu'il avait/ également/
réalisé/ la façade de Saint-Germain-des-Prés/ celle qui donne
aujourd'hui/ du côté du boulevard Saint-Germain /.../

B 3. *Visite guidée du château d'Azay-le-rideau*

« /.../ Bertholot puisait l'argent dans le trésor du royaume// Il a
été accusé de malversation/ Le roi lui a confisqué tous ses biens/
et prévenu de sa disgrâce/ eh bien/ Bertholot s'est enfui/ hors de
France à Cambrai/ à cette époque/ Cambrai était donc domaine
de Charles Quint dans les Flandres// Il avait bâti ce château en
1518 au début du règne de François Ier/ et le gros œuvre a été
levé/ en l'espace de sept ans /.../ alors dis donc, vraiment rapi-
de/.../, Bertholot avait décoré le château avec l'emblème du roi//
Voyons ici/ on trouve la salamandre/ à gauche/ l'hermine de
Bretagne/ Cette décoration on trouve sur de nombreux châteaux
de la Touraine// Eh oui, Bertholot a voulu faire plaisir au Roi /.../
Nous allons voir la cuisine, si vous voulez bien /.../ C'est un
château national/ celui-ci /.../ M. et B. Montmorency/ Biancourt/
Ce sont les monogrammes des derniers propriétaires du château//
Les portes datent de 1865/ ainsi que la tour sur le côté gauche/ A
l'origine/ ici à cet emplacement/ il y avait ici une petite tour
échauguette/ une tour de guet/ donc/ toutes les tours/ sont symé-
triques// Il est vrai que la Renaissance a apporté la symétrie en
France// Là il y avait une échauguette donc à l'origine et je je
crois qu'avec cette tour/ ça donne un merveilleux équilibre à
l'architecture// je pense// enfin je vous donne mon avis// /.../ Vous
voulez bien écouter ?// [Oui] – [Oui] /Ah !// vous êtes obéissants//
C'est formidable /.../ Tous obéissants// c'est bien/ ça /.../.../ A quoi
ça peut bien servir /.../ah ? /.../ à quoi justement ? /.../ Je vous
pose la question /.../ C'est tout simplement un porte-chandelle/ et
dans les familles riches autrefois/ voyez/ la chandelle/ on la pin-
çait horizontalement/ et on la brûlait/ par les deux bouts// d'où
l'expression// Et puis c'était un signe de richesse/ d'abondance/
d'exposer quatre flammes au lieu de deux// On mettait un réci-
pient/ on récupérait les bouts de chandelle et ces bouts de chan-
delles/ on les vendait par la suite au personnel// Ah/ on ne les
donnait pas/ on les vendait/ ah/ comme ça/.../ Ah/ disons qu'ils
arrivent à faire des économies// Vous connaissez cette expression
bien sûr/ ah/.../ « brûler par les deux bouts »/ c'est une expression
française/ ah.../ je pense ah/ enfin /.../ Alors/ on a dû surélever le
sol de la cuisine/ au siècle dernier/ à cause des inondations/ L'hi-
ver/ lors des grandes crues/ eh bien/ il y avait des problèmes
d'inondations dans cette cuisine/ donc auparavant on descendait
dans la cuisine/ oui, ce qui explique la cheminée en /.../ en
contre-bas/là/ à gauche/ oui/ c'est dommage pour l'architecture/
je crois pour la cheminée surtout/ ah/ y avait des escaliers pour
l'accès aux fenêtres/, on montait aux fenêtres// Vous savez l'Indre
quitte très souvent son lit/ Les parterres de l'autre côté du château
sont deux – trois fois par an inondés/ les parterres/ Vous savez/
les bords de rivière en général l'hiver/ il y a très souvent des
problèmes d'inondation/ plus qu'ici je pense/ enfin disons que

l'hiver/ on est beaucoup plus dans les hauteurs/ Alors voyez/ on faisait des ogives en bois/ sur lesquelles/ on bâtissait/ au fur et à mesure// Ça c'est la pierre de la région/ des alentours/ ici/ Une pierre qui est tendre et friable/ cette pierre/ On a nettoyé ces plafonds// Vous savez que la cheminée devrait bien fonctionner/ mais enfin/ je crois qu'il devait y avoir de la fumée/ dans la pièce/ par moment ici// C'est donc des croisées d'ogives/ et puis des culs-de-lampes/ dans les angles ici/ regardez/ s'il est beau ce cul-de-lampe ici/ celui qui se trouve à gauche// du moins au milieu/ je vous demande pardon// Mais celui-ci convient bien pour la cuisine du moins. »

B 4. *Visite guidée du château de Blois*

« /.../ Ça/ c'est une partie des plus anciennes/ tout de suite après la salle des Etats Généraux/ que vous venez de visiter// Cette partie date de la fin du XVe siècle// Elle a été construite à la fin du XVe siècle exactement de 1498 jusqu'en 1501// Les travaux ont duré trois ans// C'était relativement rapide pour l'époque// pour le Roi Louis XII et la Reine Anne de Bretagne/ Alors on va trouver un petit peu partout les monogrammes du Roi et la Reine// Le L de Louis XII/ le A de Anne de Bretagne/ et le porc-épic que vous allez voir également sur/ eh/.../ la façade extérieure du bâtiment// Nous en avons un très joli ici au-dessus d'une porte// C'est un porc-épic/ je vous signale que c'est l'emblème de Louis XII/ et le porc-épic/ qui est ici/ est ancien/ parce que les autres ont été restaurés// En effet à la Révolution/ on avait beaucoup cassé/ martelé/ les emblèmes/ et celui-ci est toujours à l'intérieur du bâtiment et peut-être même caché par une /.../, je ne sais pas/ a été préservé et se trouvait beaucoup plus ancien que les autres// En le regardant bien/ il est différent de ceux que vous verrez sur la cheminée// Alors dans cette partie du château/ ça n'est pas exactement/ la reconstitution/ des appartements du Roi Louis XII/, mais une présentation des collections municipales/ parce que/ le château de Blois/ appartient/ à la ville de Blois/ et elle l'utilise donc pour présenter des meubles/ des tableaux/ des tapisseries/ des faïences/ des costumes/ enfin/ c'est très varié/ très divers/ il y a des choses de toutes les époques.

2.2.2.2. Approche situationnelle

Tenir compte des éléments pertinents de la situation, cela veut dire, dans un premier temps, se poser les questions maintenant banales des praticiens de la communication : *Qui parle(nt) ? Où ? Quand ? De quoi ? Comment ? Pour quoi faire ?* On peut affiner plus ou moins l'analyse (relations et représentations, y compris de soi-même, des co-énonciateurs, rôle, statut et « histoire » de chacun d'eux, etc.) mais le schéma suivant (voir, pour l'écrit, Moirand 79b) me paraît suffire à une analyse prépédagogique des discours oraux envisagés :

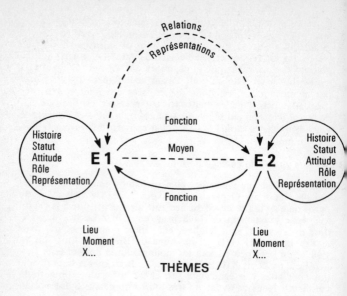

E 1, E 2 : (co)énonciateurs
X... : autre(s) participant(s) (muets) dans la situation
Lieu : lieu de la prise de parole
Moment : moment de la prise de parole

Fonction : le *pour quoi faire* des messages
Moyen : le *comment* (le canal)
Thème : référents, domaines de référence

Corpus A

Orphanou 81 a déterminé deux **lieux** fixes pour effectuer ses enregistrements : Office du Tourisme de Chypre à Paris et stand au Salon du Tourisme de ce même office, ainsi que deux **moyens** : le « face à face » et le « téléphone » (A). Si, à l'Office du Tourisme, le lieu de E 1 (l'employée) est fixe, celui de E 2, quand le canal est le téléphone, est indéterminé surtout s'il s'agit d'un particulier.

De même **l'employée** E 1 est connue : de nationalité chypriote, et de langue maternelle grecque, elle vit à Paris depuis quelques années, son mari est grec et ils ont un enfant ; elle a fait une licence de lettres modernes en France mais elle n'a pas de formation spécifique aux métiers du tourisme ; **les « clients »** (E 2), au téléphone, seront seulement (y compris par E 1) caractérisés par leur « voix » et leur « accent » : femme ou homme, vieux ou jeune, français ou étranger, français « pied-noir », etc. et en partie par leur adresse, s'il est pertinent qu'on la leur demande (envoi de documentation). Orphanou remarque que les conversations au téléphone sont les plus courtes de son corpus, celles où il y a le moins d'**échanges « conjoncturels »**, les plus « répétitives » aussi : il faut s'assurer qu'on a compris et qu'on s'est fait comprendre (en répétant, en faisant répéter), d'autant plus que l'employée a un accent perçu comme non-français ; de plus, il manque les gestes, les mimiques, la possibilité d'illustrer son commentaire par un schéma (voir A 3 par exemple), de faire écrire les adresses, les tarifs, les horaires, etc. Les enregistrements en face à face à l'Office (le magnétophone étant dissimulé derrière le comptoir) sont plus longs parce que les clients consultent en même temps les brochures sur lesquelles ils posent ensuite des questions (il y a des blancs), parce qu'ils viennent à deux et parlent en même temps, parce que certains plaisantent et engagent des échanges plus « personnalisés ». Au Salon du Tourisme, le rôle de l'employée est différent : elle doit moins informer les clients sur leur demande que « promouvoir » Chypre auprès des visiteurs qui n'ont pas tous *a priori* l'intention d'y aller en vacances ; enfin l'audition des messages est considérablement perturbée par le bruit ambiant.

Pour ce qui concerne **les fonctions** principales des discours du *corpus A*, il s'agit, du côté des clients, de demander soit de la documentation, soit des informations, du côté de l'employée de répondre à ces demandes, de donner des indications. L'approche pragmatique « affinera » ces premières remarques (analyse en actes de parole) et l'approche conversationnelle mettra en lumière le déroulement : l'employée à qui l'on demande « un objet » (brochures, cartes, posters) demande aussitôt le nom et l'adresse (**implication pédagogique immédiate** : apprendre à épeler au téléphone, apprendre à dire/ comprendre les chiffres sont des activités, des savoir-faire à acquérir).

On peut déjà distinguer à ce niveau global différents **sous-thèmes** (au travers desquels l'analyse textuelle dégagera des *notions spécifiques* liées à chacun des sous-thèmes et des *notions générales* liées à l'ensemble des thèmes – relations spatiales, temporelles etc. –) : demander des documents (A 1), demander les heures d'ouverture de l'Office (A 7), demander des renseignements sur les transports (A 5), sur les tarifs des transports en avion (A 2), sur les régions (A 3), et les hôtels (A 3), sur les agences (A 4), sur la monnaie (A 8) et les locations de voitures (A 8 également), etc. Une « conversation » peut comporter plusieurs sous-thèmes (A 8 par exemple).

Corpus B

Il s'agit là de « discours monologaux » à « structure dialogique[1] » (Roulet 82), d'autant que les co-énonciateurs sont en présence les uns des autres dans un lieu clos et que les auditeurs interviennent parfois (cela n'apparaît pas ici), posent des questions, demandent des informations, transformant

---

1. Voir note ci-dessous p. 121.

ainsi le monologue du guide en conversation « face à face » avec témoins. Il manque ici l'enregistrement vidéo qui seul permet d'aborder la communication dans sa globalité, en tenant compte des « objets du réel » auquel le discours renvoie (voir ci-dessous l'approche textuelle) et aussi des gestes, des mouvements, des déplacements, des mimiques. Cependant, l'avantage du magnétophone est d'être moins voyant (plus personne ne s'inquiète de sa présence dans ce type de situation ; il est facile à dissimuler s'il a un micro incorporé assez puissant). Comme le précise Sriangura 80, il s'agit ici du rôle de *guide-narrateur* qui, dans le lieu clos de la visite (B 2, B 3 et B 4), possède le pouvoir que lui délègue l'administration (interdire ou permettre certains mouvements) et qui, une fois la visite terminée, n'a plus de rapport avec ses auditeurs. C'est un statut différent de celui du guide accompagnateur de circuits touristiques prolongés, tour à tour *narrateur*, *organisateur*, *animateur* et *initiateur* (en Thaïlande, pour marchander, acheter, payer, etc.). L'approche situationnelle nous amène à dégager trois **lieux** distincts (situation-cadre) : un lieu « *en mouvement* », l'autobus (B 1), deux lieux statiques dans lesquels « *on se déplace* », les monuments : une église à Paris (B 2) et deux châteaux hors de Paris (B 3 et B 4).

Premières conclusions

Dans une situation d'enseignement idéal, il faudrait disposer d'**enregistrements vidéo**, ce qui permettrait aux apprenants d'inférer à partir d'indices situationnels (compétences référentielle et discursive) des éléments communicatifs verbaux et non verbaux ; à défaut de matériel vidéo, peut-être le plus naturel consiste à commencer par des conversations au téléphone, afin de « systématiser » un apprentissage des échanges transactionnels (voir 2.2.3.), si toutefois le public est habitué à ce canal.

Ces types de mini-corpus sont utilisables en classe avec deux sortes d'apprenants : les employés de bureaux de tourisme (A) et les guides touristiques (B) d'une part mais aussi (notre optique en 2.2.3.) tous les apprenants adolescents ou adultes qui visent un « français général » et, entre autres, manifestent le désir de voyager en pays francophone et/ou celui d'apprendre à communiquer en français en face à face et au téléphone. Les situations les plus fréquemment rencontrées, ainsi que les sous-thèmes, étant par ailleurs parfaitement « prévisibles » dans ce domaine par les apprenants eux-mêmes, on peut donc les introduire au départ sans les imposer (voir 2.2.3.).

2.2.2.3. Approche conversationnelle

Pour le corpus A, une approche de type conversationnel s'impose. Je propose de reprendre les notions d'*ouverture*, de *développement* et de *fermeture* qui permettent de dégager les interactions, ici fortement stéréotypées, de départ et de clôture de la conservation téléphonique, l'unité d'analyse retenue. Soit, pour l'ouverture :

E 2 : le client fait le numéro (acte)

ou bien E 1 : l'employée décroche et s'identifie (ce qui confirme à E 2 la « réussite » de son acte)

– Office du Tourisme de Chypre, bonjour (A 1)
– Allo, Office du Tourisme de Chypre, bonjour (A 2)

ou bien E 1 : dit simplement (ce qui est plus rare)

– Allo (A 9)

E 2 : demande alors confirmation (acte de parole)

– C'est l'Office de tourisme de Chypre ?

Si E 2 est un particulier, il prend alors généralement l'initiative de l'échange (après un acte de salutation)

E 2 :... Est-ce que vous pourriez... ? (A 1)
E 2 :... Je voudrais savoir... (A 2)
E 2 :... Je voudrais des renseignements... (A 3)

Si E 2 est un organisme, il s'identifie (après salutations) :

E 2 :... C'est la Fédération S... de Lille... (A 12)

et s'il s'agit d'un standard : ... Ne quittez pas... (A 12).

Je propose ensuite d'analyser chaque développement par rapport aux **sous-thèmes** qui font avancer la conversation (voir la progression de A 8 ci-dessous), chaque sous-thème donnant lieu à **un échange** entre E 1 et E 2 et chaque échange à une ou plusieurs **interventions**, commandées par un **acte de parole directeur** (valeur illocutoire). Ce qui importe, dans le cadre d'une analyse prépédagogique, c'est d'arriver à déterminer **qui prend l'initiative** de l'intervention et comment (*a priori* la situation de communication laisse penser qu'elle revient au client E 2) et si l'on peut dégager des **marques** de clôture et d'ouverture de chaque échange à l'intérieur du développement.

Analyse de A 1

On remarque la prise d'initiative par le client à la présence d'un **marqueur d'illocution** (*vous pourriez*) et de **marqueurs syntaxiques** (*Est-ce que*..., intonation). On pourrait arrêter l'échange à la première tentative de clôture de E 1 (*D'accord*) mais il y a reprise de l'initiative de E 2 qui précise sa demande (marqueurs d'illocution : *vous pourriez*) sans changer de « thème » (il s'agit toujours de demande de documentation), ce que confirmera l'analyse textuelle (*l'* renvoie à *documents* du premier acte de la première intervention). Il y a donc tentative de clôture par l'employée mais poursuite de

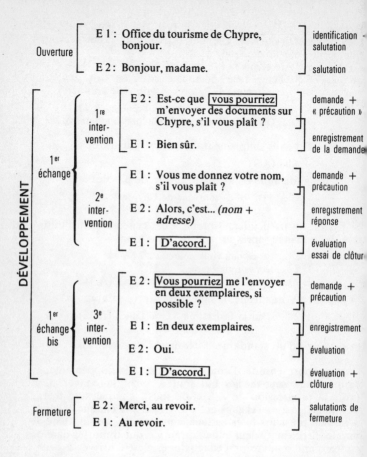

l'échange par le client. On note une *initiative* (stéréotypée) de la part de E 1 (intervention « professionnelle ») : à chaque demande de documentation, posters, etc. (demandes d'objets à envoyer), si E 2 ne donne pas spontanément ses coordonnées, E 1 les lui demande :

Vous me donnez votre nom, s'il vous plaît (A 1)

Vous me donnez votre adresse, s'il vous plaît (A 11)

En élargissant l'analyse à d'autres conversations du *corpus A* (même employée mais clients différents), on trouvera des informations où E 1 prend l'initiative : il s'agit pour l'employée de donner des indications, faire des suggestions, demander à E 2 des précisions pour mieux l'informer, ou de faire patienter (*Ne quittez pas...*) pour aller consulter des horaires ou des tarifs (intervention stéréotypée).

Dans A 2 par exemple :

- **E 2 :** 2 525 F aller-retour ?
  E 1 : $\boxed{\text{Oui}}$, pour le billet, **uniquement.**
(intervention) **Tandis que** pour un voyage à forfait, pour **le même** tarif, $\boxed{\text{vous avez}}$ l'avion plus un hôtel trois étoiles, à demi-pension.
- **E 1 :** $\boxed{\text{Oui,}}$
(intervention) **et** si vous voulez pas l'hôtel, si vous voulez une voiture, $\boxed{\text{vous pouvez}}$ prendre **un autre** forfait avion plus location de voiture.
- **E 1 :** $\boxed{\text{Bon}}$
  Si vous voulez, $\boxed{\text{je peux}}$ vous envoyer une documentation.

Dans A 8, que nous analysons ci-après :

- **E 2 :** Est-ce que $\boxed{\text{je peux}}$ savoir le nom... ? c'est...
- **E 1 :** Euh... ne quittez pas s'il vous plaît.
- **E 1 :** Hem, ça dépend, quelle voiture vous voulez prendre ?
- **E 1 :** Bon, je vous dis d'abord de Larnaca et puis ensuite, je vous dis...

Analyse de A 8

Le client prend l'initiative du développement mais formule une première demande qui introduit **le thème général** (*renseignements*), thème reformulé par la suite au travers des **sous-thèmes successifs** qui structurent **les échanges**.

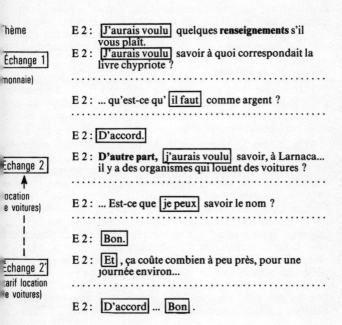

Thème	**E 2 :** $\boxed{\text{J'aurais voulu}}$ quelques **renseignements** s'il vous plaît.
Échange 1 (monnaie)	**E 2 :** $\boxed{\text{J'aurais voulu}}$ savoir à quoi correspondait la livre chypriote ?
	....
	E 2 : ... qu'est-ce qu' $\boxed{\text{il faut}}$ comme argent ?
	....
	E 2 : $\boxed{\text{D'accord.}}$
Échange 2 (location de voitures)	**E 2 : D'autre part,** $\boxed{\text{j'aurais voulu}}$ savoir, à Larnaca... il y a des organismes qui louent des voitures ?
	....
	E 2 : ... Est-ce que $\boxed{\text{je peux}}$ savoir le nom ?
	....
	E 2 : $\boxed{\text{Bon.}}$
Échange 2' (tarif location de voitures)	**E 2 :** $\boxed{\text{Et}}$, ça coûte combien à peu près, pour une journée environ...
	....
	E 2 : $\boxed{\text{D'accord}}$ ... $\boxed{\text{Bon}}$.

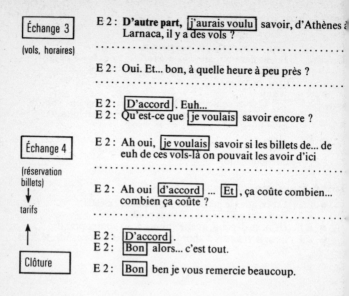

Échange 3
(vols, horaires)

E 2 : **D'autre part,** ⸤j'aurais voulu⸥ savoir, d'Athènes à Larnaca, il y a des vols ?
....

E 2 : Oui. Et... bon, à quelle heure à peu près ?
....

E 2 : ⸤D'accord⸥. Euh...
E 2 : Qu'est-ce que ⸤je voulais⸥ savoir encore ?

Échange 4
(réservation billets)
↓
tarifs
↑

E 2 : Ah oui, ⸤je voulais⸥ savoir si les billets de... de euh de ces vols-là on pouvait les avoir d'ici
....

E 2 : Ah oui ⸤d'accord⸥ ... ⸤Et⸥, ça coûte combien... combien ça coûte ?
....

E 2 : ⸤D'accord⸥.
E 2 : ⸤Bon⸥ alors... c'est tout.

Clôture

E 2 : ⸤Bon⸥ ben je vous remercie beaucoup.

On remarque ici l'enchaînement des échanges, chaque nouvel échange étant amorcé par des « marqueurs interactionnels » clôturant le précédent (*d'accord, bon, oui*...), parfois par des « connecteurs rhétoriques » (*d'autre part, et*), éléments que l'on peut trouver en fin et début d'interventions et formulés ici par un **marqueur d'illocution** identique (*j'aurais voulu quelques renseignements... j'aurais voulu savoir... qu'est-ce que je voulais encore savoir... je voulais savoir...*). Cette progression du discours est à mettre en relation avec la **cohésion thématique** (voir ci-dessous l'approche textuelle).

Premières conclusions

L'approche conversationnelle est riche d'enseignement pour une pédagogie de l'oral interactionnel, malgré les réticences que nous avons émises en 1.3.1. et 2.2.1. sur les limites et la pertinence des modèles.

Tout d'abord, elle permet de dégager quelles stratégies interactives l'apprenant devra s'approprier pour pouvoir participer à des échanges de ce type : savoir comment prendre l'initiative de la conversation, comment faire savoir qu'on veut poursuivre, ou au contraire qu'on veut arrêter l'échange ; à l'inverse, savoir repérer une intention de clôture chez son interlocuteur, une certaine lassitude au ton sur lequel il prononce un marqueur tel que *Bon, D'accord*, ou *Oui*. Il serait intéressant de comparer des conversations produites dans des conditions identiques dans la langue maternelle des apprenants et dans les langues qu'ils apprennent (voir par exemple l'essai de Auger et autres 80 sur *l'entrée en contact par téléphone* au Mexique et en France) ou tout au moins d'inciter les apprenants à y réfléchir (voir 2.2.3.).

Ensuite, elle facilite la détermination des activités[1] qui entrent en jeu, par exemple, dans les conversations au téléphone : apprendre à épeler (et connaître le code d'épellation de référence), apprendre à dire (comprendre les chiffres, numéros de téléphone, tarifs, horaires), comprendre le commentaire sur (et savoir commenter au téléphone) un schéma, une carte, des tableaux, etc. Ces activités peuvent toutes faire l'objet d'exercices divers, souvent sous forme de « jeux communicatifs » par équipes, et sont réinvestissables dans d'autres situations (oral en face à face, passage de l'oral à l'écrit, de l'écrit à l'oral, prise de notes, jeux radiophoniques et télévisuels, etc.).

Elle souligne enfin l'inadéquation des notions de difficulté syntaxique ou de longueur de textes dans une répartition des contenus définis en termes communicatifs (voir 2.1.3.). Car la conversation A 8, l'une des plus longues du *corpus A*, n'est pas la plus difficile à « simuler » : chaque échange est « **prévisible** » (il est normal de poser des questions à un Office de tourisme sur la monnaie, les tarifs, les horaires, les vols, les locations de voiture, etc.) ; les marqueurs d'illocution (acte de demande), malgré la présence de modalités et les marqueurs d'interaction, malgré l'importance de l'intonation, sont aisément identifiables (parce qu'ils reviennent si régulièrement dans cet enregistrement qu'il en vient à ressembler à un excercice structural conversationnel !). Si le commentaire de la carte de Chypre au téléphone (A 3) est déjà moins « prévisible » dans son déroulement et moins facile à saisir sans connaître l'emploi des déictiques, là aussi les redondances dues au canal sont une aide précieuse lors d'exercices de repérage (2.2.3.). Par contre, la conversation A 4 est plus difficile à saisir à cause des « intentions » plus ou moins avouées du client : l'employé d'un Office de tourisme n'a pas le droit de donner son avis sur une agence, ce que voudrait obtenir le client. Mais le « non-prévisible » ne peut, par nature, « être enseigné », puisqu'il découle des implicites psycho-socio-culturels des interlocuteurs (il peut seulement être « créé », « inventé » par les apprenants – voir 2.2.3.), ce dont témoigne par exemple, pour rester dans le domaine considéré, cet extrait du corpus d'Orphanou 81, toujours à propos de la fameuse « ligne de démarcation » à Chypre :

(Vieux couple/employée, Stand au Salon du tourisme)

E 2 H : Oui, Nicosie est dans la zone grecque ?
E 1   : Alors, Nicosie, il y a une partie... vous voyez la ligne noire ?...
E 2 H : Oui.
E 1   : ... Il y a un tiers, au nord, qui est turc.
E 2 H : C'est la démarcation, là ?

---

1. C'est là un objectif spécifique de *l'analyse prépédagogique conversationnelle*, les modèles théoriques de référence s'intéressant peu aux *activités*.

```
              . E 1    :  Oui, les routes sont murées.
                E 2 F  :  Ah, elles sont murées !
    ↓           E 1    :  Oui, il y a un mur.
  « vers        E 2 F  :  Ah, il y a un mur. Tu vois, il y a un mur.
l'imprévisible » E 2 H :  C'est comme le mur de Berlin.
                E 2 F  :  Je ne sais pas, c'est peut-être pas comme le mur de Berlin,
                          parce que quand même... c'est pas à ce point.
                E 1    :  On ne voit pas le long mur. Mais, enfin c'est presque ça.
                E 2 F  :  Non, c'est pas si méchant que ça.
                E 1    :  Symboliquement, c'est peut-être pas la même chose,
                          etc.
```

2.2.2.4. Approche pragmatique

L'approche pragmatique a déjà été amorcée dans l'approche conversationnelle : ainsi l'analyse proposée pour A 8 ci-dessus avait seulement pris en compte les interventions du client et dans celles-ci les actes de parole « directeurs ». L'approche pragmatique va chercher à décrire **les unités minimales de communication** (voir 1.2.1.) et les intentions de communication des participants (*actes de parole* et *valeurs illocutoires* des énoncés) plutôt que les rites d'interaction, le déroulement des échanges et la structure des macro-unités de communication auxquelles s'intéresse l'analyse conversationnelle. Les deux approches sont cependant complémentaires mais la pragmatique est mieux connue des professeurs de langue, à travers la diffusion de *Un Niveau-Seuil* (Coste *et alii* 76)[1]. Nous nous contenterons ici d'évoquer ses principaux apports pour l'enseignant de langue :

– Tout d'abord, elle permet de différencier **les actes de parole** de chacun des interlocuteurs en face à face : les « actes-demandes » et les « actes-réponses » (soit actes d'ordre 1 et actes d'ordre 2 pour suivre la terminologie de Martins-Baltar dans *Un Niveau-Seuil* 76)[2] et par ailleurs, dans une perspective didactique, les actes « à interpréter » de ceux « à produire » ;

– ensuite, pour chaque acte inventorié, elle amène à distinguer **les différentes formulations** « **attestées** » ou « **prévisibles** » dans cette situation et à les classer en **formulations directes** et **indirectes** ; *Ferme la porte, je te dis de fermer la porte* et *tu pourrais fermer la porte* ont des fonctions illocutoires « prévisibles » que n'ont pas les formulations indirectes : *T'es réchauffé, toi, J'ai froid ! Je me les gèle...* (voir Roulet 80, Debyser 80) ;

---

1. C'est d'ailleurs pour ce type d'approche que *Un Niveau-Seuil* est un outil utilisable (voir ORPHANOU 81) mais il n'est jamais, à lui seul, suffisant, pour un passage à la « pédagogisation ».
2. Mais les actes d'ordre 1 ne sont pas toujours des demandes. *Proposer* peut être d'ordre 1 ; une proposition peut entraîner soit *une acceptation*, soit *un refus*, soit *une autre proposition* (actes d'ordre 2).

– enfin, elle facilite la prise en compte des **micro-enchaîne-ments d'actes** à l'intérieur des **interventions** (ce qui dépasse les propositions de *Un Niveau-Seuil*), en liaison directe avec les données de l'approche précédente (2.2.2.3.).

En ce qui concerne une analyse détaillée des actes d'ordre 1 et d'ordre 2 répertoriés en fonction du rôle employé/client et accompagnés de leurs formulations dans la situation « Office de tourisme », je renvoie ici à Orphanou 81 dont je ne reprendrai pas l'analyse. Il s'agit pour l'enseignant qui dispose d'un mini-corpus de conversations enregistrées de distinguer les actes qu'il est nécessaire d'interpréter de ceux qu'il est nécessaire de produire : par exemple de déterminer ici quelles fonctions « prévisibles » met en œuvre l'employée face à ses différents clients (si l'on fait un cours à de futurs professionnels du tourisme) ou de s'attacher plutôt aux fonctions mises en œuvre par les clients et à la compréhension des réponses obtenues lors de conversations en face à face ou au téléphone avec des bureaux de tourisme (si l'on fait un cours de langue « générale »). Dans le *corpus A* par exemple, on peut distinguer :

■ Du côté du client (en laissant de côté les actes stéréotypés)

  – les **actes à valeur illocutoire**

demande de documents

> (Vous avez des posters ? Vous pourriez m'envoyer... Vous avez une documentation...)

et en « affinant » la *demande de renseignement* :

> demande d'information sur un fait
> demande d'information sur la véracité d'un fait
> demande d'opinion sur la véracité d'un fait
> demande d'accord sur un fait
> demande d'avis, de conseil

ce qui permet de classer les formulations du corpus A :

> Je voudrais savoir quel est le tarif, alors est-ce que je pourrais prendre..., et il n'est pas possible de se rendre euh... d'une zone dans une autre, quand vous avez un bateau ? vous pourriez m'indiquer..., je voulais vous demander : ... est-ce qu'il y a des précautions à prendre ? etc.

  – les **opérations discursives** qui visent au bon déroulement du discours :
> demander de préciser, demander de confirmer, para-phraser, préciser, confirmer, répéter, se répéter, deman-der de répéter, etc.

■ Du côté de l'employée (outre les actes stéréotypés « professionnels » : *ne quittez pas*...) :

  – les mêmes **opérations discursives**, et surtout :
> dire qu'on a enregistré la demande
> inciter à poursuivre
> dire qu'on n'a pas compris

- des **actes à valeur illocutoire** :
  informer (sur un fait, sur la véracité d'un fait)
  proposer (d'envoyer quelque chose, de donner une adresse)
  confirmer (un fait, la véracité d'un fait)
  rassurer (sur un fait)
  suggérer (un circuit, un forfait)
  décrire (une carte, un endroit, un hôtel)...

Mais une analyse en actes de parole, si elle est utile à l'enseignant afin de répertorier les formulations les plus « probables » dans un contexte situationnel donné, s'avère trop pointilliste pour être opératoire si l'on ne tient pas compte de l'enchaînement des actes dans les interactions. Par exemple, dans A 10 et A 11, le client fait précéder sa demande d'**un acte « justificatif »** :

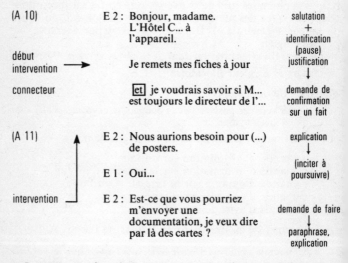

(A 10)	E 2 :	Bonjour, madame. L'Hôtel C... à l'appareil.	salutation + identification (pause)
début intervention →		Je remets mes fiches à jour	justification ↓
connecteur		et je voudrais savoir si M... est toujours le directeur de l'...	demande de confirmation sur un fait
(A 11)	E 2 :	Nous aurions besoin pour (...) de posters.	explication ↓ (inciter à poursuivre)
	E 1 :	Oui...	
intervention	E 2 :	Est-ce que vous pourriez m'envoyer une documentation, je veux dire par là des cartes ?	demande de faire ↓ paraphrase, explication

La conversation A 9 montre que le client (monsieur d'un certain âge), un peu « gêné » de poser une question sur la salubrité de Chypre, ne formule pas immédiatement la demande qui le préoccupe :

(A 9)	E 2 :	Je voulais vous demander un petit renseignement.	annoncer qu'on va demander une information
		Je vais à Limassol, à l'hôtel A... au mois de juin.	donner une information sur soi-même (expliquer la demande)
	E 2 :	Oui...	(inciter à poursuivre)

| E 2 : | Et puis, je voulais vous demander ceci : j'ai des guides géographiques qui mettent « routes malsaines » et puis qu'il y a des lagunes. | annoncer la demande ↓ rapporter une information ↓ |
| | ... Est-ce qu'il y a des précautions à prendre pour l'eau, la malaria, les moustiques ? | demander l'opinion sur la véracité de cette information |

Ainsi **la demande** est-elle amenée par l'annonce que l'on va demander quelque chose (deux fois) et par **une « justification »** (information sur soi-même et référence à la parole d'autrui). S'agit-il là en fait de **stratégies conversationnelles ?**[1] Si oui, relèvent-elles de normes socioculturelles ou y a-t-il une part d'individuel (âge, histoire, attitude, représentation de soi-même et de l'autre) ? Et quand bien même il s'agirait de normes socioculturelles (ce qui reste à démontrer), peut-on enseigner ces stratégies en langue étrangère (voir 2.2.1.) ?

Premières conclusions

L'on peut se demander, comme à la fin de l'approche précédente, s'il est possible d'introduire dans un cours... l'imprévisible, que ce soient des échanges conjoncturels ou personnalisés, ou, comme ici, des formulations indirectes d'actes ainsi que des stratégies d'enchaînement pas forcément « ritualisées ».

On peut en revanche faire prendre conscience aux apprenants de l'enchaînement des actes, les inciter également à comparer avec leur langue maternelle (compétences discursive et socioculturelle) et d'autres langues étrangères et en tous cas multiplier l'introduction d'actes de même type dans des situations de communication différentes. Par exemple, la demande de renseignement (domaine du tourisme) sera élargie de l'appel téléphonique à la conversation en face à face dans un Office de tourisme, une agence de voyage, puis dans une gare ou un aéroport et enfin transférée dans l'ordre scriptural (lettre à un Office de tourisme). Puis la fonction « demander des renseignements » sortira du domaine du tourisme (à l'ordre oral comme dans l'ordre scriptural) :

---

1. C'est là que les travaux de GRICE (voir 1.3.1.) sur les « maximes » pourraient contribuer à affiner l'analyse (voir CICUREL 82a, sur les conversations écrites).

on proposera par exemple des situations de la vie quotidienne, à la banque, à la poste et à l'université[1] (voir 2.2.3.).

2.2.2.5. Approche énonciative

L'approche énonciative s'appuie notamment sur la distinction proposée par Benveniste (70) entre le message verbal (*l'énoncé*) et l'acte de production de cet énoncé (*l'énonciation*). Ainsi peut-on parler de **situation d'énonciation** (voir 1.1.2.) lorsqu'on envisage d'analyser le cadre formel dans lequel se réalise l'énonciation, c'est-à-dire de mettre en rapport le linguistique (les éléments verbaux) avec les paramètres de la situation déjà décrits (voir 2.2.2.2.) lors d'une approche situationnelle (travaux de Jakobson 63 sur les embrayeurs, de Benveniste 70 et de Culioli 76 sur la détermination, la thématisation et les modalités). On trouve en effet dans les énoncés **des indices** qui renvoient aux éléments situationnels (*Qui parle ? Où ? Quand ?* etc.) : ce sont **des traces** en surface d'**opérations énonciatives** sous-jacentes qui marquent dans le discours[2] :

– la présence des énonciateurs (marques personnelles) ;

– le renvoi au référentiel, au lieu et au moment d'énonciation (déictiques, temps verbaux, indicateurs spatio-temporels) ;

– les rapports que les énonciateurs entretiennent avec leurs énoncés (thématisation, modalités) ;

– les rapports que les énonciateurs entretiennent entre eux (modalités, marques personnelles).

Corpus A

Cette approche, lors d'analyses de mini-corpus oraux, permet d'abord **une classification des formulations d'actes de parole** dégagés lors de l'approche précédente en fonction de **la situation d'énonciation**. Ainsi, pour demander un renseignement, on peut s'introduire en premier dans son énoncé (*je*

---

1. Pour la demande de renseignements à l'université, voir, à l'oral, les enregistrements cités dans 2.2.1. et, à l'écrit, dans MOIRAND 79b, l'enchaînement salutation → identification (donner des informations sur soi-même) → demander des informations, et les formulations attestées pour ce dernier acte : *je me permets de vous demander, vous seriez bien aimable de, je vous serais reconnaissant, j'ai l'honneur de solliciter, je serais intéressé par, j'aimerais recevoir...*
2. Les propositions méthodologiques que j'ai envisagées pour enseigner à *lire des textes* reposaient sur l'hypothèse que le repérage de ces marques permet aux apprenants d'inférer de ces indices les dimensions pragmatiques des textes, leurs conditions de production et facilitent ainsi en langue étrangère d'abord l'interprétation puis la production d'énoncés écrits appropriés à la situation (MOIRAND 79b).

voudrais savoir, j'aimerais savoir, je peux) ou introduire l'autre (*pourriez-vous me dire, vous pouvez m'envoyer*) ou n'introduire ni l'un ni l'autre (*qu'est-ce qu'il y a de moins cher, et alors il n'est pas possible de se rendre, qu'est-ce qu'il faut prendre comme argent*). On peut également employer une forme interrogative (*quand vous avez un bateau ?*) ou injonctive (*donnez-moi l'adresse*) mais celle-ci est plus rare dans cette situation (trop agressive, elle serait tempérée par un *s'il vous plaît*, de même que le performatif *je vous demande de m'envoyer*, peu probable ici) et la forme assertive introduit l'acte de demande, souvent une interrogation indirecte (*je voudrais savoir si dans votre Office vous vendez des objets chypriotes*). Il s'agit là de **modalités d'énonciation**[1].

Ce que l'on a évoqué, dans l'approche conversationnelle, sous le terme « marqueur d'illocution » pourra être précisé lors d'une approche énonciative qui permet d'évaluer la force illocutionnaire des actes et d'en classer les formulations. Les **modalités pragmatiques**[1] qui rendent compte en effet des rapports entre les énonciateurs (*vous pouvez me donner votre nom ?, vous pourriez m'envoyer, j'aurais voulu savoir, vous pouvez le faire*) recoupent en fait les **modalités d'énonciation** et les **modalités logiques**[1] au travers desquelles l'énonciateur nuance son énoncé sur l'échelle du probable, du possible, de la nécessité et de l'éventuel (*il n'est pas possible de se rendre, je peux vous envoyer une documentation, il faut choisir, je pense qu'ils peuvent vous en vendre*). Enfin on repérera également les **modalités appréciatives** au travers desquelles l'énonciateur donne son opinion, juge, évalue, apprécie (*les deux parties sont belles... il y a des choses à voir dans les deux parties, des plages magnifiques,... Ah oui, c'est très très sérieux, oui !*) et les **thématisations** par lesquelles l'énonciateur met en valeur une partie de son énoncé (*Or, moi, le premier prix que j'ai trouvé, c'est à partir de, ... l'eau courante, elle est normale ?*)

Une approche énonciative du *corpus oral A* se doit également de prendre en compte (pour certains objectifs d'enseignement) **les phénomènes prosodiques**, ce dont ne rend pas compte la transcription[2] d'Orphanou 81 dont l'objectif était plus limité. Signalons ici le rôle des *pauses* dans la thématisation, les effets de *l'intonation* sur la fonction illocutoire des actes, la signification des *hésitations*, des *reprises*. Sans doute les regards, les gestes, les mimiques dans le face à face rendent compte également des rapports que les énonciateurs

---

1. Sur le concept de modalité, voir Benveniste 70. Certains distinguent entre modalités d'énonciation et modalités d'énoncé (MEUNIER 74), d'autres les classent en quatre types différents (Glossaire de CHARLIRELLE 75). Pour une initiation à l'énonciation, voir MAINGUENEAU 81.

2. Voir, sur les problèmes de transcription, les propositions de BACHMANN 77, FILLOL et MOUCHON 80, VANOYE et autres 81.

entretiennent entre eux ainsi qu'avec leurs énoncés et les référents auxquels ils renvoient. Mais si certains de ces aspects prosodiques ont commencé à faire l'objet de recherches sur l'oral, celles-ci semblent, à ma connaissance, porter plutôt sur l'étude du récit et de l'interview que sur des conversations en face à face ou au téléphone (Fillol et Mouchon 77 et 80, Bachmann 77 et 80, Chevalier et Delesalle 77 par exemple).

Corpus B

Plus proches du récit que du face à face semblent être à première vue les textes du *corpus B* ; aussi les déictiques et les temps verbaux jouent-ils un rôle primordial en tant qu'indices-repères indispensables à la compréhension de ces discours lors des pratiques pédagogiques envisagées (voir 2.2.3. et 2.3.2.) dans un cours de langue orale.

B 1 se présente comme un discours essentiellement distribué par rapport à **l'espace des énonciateurs** (le guide et les touristes dans un autocar traversant Paris). Seul le guide ici a le droit à la parole : soit il introduit dans son texte ses co-énonciateurs (*Vous allez voir... devant vous*), soit il s'introduit avec eux (*... que nous allons voir plus tard*) ; désignant les monuments au rythme du déplacement du car, il anticipe cependant par rapport au moment d'énonciation soit sur la vision des touristes (*vous allez voir*), soit sur l'itinéraire (*nous allons prendre*), soit sur le circuit (*...que nous allons voir plus tard*) ; le passé (par rapport au moment d'énonciation) vient rappeler un événement historique, de l'ordre ici de l'anecdotique (*... ont été guillotinés, ... ont été décapités*). Dans B 1, on ne trouve ni narration, ni même de description de documents et aucune appréciation sinon dans le choix des référents désignés (*quartiers neufs, hôtel japonais, hôtel Hilton, quartiers résidentiels*). Discours de désignation d'objets référentiels considérés comme « prestigieux » (qu'ils soient anciens ou modernes), on note la présence constante d'éléments déictiques qui réfèrent à partir de l'endroit occupé par les énonciateurs (lieu d'énonciation du discours) *ici, à gauche, à droite, devant*..., la redondance du *c'est* d'ostension et la fréquence d'éléments exophoriques[1] désignant les monuments. Comme l'explique Sriangura (80), ce type d'excursion est destiné aux touristes « pressés » qui ont peu de temps à consacrer à la visite de Paris, ou, c'est plus rare, qui effectuent un premier tour d'horizon avant de s'engager dans des visites plus ponctuelles. Le guide, qui passe d'une langue à l'autre (français et anglais, français et espagnol, etc.), a pour fonction de mettre un nom sur les « objets prestigieux » que les touristes aperçoivent au passage, à travers Paris.

Dans B 2, le repérage des temps verbaux est déjà plus complexe. Le temps présent peut en effet être en rapport avec

---

1. « Signes qui ont pour fonction d'ancrer le texte dans un environnement non verbal, tels que "la Seine", "Paris", etc. » (VIGNER 79).

le présent des énonciateurs (guide et visiteurs) mais aussi renvoyer à des faits historiques. On distingue ici trois discours différents qui s'entrecroisent :

– un discours « pragmatique » : *vous pouvez voir aujourd'hui* (marque personnelle, modalité et indicateur temporel) ; *ce qu'il faut savoir..., c'est que* (thématisation et modalité), etc.

– discours « référentiel », proche de celui de B 1, rendant compte des rapports des énonciateurs aux objets de la réalité : *c'est une église dont la visite est intéressante* (voir le premier paragraphe) et, élément déictique spatial, *tout de suite à droite*, etc.

– enfin un discours « narratif », marqué soit par la présence de temps du passé (voir le deuxième paragraphe), soit par un présent accompagné d'une datation temporelle (*au XVIIIe siècle on sait déjà que c'est une église assez grande*).

On repère le passage d'un type de discours à un autre au travers de différents *indices* : la moitié de l'église *que vous pouvez voir aujourd'hui* (marque personnelle, modalité, indicateur) ; *ce que l'on sait* (on et le présent sous-entendant *aujourd'hui*, amorcé par *c'est, bien sûr, un architecte qui n'évoque pas grand-chose pour nous), c'est qu'il avait d'abord...* Le repérage de ces « **ruptures discursives** » paraît faire partie d'un enseignement de la compréhension orale (on en retrouve aussi dans le discours des enseignants, quelle que soit la matière d'enseignement).

B 3 apparaît comme un discours à structure dialogique (Roulet 82), ce qui ne veut pas dire que les précédents ne le sont pas, marques personnelles et modalités pragmatiques étant des traces interactionnelles implicites. Mais B 3 l'est de manière évidente. On distingue à nouveau ici les trois niveaux (caractéristiques des discours de guides touristiques) :

– un discours narratif, marqué par les temps du passé, les éléments temporels (*à cette époque, en 1518, à l'origine*), mais plutôt descriptif en fait parce qu'anecdotique ;

– un discours référentiel, qui renvoie aux objets présents dans la situation d'énonciation ; *ici, à gauche, cet emplacement, cette tour, à quoi ça peut bien servir, celui qui se trouve à gauche*, etc.

– un discours pragmatique, ici particulièrement dense et dont la fonction (Sriangura 80) est de capter l'attention des visiteurs, de les faire participer, de les prendre à témoin (le guide sait qu'il s'agit d'une majorité d'étudiants étrangers). Il essaie en effet d'intervenir sans cesse dans son discours pour donner son avis et porter des appréciations :

Alors, dis donc, vraiment rapide
Eh oui, Berthelot a voulu faire plaisir au roi
Il est vrai que
Je crois... je pense enfin je vous donne mon avis
Oui, c'est dommage... je crois... surtout, etc.

Il fait des efforts sensibles pour entretenir des interactions avec ses co-énonciateurs (il s'agit, en effet, d'un discours en face à face, comme celui d'un enseignant), y compris en les « houspillant » (leur posant des questions, donnant des ordres sans prendre beaucoup de « précautions » : il a l'autorité, il possède la langue) :

– *Vo<u>y</u>ons... <u>on</u> trouve... <u>nous</u> all<u>ons</u> voir la cuisine...*

– *<u>Vous</u> savez..., alors vo<u>yez</u>, si <u>vous</u> voulez bien, regardez, à quoi ça peut bien servir ? <u>Vous voulez</u> bien écouter ? <u>Vous</u> connaissez cette expression <u>bien sûr</u> ? Ah ! vous êtes obéissants... <u>tous obéissants</u>*

– *Je <u>vous</u> donne mon avis, je vous pose la question je vous demande pardon.*

Je renvoie ici pour une analyse plus détaillée aux propositions de Sriangura (80) qui, anonyme dans la masse des visiteurs, a pu enregistrer sans que le guide le sache : elle suggère de poursuivre la description du « discours pragmatique » du guide par une analyse en actes de paroles venant compléter l'approche énonciative (par exemple étudier ici le rôle d'**énoncés performatifs** tels que *je vous demande pardon*).

Premières conclusions

L'intérêt de l'approche énonciative par rapport aux précédentes (situationnelle, conversationnelle, et pragmatique) est qu'elle décrit, avec plus de précision, le rôle de certains éléments verbaux dans le fonctionnement du discours : pronoms personnels, déterminants, déictiques, temps verbaux, auxiliaires et verbes modaux, constructions syntaxiques, etc., sont révélateurs d'opérations langagières sous-jacentes. L'approche dite énonciative permet de les mettre en relation avec les paramètres situationnels et les fonctions illocutoires et interactives des énoncés. Ainsi, plus « linguistique » (au sens traditionnel du terme) que les précédentes, elle semble opératoire en didactique si l'on considère que l'enseignement d'une compétence linguistique (modèles grammaticaux de la langue) fait partie intégrante de l'enseignement d'une compétence de communication en langue étrangère (1.1.3.). Même si, ces dernières années, on a mis l'accent sur les approches pragmatiques, on ne peut en effet se dispenser d'analyser la forme des énoncés (voir également pour la lecture 2.3.3. ci-après). Ce qui me séduit, dans l'approche énonciative, c'est sa capacité à décrire les rapports entre des formes et des conditions de production (cadre formel de l'énonciation – voir 1.3.2.) ; c'est aussi sa complémentarité avec les approches précédentes ainsi qu'avec l'approche textuelle ci-après (qui rend compte d'une part des relations internes au discours, celles des éléments verbaux entre eux, et d'autre part des relations entre ces éléments, la réalité externe et les dimensions pragmatiques de la communication). Ce qui la limite, pour une analyse de l'oral en face à face, c'est qu'elle n'intègre pas suffisamment, à ma connaissance, les éléments prosodiques, kinésiques et proxémiques qui, pourtant, paraissent souvent soit se substituer aux indices verbaux, soit les renforcer ou les amplifier.

2.2.2.6. *Approche textuelle*

L'approche textuelle s'attache à décrire les modèles textuels qui relèvent de la compétence linguistique et les modèles discursifs relevant de la compétence discursive (voir 1.1.3. et 1.3.2.). Comprendre un texte ne résulte pas en effet de la simple addition de compréhensions effectuées sur des énoncés isolés, de même que produire un texte, ce n'est pas mettre bout à bout des énoncés construits isolément [1]. Par **texte**, on entend, dans cette perspective, toute unité discursive : le discours d'un guide touristique, une interview à la radio, une conversation au téléphone sont des « textes » au même titre qu'un article de presse, un tract, un roman policier, une communication scientifique ou une lettre administrative. L'approche textuelle, que nous développerons en détail en 2.3.3., décrit comment des éléments lexicaux et grammaticaux concourent à l'architecture du texte, à sa **cohésion** interne et à la **progression** de son déroulement et comment des éléments lexicaux et grammaticaux, en relation « sémantique » avec l'organisation du monde réel et en relation « pragmatique » avec les énonciateurs, concourent à sa **cohérence**. Nous retiendrons donc ces trois notions essentielles, **cohésion**, **progression** et **cohérence**, en essayant de dégager, pour chacune d'elles, les principaux éléments verbaux qui en relèvent (voir également 2.3.3.).

Certains éléments prosodiques, pauses et intonations, marquent également **la cohésion** d'un discours mais on songe, plus généralement, à propos de cette notion aux **articulateurs** (appelés par certains *connecteurs*) dont le rôle dans la *progression* du discours est incontestable (voir 2.3.3.). Nous avons vu, à l'oral, celui des « marqueurs » (*alors, oui, et...*) qui, dans le *corpus A*, structurent les échanges, contribuant ainsi à la cohésion et par suite à la progression des conversations. On connaît la fréquence dans les récits oraux des *alors* et des *et puis* que l'on retrouve dans le discours des guides touristiques (voir B 4 et B 1, B 2 par exemple).

---

1. Ainsi a-t-on pu mettre en évidence, pour le récit notamment, l'existence de macro-structures narratives dérivant d'un schéma formel conventionnel (voir le conte de fée par exemple) qui permet à l'auditeur ou au lecteur de « pré-sémantiser » son interprétation à partir de cette représentation (et de faire les premières hypothèses sur le contenu et l'organisation du récit).

Mais je voudrais insister ici sur **le rôle diaphorique** (l'anaphore renvoyant à l'amont du texte et la cataphore à l'aval) que jouent les éléments grammaticaux comme les prédéterminants et les pronoms (possessifs, démonstratifs, définis, relatifs) y compris dans les conversations, parce que dans les cours de langue orale, ils sont souvent traités comme des segments renvoyant seulement à la réalité et non pas comme des unités discursives. Dans A 1, par exemple, on peut noter la réitération (autre facteur de cohésion) de *vous pourriez m(e)... envoyer* mais aussi la reprise par *l'* de *documents sur Chypre* et celle de *Vous pouvez me donner votre nom...* par *c'est Madame...* Dans A 7, *ceci* joue un rôle anaphorique par rapport aux énoncés précédents (du premier au second *oui* *oui, et ceci du lundi au samedi ?* Mais *ceci* joue un rôle cataphorique dans A 9 : *Et puis je voulais vous demander ceci : j'ai des guides... qui mettent « routes malsaines » et puis il y a des lagunes... Est-ce qu'il y a des précautions à prendre pour l'eau, la malaria, les moustiques ?* Ainsi des éléments grammaticaux renvoient-ils à des segments plus ou moins longs du discours oral : on dit qu'éléments lexicaux et grammaticaux sont en relation de **co-référence** s'ils renvoient à la même réalité (*Documents* et *l'* dans A 1 ci-dessus) mais le début de B 4 va nous fournir un exemple de cette double référence : référence externe à la réalité, référence interne au texte :

B 4 : Ça c'est une partie des plus anciennes (tout de suite après la salle des États Généraux que vous venez de visiter) / Cette partie date de la fin du XVe siècle / Elle a été construite à la fin du XVe siècle / exactement de 1498 jusqu'en 1501 / Les travaux ont duré trois ans / C'était relativement rapide pour l'époque /

Soit, en schématisant ce discours afin de rendre compte des rapports grammaire/lexique et des relations cohésion/progression :

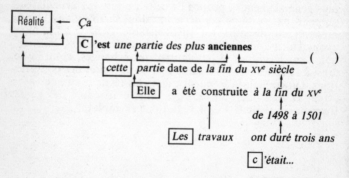

Les relations sémantiques entre *date, a été construite* et *travaux* sont décelables ici grâce à la présence d'indices formels (réitération de *la fin du siècle* et *les*, indice grammatical) mais il n'en est pas toujours ainsi et parfois seuls l'expérience, la connaissance du monde, les « savoirs partagés »

permettent à l'auditeur d'inférer les relations co-référentielles : entrent en jeu ici d'une part une compétence linguistique (modèles grammaticaux et lexicaux), d'autre part une compétence référentielle. Car un texte puise **sa cohérence** non seulement dans ses rapports avec les énonciateurs (dimensions pragmatiques) mais aussi dans ses rapports avec l'environnement spatio-temporel et l'organisation du domaine auquel il réfère (ce qui contribue à **sa progression thématique**, voir B 4 ci-dessus par exemple). En entendant en effet *Vous me donnez votre nom ?*, la cliente de A 1 comprend qu'on lui demande aussi son adresse (relation de contiguïté sémantique : nom + adresse sont « inclus » dans « coordonnées » ; *vos heures d'ouverture* joue un rôle « hyperonymique » par rapport à *de quatorze à dix-huit heures, de neuf à treize heures* (et *l'après-midi* relève en partie du même processus de contiguïté : présence de sèmes identiques) dans A 7 ; dans A 9, *malsain* et *lagune* débouchent sur des questions concernant la salubrité de *l'eau*, la présence de *moustiques* et, par extension, la *malaria.....*[1].

Premières conclusions

Une analyse textuelle (voir pour la théorie Slakta 75, Charolles 76, Adam 77) permet d'abord de prendre conscience des **modèles formels** qui entrent dans **la cohésion des discours** : articulateurs ou connecteurs, réitérations par répétition ou dérivation lexicale, segments diaphoriques et co-référentiels, éléments prosodiques, etc. ; puis de mettre en rapport ces modèles avec **la progression thématique** (voir dans A 2 par exemple l'enchaînement *tarif avion → forfait* ou, dans A 8, *vol → horaire → tarif*, etc.) du discours et avec **sa progression pragmatique** (il s'agit de la cohérence, notion reprise en 2.3. ci-après). Elle permet donc d'inventorier les notions spécifiques liées aux domaines de référence des discours (sous-thèmes) mais dans leur fonctionnement discursif (progression) et sémantique (relations de parasynonymie, hyponymie, hyperonymie, antonymie...), ce qui est fort différent des listes proposées par les Niveaux-seuils (voir 1.2.). Elle permet donc d'appréhender le discours au travers de ses conditions de production (cohérence) mais en relation avec les formes linguistiques des énoncés (cohésion, progression). Elle entretient donc des rapports privilégiés avec les approches précédentes et amène les enseignants à s'interroger sur le développement d'*une compétence textuelle* en langue étrangère (Rück 80).

---

1. Pour éviter de me répéter, je préciserai en 2.3. les notions de *cohésion* et *cohérence*, cette dernière relevant des compétences discursive, référentielle et même socioculturelle. Je réserve le terme de *cohésion* aux relations internes décelables *formellement* (diaphores et connecteurs) et *cohérence* aux relations décelables ou *sémantiquement* ou *pragmatiquement*. La frontière est si peu évidente que certains récusent cette opposition mais, telle que je l'utilise en didactique, elle m'a paru opératoire.

2.2.3. Des pratiques pédagogiques pour l'oral

Même si l'on admet l'intérêt des approches précédentes, ne serait-ce que pour mieux savoir comment fonctionnent les discours que l'on enseigne, on finit un jour ou l'autre par s'interroger sur l'utilité de ces analyses lors du passage à la « pédagogisation » dans une classe de langue.

Ma première réponse, paradoxalement, est de dire qu'elles ne servent à rien *a priori* puisqu'il n'est pas question de refaire avec les apprenants l'analyse (même en la simplifiant quelque peu) que l'on a faite pour soi. Dès qu'on entre dans la classe, c'est en effet l'apprenant qui compte et lui seul construit finalement sa progression au travers des contenus des documents qu'on lui propose (voir 2.1.4.) : une approche cognitive présuppose que l'apprentissage des règles linguistiques et communicatives s'effectuera à partir de l'élaboration d'**hypothèses** favorisées par une « exposition » suffisante à la langue et de leur confrontation avec des matériaux authentiques, notamment lors d'activités communicatives où il sera possible de les tester. Mais entre l'**écoute**, même préparée par des exercices de repérage, de conversations et la capacité de participer à de tels échanges en langue étrangère, il y a des phénomènes qui relèvent de « l'alchimie de l'apprentissage » (de la saisie à la sortie, en passant par l'appropriation, l'intégration des règles – voir 2.1.4) sur lesquels l'enseignant n'a aucune influence. Tout au plus ce dernier peut-il diversifier les entrées et faciliter la saisie en développant les capacités d'écoute et d'observation des apprenants mais il ne saura jamais, dans l'état actuel des recherches psycholinguistiques, comment s'effectue cette saisie, ni ce que les apprenants saisissent exactement. Cela paraît frustrant, surtout à de jeunes enseignants, mais cela fait partie des risques (et de l'intérêt aussi) du métier que de ne pas prévoir ce qui va exactement se passer dans la classe : il faut savoir accepter que ce que l'on avait si bien préparé, analysé, imaginé, ne sera pas forcément utilisé... en tous cas pas le jour où on l'avait prévu, ni comme on l'avait prévu. C'est pour cette même raison qu'il est plus « gratifiant » pour l'enseignant que les apprenants prennent en charge une partie de leur apprentissage (lui fournissant même des idées nouvelles), mais ce n'est pas toujours facile dans des situations d'enseignement où leur autonomie est limitée par des contraintes institutionnelles ou quand ils n'ont jamais appris (jamais eu l'occasion d'apprendre) à être autonomes.

Cependant les approches proposées en 2.2.2. présentent certains avantages pour l'enseignant : d'abord elles sont faciles à appliquer[1] sur des discours oraux divers en raison de

---

1. On acquiert assez vite une grande dextérité dans la description (en raison notamment des régularités des contraintes discursives).

leur complémentarité, du nombre limité d'outils utilisés et de la possibilité que l'on a en didactique d'affiner plus ou moins l'analyse selon les objectifs que l'on s'est fixés (et le temps dont on dispose !) – voir 2.2.2.1. ; ensuite (et c'est pour moi fondamental), elles contribuent à développer chez l'enseignant **une capacité à réagir promptement** aux questions, aux étonnements, aux hésitations et difficultés des apprenants. C'est donc une façon d'« **autonomiser** » **l'enseignant**, en le libérant des discours des méthodes et de ceux des formateurs et autres théoriciens de l'enseignement des langues, face aux phénomènes inhérents à la communication orale et sur lesquels il n'était pas prévu de réfléchir lors de sa formation universitaire initiale. Cette **présence d'esprit**, cette libération par rapport à la « langue des études » (et au discours didactique) me paraît plus nécessaire encore si l'on enseigne sa langue maternelle, les expériences que j'ai eues ces dernières années m'ayant convaincue que les jeunes enseignants dont la langue et la culture sont éloignées de celles qu'ils enseignent sont plus « sensibles » et plus vite « sensibilisés » aux approches communicatives (voir 1.2.). Enfin, non seulement les analyses proposées en 2.2.2. aident l'enseignant à aider les apprenants à apprendre à communiquer mais elles facilitent de plus **l'évaluation** des capacités communicatives dans la classe dans la mesure où on peut les appliquer à l'étude des discours produits par les apprenants.

Compte tenu des remarques précédentes, les pratiques pédagogiques évoquées ci-après ne sont bien entendu que des exemples, des ébauches de ce que l'on pourra faire dans une classe de langue, à la suite d'une réflexion facilitée par l'analyse du *corpus A*. Éliminant les cas d'auto-apprentissage encore peu répandus, y compris dans les cours pour adultes, je prendrai deux critères principaux de différenciation, débutant/non débutant et pays francophone/pays non francophone, pour proposer des **activités d'apprentissage** et des **activités communicatives** à des publics adultes ou adolescents non spécialisés apprenant le français par nécessité ou par intérêt et désirant un jour voyager ou l'ayant déjà fait.

Activités de « prise de conscience »

A partir de principes empruntés aux **méthodes actives** (voir 2.1.4.), il s'agit de favoriser chez les apprenants une prise de conscience des régularités discursives dans le déroulement des conversations ainsi que des thèmes « prévisibles » auxquels réfèrent les demandes de renseignements dans les offices de tourisme et les agences de voyages (en face à face ou au téléphone). Ces activités ont pour objectif de créer chez l'apprenant une « **attente perceptive** » lors de « l'exposition » ultérieure à des conversations authentiques enregistrées ou vidéoscopées.

En pays non francophone, les débutants discutent par petits groupes, en langue maternelle, des questions à poser au sujet d'un voyage « fictif » (ou « réel » !) qu'ils désirent entreprendre dans un pays francophone de leur choix. On se rendra compte alors du conformisme assez fréquent des apprenants qui, dans **la sélection des sous-thèmes**, envisagent souvent **les plus « prévisibles »** : ainsi n'a-t-on plus besoin de les imposer, puisqu'ils sont proposés d'emblée par les apprenants eux-mêmes. Munis d'un magnétophone et se partageant les sous-thèmes, ils partent enregistrer et ils téléphonent, recueillant ainsi des conversations en langue maternelle. Les non-débutants en pays francophone choisiront également un pays de leur choix (y compris non francophone) mais si leur compétence le leur permet (car il ne s'agit pas de les traumatiser), ils feront leurs demandes en français, recueillant ainsi des échanges (fort utiles) entre employés français et étrangers, employés étrangers et étrangers (à Paris par exemple, les étudiants originaires de pays asiatiques ou sud-américains sont très motivés par ces activités : pour eux, la France est un morceau d'Europe et les moindres vacances sont alors une occasion d'aller visiter les pays limitrophes). Pour des débutants, en pays francophone, on peut, dans les grandes villes, trouver un employé qui parle soit leur langue, soit une langue qu'ils connaissent. Pour des non-débutants, en pays non francophone, on peut également trouver des employés parlant français ou même francophones.

Le retour dans la classe (si aucune possibilité d'enregistrement par les apprenants n'était possible, ce serait à l'enseignant de fournir ces documents mais la pratique perd alors de son intérêt heuristique) donnera lieu à des classements, des hiérarchisations, des conceptualisations à partir de ces enregistrements (vidéo ou non), la réflexion ayant lieu de préférence en langue maternelle mais conduite ici par l'enseignant, autour de :

– la situation de communication (employé/client)	(compétence socioculturelle)
– le canal (face à face/téléphone)	(compétence discursive)
– les thèmes abordés (notions spécifiques)	(compétence référentielle)
– les différentes façons de formuler la demande	(compétence socioculturelle)
– la façon d'ouvrir/de fermer une conversation	(compétence discursive)

etc. (y compris les gestes, mimiques et déplacements).

On ne fera ni *tout* en même temps ni *tout* le même jour et on passera assez vite au choix d'un sous-thème précis et à la sélection de « micro-documents » (extraits des enregistrements réalisés) le concernant sur lequel on s'attardera plus largement (surtout avec des débutants). Plusieurs stratégies

IMPLICATIONS DE LA THÉORIE

d'enseignement sont ici envisageables : réflexions en commun, questionnaires distribués à chaque sous-groupe, etc. ; en pays francophone, si les apprenants non débutants sont de nationalité différente, on les incitera à comparer la manière, par exemple, d'« ouvrir » au téléphone dans différentes langues ; l'expérience de chacun, s'ils ont déjà voyagé ou s'ils sont dans un pays francophone, sera mise à contribution, notamment en ce qui concerne les stratégies de communication et les stratégies de compensation (voir 1.3.3.).

Expositions à la langue

La phase de « prise de conscience » en langue maternelle peut être entrecoupée d'« **expositions** » limitées à la langue qu'on apprend, compte tenu d'un minimum de points communs entre le document « prise de conscience » et le document « exposition ».

Il faut disposer pour cela d'un **stock de conversations enregistrées**, de préférence authentiques (à défaut réalistes, voir 2.1.3.), ainsi que d'extraits comparables choisis dans ces conversations, mettant en relation en face à face ou au téléphone des employés et des clients de sexe, d'âge, de statut, d'origine sociale ou géographique, etc., différents. **La répartition** à envisager (voir 2.1.3.) pour cette exposition dépend du niveau des apprenants en français, des phases de « prise de conscience » ainsi que de leurs propres demandes. Ainsi, avec des débutants, le choix d'un sous-thème en langue maternelle débouchera sur l'écoute de plusieurs extraits de conversation en français (correspondant au schéma de base du sous-thème : par exemple, demande de documentation au téléphone → demande d'adresse → donner son adresse), de préférence au téléphone, canal qui structure les échanges plus que le face à face et entraîne à répéter les énoncés (avec des intonations ayant des significations diverses), facilitant ainsi la mémorisation. Avec des non-débutants, on a intérêt, lors des premières expositions, à prévoir des auditions « sauvages », c'est-à-dire sans consignes, en les laissant prendre des notes (en langue maternelle ou en français) et écouter ce qu'ils veulent et en les abandonnant à leurs conduites « naturelles » d'appropriation afin qu'ils prennent conscience de leurs propres stratégies.

Les premières expositions seront suivies, à la demande, soit de retour à des « prises de conscience », soit, assez rapidement, d'**exercices de simulation** : deux apprenants acceptent de jouer, l'un le rôle du client, l'autre le rôle de l'employé en choisissant « qui » ils sont ; les autres forment un « mur » entre les deux (simulation du « téléphone ») et observent soit l'un soit l'autre. Avec des débutants, on peut utiliser l'une des techniques de *Community language learning* (Stevick 76), les laissant ainsi d'abord produire en langue maternelle puis leur soufflant ensuite à l'oreille des « équivalents » en français. Des phases d'exposition peuvent intervenir, à la demande des apprenants, soit lors des activités d'appropriation, soit lors des activités d'évaluation. Des exercices d'*écoute* peuvent être réalisés en apprentissage autonome ou semi-autonome, individuel (au laboratoire de langue) ou en sous-groupes, à condition alors de prévoir des consignes favorisant « l'attente perceptive » des apprenants pour faciliter l'écoute, la compréhension et, par suite, la « saisie » (voir 2.1.4.).

Activités d'appropriation

L'objectif est d'abord d'apprendre aux apprenants à **écouter** (les voix, les accents, l'intonation), à **regarder** (les gestes, les mimiques, les mouvements) si l'on a un matériel vidéo, puis à **repérer** (les actes, les notions, les interactions, les formulations), enfin à **classer**, à **hiérarchiser**, **conceptualiser** ces données et, accessoirement, à se construire leurs propres « inventaires » d'actes, de formes syntaxiques, de notions, etc.

Plusieurs techniques sont ici envisageables (outre les questions d'élicitation – voir p. 38 – posées par l'enseignant à l'ensemble de la classe), notamment celles qui reposent sur **des activités d'apprentissage** soit individuelles soit en sous-groupes (il ne s'agit pas alors d'activités communicatives), l'enseignant servant alors d'aide, de soutien, de conseil et de référence : questionnaires à cocher, exercices à lacune, grilles à compléter, tableaux à remplir (voir par exemple Bedoya et autres 80, Baudry et autres 78, Dalgalian et autres 81, Desmarais 81). **Les repérages** à la base de ces activités et qui reposent sur des opérations d'identification-reconnaissance, de classement-hiérarchisation, peuvent porter sur des éléments prosodiques, des paramètres situationnels, des rites d'interaction (clôture d'échanges...), des sous-thèmes, etc. (d'où la nécessité pour l'enseignant d'acquérir une certaine dextérité à se servir des analyses proposées en 2.2.2.). C'est ici que les classements effectués par les apprenants eux-mêmes peuvent donner lieu à des **exercices de conceptualisation** (Besse 74) animés par l'enseignant, et que l'on pourra utiliser, si besoin est, des techniques de correction inspirées de « la pédagogie de la faute » (Lamy 76).

Il ne paraît pas nécessaire, en langue étrangère, d'apprendre aux étudiants des symboles de transcription de l'oral, surtout les symboles de la transcription phonétique. Mais cela ne veut pas dire qu'on les empêche de transcrire, à leur manière, ce qu'ils entendent, d'abord afin de mieux « saisir » et « mémoriser » : on peut justement les faire réfléchir sur la manière dont ils « écrivent » les marques spécifiques de l'oral (élisions, pauses, intonation...), quand ils les transcrivent (par exemple les liaisons, le « e » muet...), ainsi que sur la manière dont ils prennent des notes (en français, ou en langue maternelle, en utilisant des abréviations, des symboles, des croquis...). On peut ensuite les inciter (certains le font spontanément, faisant alors correspondre un ensemble de formes françaises à une « étiquette » en langue maternelle) à établir **leurs**

propres inventaires (il s'agit d'inventaires limités et ponctuels) d'actes, de notions, de marqueurs interactionnels, etc. A eux de décider s'ils ont ou non besoin de ces outils : le fait de les constituer eux-mêmes favorise en effet leur appropriation ultérieure et ne les fait pas pour autant hésiter à recourir au « contrôle » par l'enseignant de ces premiers classements.

Signalons d'autres exercices[1] possibles à ce niveau, par exemple ceux qui favorisent le développement d'**une compétence textuelle à l'oral** (voir 2.2.2.6.) : on découpe en « morceaux » une unité conversationnelle un peu longue (il suffit de « repiquer » chaque morceau sur différentes bandes) et on distribue les bandes à des groupes différents qui vont les écouter soit au laboratoire soit par groupe dans une autre salle, l'objectif final étant de reconstituer l'ordre originel, ce qui oblige chacun des groupes à poser des questions aux autres et à répondre aux questions des autres (**fonctions communicatives**) et à discuter entre eux de leurs solutions (**fonctions interactives**) ; on peut supprimer également le début ou la fin d'une conversation ou « l'acte préparatoire » des requêtes ou un connecteur et faire imaginer ce qui manque (discussion en sous-groupe pour trouver des solutions : les formulations proposées constituant ainsi des ensembles paraphrastiques aisément « conceptualisables ») ; on connaît l'exercice classique qui consiste à effacer les énoncés d'un des deux interlocuteurs, ici le client, afin de faire produire les énoncés qu'il aurait « probablement » prononcés (les productions diffèrent selon que les apprenants ont ou n'ont pas le choix d'écouter d'abord l'ensemble des énoncés de l'employé) : on obtient là aussi des ensembles en relation de « paraphrases » et on peut alors discuter du degré d'appropriation de chacune des formulations à la situation d'énonciation (compétence socioculturelle).

Il n'y a pas de « moment » à prévoir pour ces exercices : assez vite les apprenants eux-mêmes en demandent car le besoin de systématisation (besoin de réfléchir sur le système qu'on apprend) se fait vite sentir et on n'a en général nul besoin de l'anticiper.

Activités de simulation

Il ne s'agit pas de « reproduire » les conversations entendues lors des phases d'exposition ou recueillies lors des activités de prises de conscience. **La simulation n'est pas du théâtre** : on n'a pas à apprendre par cœur les répliques d'un rôle à jouer (voir Debyser 74).

L'objectif est ici de produire en « faisant semblant de faire quelque chose », soit en jouant son propre rôle soit en faisant

---

1. Y compris toutes les formes de « jeux » (voir CARÉ et DEBYSER 78).

semblant d'être quelqu'un d'autre. Les paramètres situationnels seront décidés par les apprenants et discutés avant l'activité de simulation, en français de préférence (voir ici encore la mise en œuvre de fonctions communicatives et interactives lors des discussions préparatoires) et l'enregistrement de ces discussions peut être lui-même source de réflexion (et d'activités d'appropriation ultérieures). Mieux ces paramètres seront définis avant la simulation, mieux on pourra évaluer **la compétence socioculturelle** des apprenants mais l'activité reste alors relativement contraignante ; en revanche, moins ils sont définis *a priori*, plus les « simulateurs » pourront libérer leur imagination et, dans ce cas, un enregistrement permet, après coup, de rechercher les attitudes, les rôles, etc., au travers des formulations, du ton, etc. (éventuellement des gestes et des mimiques). Lors des discussions préparatoires, les apprenants se distribuent les rôles et choisissent en général le canal, les lieux, le moment, etc. Ceux qui ne jouent pas observent et évaluent, les uns la correction des énoncés (**compétence linguistique**), les autres l'enchaînement de la conversation (**compétence discursive**), etc. – voir 1.1.3.

Il s'agit bien d'un « jeu » et non pas d'une situation réelle quotidienne, parce que l'enjeu n'est pas le même : l'apprenant n'est pas affectivement impliqué dans le rôle qu'il joue ou l'activité qu'il réalise. Il l'est par contre dans son statut réel d'apprenant « en train d'apprendre » dans une salle de classe, avec un enseignant sur lequel il projette une part de son affectivité, comme d'ailleurs il le fait avec les autres apprenants (manœuvres de séduction, tendances agressives, etc) : aussi joue-t-il pour les autres, ses « compagnons » d'apprentissage et son « directeur » d'apprentissage qui l'observent, d'où les apartés, les plaisanteries, les sous-entendus... qui tiennent aux connivences instituées par l'apprentissage en groupe (voir 1.3.3.). Mais faire réfléchir les apprenants eux-mêmes sur cette double situation d'énonciation n'est pas sans intérêt pour comprendre le rôle, dans les conversations de la vie quotidienne, des participants muets de la situation de communication en tant que catalyseurs d'interactions à plusieurs fonctions : par exemple, un client mécontent dans une agence de voyages ne parle pas seulement pour l'employé mais aussi pour les autres clients qui attendent derrière lui, voulant ainsi à la fois les prendre à témoin et les impliquer dans ses propres difficultés.

De plus, parce qu'il s'agit d'un jeu, il faudra accepter les situations loufoques, les interactions à double sens, les ambiguïtés à fonction comique, etc., dans la mesure où elles sont voulues et où les apprenants en sont conscients, quitte au besoin à les suggérer ou même à les provoquer (voir 2.2.1.).

IMPLICATIONS DE LA THÉORIE

Activités de créativité

Ces activités vont justement permettre d'**imaginer des simulations** qui sortent du cadre rigide imposé ici par la situation de départ : relations employé/client dans une agence de voyages (voir Caré et Debyser 78, Dalgalian et autres 81).

Un premier type d'**activités de « remue-méninges »** aura comme objectif de rechercher des situations moins « prévisibles » afin de sortir du conformisme habituel des apprenants (conformisme créé par la situation d'enseignement) et d'échanges par trop transactionnels : il s'agit d'aborder des échanges conjoncturels et personnalisés (ce que nous avons évoqué en 2.2.1.) et de varier le « ton » des interactions (sérieux, angoissé, froid, plaisant, ironique, grivois, etc.). Ici l'imagination doit être au pouvoir et tout est permis... dans les limites acceptées par le groupe. Les séances de « remue-méninges » débouchent donc sur de nouvelles activités de simulation : un monsieur veut absolument prendre l'avion avec son boa autour du cou, une dame veut emmener son léopard, on téléphone à un Office de tourisme pour avoir les adresses des quartiers « chauds » de la ville où l'on va, etc. (on pourra s'inspirer également des gags téléphoniques de Francis Blanche ainsi que des sketches de Raymond Devos – et au besoin les faire écouter pour donner des idées).

Un deuxième type d'**activités de « remue-méninges »** sera de rechercher d'autres situations de communication où **peut être transféré** l'appris, situations d'abord proches puis de plus en plus éloignées de la situation de départ, situations d'oral mais aussi situations d'écrit et situations où oral et écrit s'interpénètrent dialectiquement. Ces séances peuvent déboucher soit sur des simulations différentes soit sur de nouvelles activités de « prise de conscience », si l'évaluation des simulations fait apparaître des lacunes dans les compétences requises, par suite du transfert de l'acquis à d'autres situations. Elles jouent donc un rôle dans la progression des contenus du cours qu'elles contribuent à faire avancer.

Activités d'évaluation

On a intérêt à enregistrer certaines des activités de simulation et de « remue-méninges » : les premières, parce qu'elles simulent une communication proche de la vie quotidienne, les secondes parce qu'elles rendent compte de la mise en œuvre des fonctions communicatives et interactives dans le déroulement des petits groupes. Certains extraits de ces enregistrements font alors l'objet d'évaluation par les apprenants, soit individuellement, soit par groupes, soit par l'ensemble de la classe et avec l'enseignant. Des grilles d'évaluation et d'auto-évaluation peuvent alors être mises au point (voir Holec 81, Mothe 81) et des comparaisons effectuées entre ces extraits et les conversations proposées lors de l'exposition ou celles enregistrées lors des activités de prise de conscience (voir 2.1.5.). De ces évaluations dépendra un retour à tel ou tel aspect des activités d'appropriation ou à de nouvelles séances d'exposition avant de revenir à des activités de simulation, ou bien une extension des connaissances vers d'autres situations de communication[1], avec éventuellement un passage salutaire par des séances de créativité.

En pays francophone, une évaluation « sur le terrain » s'impose, même si elle pose parfois quelques problèmes d'organisation. En pays non francophone, il est souhaitable de recourir à des natifs (non professeurs) que l'on fait venir dans la classe, que l'on va voir ou que l'on appelle au téléphone (on peut également trouver par exemple des agences où un employé parle français mais il a tendance alors à revenir très vite à sa langue maternelle, la même que l'étudiant, ce qui est frustrant pour celui-ci...). L'**activité de « transfert »** à d'autres situations, que nous avons signalée ci-dessus (séances de « remue-méninges »), est par elle-même un élément d'évaluation de l'intégration des connaissances : savoir transférer l'appris est en effet une compétence nécessaire à un **« avenir » langagier autonome**, que seule une évaluation « différée » permettra cependant d'apprécier (voir 2.1.5.).

Dans un cours de langue, **toutes ces activités[2] sont liées** et leur répartition dans le temps dépend de la progression des apprenants (voir 2.1.3. et 2.1.4) : il n'est donc pas question de suivre l'ordre d'exposition qui apparaît ici (il ne s'agit pas des « moments » de la classe chers aux cours audio-oraux). Il serait d'autre part peu naturel, vu les possibilités de généralisation et/ou de transfert des actes, des interactions, des notions abordés dans cette première situation de communication, de ne pas « élargir » les connaissances acquises à d'autres domaines de référence (notions spécifiques différentes), à d'autres fonctions communicatives (le touriste mécontent dans une agence de voyage et qui réclame, proteste ou menace) et à d'autres canaux liés au thème du voyage (le discours des guides). Il paraît difficile par exemple de ne pas aborder l'écrit, sous prétexte qu'à l'origine, les apprenants

---

1. Dans un cours centré sur l'oral, l'utilisation de la radio est intéressante car cette communication de masse propose toutes sortes d'oraux : conversations, interviews, tables rondes, etc. permettent des exercices d'écoute, d'appropriation et de prise de conscience plus « naturels » qu'un enregistrement de conversation dans la rue (les oraux de la radio étant produits pour être écoutés sans voir...).

2. Bien que ce chapitre ait traité seulement de l'oral « interactionnel », le lecteur comprendra aisément que l'on peut transférer ces activités à un oral « monologique » ou à l'oral radiophonique.

désiraient faire de l'oral. D'ailleurs si les activités de « remue-méninges » et de « prise de conscience » sont bien intégrées au programme, la lecture de guides touristiques, de brochures d'agences, de cartes et d'horaires, l'écriture de lettres de renseignement (et de réclamation, protestation, menace) seront tout naturellement proposées par les apprenants dont les besoins évoluent (voir 2.1.2.).

L'enseignant, même si le cours est centré au départ sur l'apprentissage de l'oral interactionnel, a donc besoin également de s'interroger sur l'écrit et les écrits et sur leur place dans un enseignement de la communication en langue étrangère. Cependant, ce qui a été dit (2.2.1. et 2.2.2.) sur l'oral peut éclairer différemment certaines caractéristiques de l'écrit négligées auparavant : l'existence de conversations écrites dans les discours littéraires et journalistiques - interviews, bandes dessinées (Cicurel 82b) -, les fonctions interactionnelles de la communication épistolaire (Moirand 79b et ci-dessous 2.3.3.), enfin *la structure dialogique*[1] de certains écrits monologaux (Roulet 82).

---

1. L'expression *dialogique* est empruntée à Bakhtine (traduit dans Todorov 81 mais publié en 1930) : « /.../ nous apportons, d'ordinaire, une réponse à tout énoncé de notre interlocuteur – réponse, qui n'est pas toujours verbale, et peut consister au moins en un geste, un mouvement de main, un sourire, un hochement de tête, etc. On peut donc dire que toute communication, toute interaction verbale se réalisent sous la forme d'un échange d'énoncés, c'est-à-dire dans la dimension d'un dialogue.
Le dialogue – l'échange de mots – est la forme la plus naturelle du langage. Davantage : les énoncés, longuement développés et bien qu'ils émanent d'un orateur unique – par exemple : le discours d'un orateur, le cours d'un professeur, le monologue d'un acteur, les réflexions à haute voix d'un homme seul –, sont monologiques par leur seule forme extérieure, mais, par leur structure sémantique et stylistique, ils sont en fait essentiellement dialogiques » (p. 292).

2.3. UNE APPROCHE COMMUNICATIVE DE L'ÉCRIT

2.3.1. Communication écrite et langue(s) étrangère(s)

Produire, comprendre de l'écrit sont des **activités communicatives** au même titre que produire et comprendre l'oral. Personne ne conteste aujourd'hui le fait que l'activité de compréhension s'inscrit aussi, comme celles de la production littéraire, journalistique, publicitaire ou épistolaire, dans une situation de communication où interviennent de part et d'autre du texte les intentions communicatives non seulement du scripteur mais aussi du lecteur[1]. Pourtant on s'aperçoit encore dans les analyses de discours écrits actuelles de l'importance accordée aux conditions de production au détriment des conditions de consommation, donc d'interprétation. Aussi la théorie de l'enseignement/apprentissage des langues a-t-elle longtemps réservé la notion de **compétence de communication** à la seule production, comme si une compétence de même type n'était pas également mobilisée par la lecture d'un texte (Lehmann et Moirand 80). Quant aux pratiques pédagogiques, en raison des conditions institutionnelles d'évaluation (Moirand 77b), elles ont aussi privilégié longtemps la production, pensant d'une part que la compétence de lecture viendrait d'elle-même (une fois réglé le déchiffrage des graphèmes) et que d'autre part l'activité de production contribuerait également au développement de cette compétence, hypothèse qui n'a jamais encore été démontrée (voir 2.3.2.).

Si l'on admet aujourd'hui, à l'écrit comme à l'oral, l'influence des paramètres situationnels (voir 2.2.2.) sur la forme des énoncés, on continue cependant à opposer souvent les discours scripturaux aux discours oraux. Il existe bien entendu des différences d'un ordre à l'autre : tout d'abord le canal (la graphie pour l'un, la phonie pour l'autre) ; ensuite le « paratexte » (typographie et iconique pour l'un, gestes et mouvements pour l'autre) ; enfin, l'on cite souvent pour l'écrit la non-coïncidence des « lieux » de production et d'interprétation (mais c'est vrai aussi pour la communication orale au téléphone) ainsi que la non-coïncidence des

---

1. « Aucun énoncé en général ne peut être attribué au seul locuteur : *il est le produit de l'interaction des interlocuteurs* et, plus largement, le produit de toute cette *situation sociale* complexe, dans laquelle il a surgi » (Bakhtine cité dans Todorov 81, p. 50).

« moments » de production et de consommation (mais le différé de la radio ou de la télévision, le cinéma, la correspondance par cassettes enregistrées, etc., d'une part et le petit mot que l'on écrit à son voisin au cours d'une table ronde, l'écriture au tableau, etc., d'autre part viennent contredire ces premières distinctions). De fait, le caractère « dialogique » de l'ordre oral n'est pas plus évident que le caractère « monologique » de l'ordre scriptural et on pourrait dresser un continuum parallèle de ces ordres de discours, du plus « dialogique » au plus « monologique » :

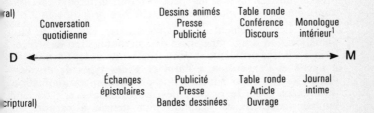

On peut aussi, comme le fait Rück, classer les réalisations textuelles en tenant compte de la dimension oral/scriptural mais aussi des formes de la communication, selon un schéma dichotomisé (Rück 81) :

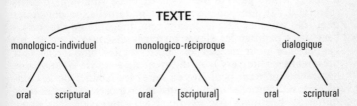

On peut enfin, comme le fait Roulet, après avoir adapté son modèle d'analyse de conversations orales (voir 2.2.1.) à des éditoriaux du journal *Le Matin de Paris* (Roulet 82), distinguer non plus l'écrit et l'oral mais les discours monologiques ou dialogiques d'une part, distinction que Roulet propose de combiner d'autre part à l'opposition monologal/dialogal : « A la distinction traditionnelle entre discours produit par un seul locuteur, qu'on peut appeler *monologal*, et discours produit successivement par plusieurs interlocuteurs, qu'on peut

---

1. Peut-on voir dans le monologue intérieur le fait que l'écrit commence souvent par une sorte d'« écriture » dans la tête, une « oralisation » précédant l'acte scriptural (WIDDOWSON 78) ?

appeler *dialogal*, vient s'ajouter la distinction entre un discours dont les constituants immédiats sont liés par des relations *interactives*, que nous appellerons *monologique*, et un discours dont les constituants immédiats sont liés par des relations illocutoires, que nous appellerons *dialogique* ».

Aussi, s'il est commode d'aborder l'oral et l'écrit successivement pour la clarté de l'exposition, rappelons d'une part que l'on passe sans cesse de l'écrit à l'oral dans la vie quotidienne (Moirand 79b, postface) et d'autre part que ce que j'ai exposé ci-dessus pour l'oral peut « se transférer » à une approche communicative de l'écrit, de même que ce que j'exposerai en 2.3. ci-dessous peut éclairer différemment une approche de l'oral interactionnel, telle que proposée en 2.2.

Dans l'enseignement de la langue maternelle, si l'on vise l'amélioration des compétences de communication des élèves (voir 1.1.3.), le problème se pose en effet de doser **l'exposition à l'écrit** et **l'exposition à l'oral** et à **des types de discours diversifiés** liés à des situations de production/consommation différentes. Mais le rapport des individus à l'écrit de leur langue maternelle est d'autant plus délicat à prendre en compte qu'il reproduit en quelque sorte la stratification de la société dans laquelle ils vivent : les possibilités de rencontre avec des textes, la diversité des situations d'écriture et l'éventail des objectifs de lecture/écriture ne sont pas les mêmes pour tous. Un élève de milieu social défavorisé n'a pas la même expérience des écrits que celui d'un autre milieu social, confronté depuis son plus jeune âge à une grande diversité de textes et à une gamme bien plus riche de situations d'écrits (Moirand 82). On peut, en langue maternelle, se demander quel rôle va jouer l'école devant cette inégalité de rapports à l'écrit[1] : n'exposer les élèves qu'à des discours dont ils ont l'expérience pour ne pas les heurter et les bloquer en leur présentant un univers trop différent de leur vie quotidienne habituelle (mettant peut-être en relief les lacunes de la compétence référentielle) ou au contraire proposer des textes littéraires ou poétiques par exemple, à l'opposé de leur expérience, pour peut-être les en faire sortir, les faire « rêver »[2], « s'évader » (développant ainsi leur compétence socioculturelle) ? La première attitude, assez récente et pleine de bonnes intentions, les cantonne vite dans un écrit restreint, souvent instrumental, qui risque finalement de renforcer les inégalités, y compris parfois d'un quartier à l'autre d'une même ville. Quant à la seconde, elle engendre souvent une attitude négative, si négative qu'elle expliquerait en partie le quasi-

---

1. Je ne postule pas l'existence de « codes » restreints ou élaborés (comme l'a fait Bernstein) ni même l'existence de compétences de communication différentes (voir 1.1.3.) mais plutôt un développement différent des composantes de la compétence de communication, dû à des différences d'expérience dans les situations d'écrit rencontrées.

2. Mais peut-on « rêver » sur des textes imposés, dans une classe ?

analphabétisme de certains adultes dans les pays développés à scolarité obligatoire et la résurgence, en France par exemple ces dernières années, du métier d'écrivain public. Une position médiane serait sans doute, en compréhension comme en production, de **savoir faire varier** les écrits dans la classe en fonction des **situations de communication**, des plus prévisibles aux moins essentielles, et en fonction d'**objectifs** de production/consommation diversifiées, les différences socioculturelles et géographiques des publics n'intervenant que dans la répartition des écrits et des activités proposés. Car, ne l'oublions pas, l'enfant, avant même d'apprendre à lire et à écrire, vit dans un monde où l'écrit « ordinaire » (au sens de Lehmann 82a) fait partie de son environnement quotidien : dans la rue et dans les magasins, sur les emballages et sur l'écran de télévision, chez lui, etc. (Moirand 81). Les écrits qu'il connaît peuvent être alors un point d'« accrochage » vers d'autres écrits moins quotidiens, d'abord en langue maternelle.

Enseigner la communication écrite en langue étrangère suppose ensuite que l'on tienne compte du rapport à l'écrit que les apprenants possèdent déjà en langue maternelle : les expériences de lecture et d'écriture qu'ils ont rencontrées, les habitudes d'apprentissage qu'ils ont intégrées[1], les compétences qu'ils ont acquises (notamment la compétence textuelle – voir 2.3.2.) et éventuellement les stratégies scolaires, développées souvent au détriment des stratégies communicatives (2.1.4.), d'autant plus que l'écrit, en langue maternelle, est souvent envisagé hors situation, en fonction du seul objectif académique (réussir l'écrit des examens). Une réflexion sur ces données (voir 2.1.2.) paraît nécessaire avant d'introduire dans un programme communicatif la lecture de textes étrangers puis la production de certains écrits en langue étrangère.

Car l'enseignement de l'écrit en langue étrangère, s'il peut s'appuyer sur les compétences acquises en langue maternelle, ne relève ni des mêmes attitudes ni des mêmes besoins. Il est moins impliquant, pour l'apprenant, d'aborder des situations écrites non familières en langue étrangère plutôt qu'en langue maternelle : on ressent moins sa « différence » (si tel est le cas) puisque l'univers des écrits est de toute façon « étranger » ; on entretient moins de rapports psycho-affectifs, comme l'explique si bien Claude Duneton[2], avec une langue étrangère qu'avec sa langue maternelle : il y a moins de « blocages », d'attitudes négatives. Ainsi peut-on aborder dans une classe de langue étrangère des écrits dont les thèmes seraient parfois délicats à traiter en langue maternelle. D'où le rôle fondamental que peut jouer, dans l'enseignement secondaire notamment, le professeur de langue étrangère. Quant aux

---

1. Voir DE LA FUENTE : « *La cohérence textuelle* » chez les hispanophones. Université Paris 3, UER EFPE, mémoire de maîtrise, 1978.

2. DUNETON (C), *Je suis comme une truie qui doute*. Paris, Seuil, 1976.

besoins, il faudrait à l'écrit **différencier compréhension et production**. Si aucune limite n'existe à l'introduction de différents types d'écrits en compréhension (la répartition dépendant alors des besoins ressentis, des motivations avouées et des compétences déjà acquises des apprenants), on pourrait, dans de nombreux cas, restreindre la production soit à des besoins strictement professionnels, soit à des objectifs académiques (l'écrit à l'examen), soit au plaisir d'écrire (écrit de créativité, écrire pour « jouer » ou pour « voyager », « correspondre »). Un groupe de professeurs étrangers en stage à Paris avaient constaté (Moirand 77b) qu'eux-mêmes n'avaient jamais eu l'occasion d'écrire, une fois passés leurs examens de français, d'autres textes que des lettres fonctionnelles ou amicales. Un autre groupe, l'an dernier, reprenant ces constats, a proposé de passer chaque écrit rencontré soit dans les méthodes de langue, soit lors de leurs collectes personnelles de documents authentiques, au crible de la grille suivante afin de dégager la pertinence en compréhension et/ou en production de leur utilisation en classe de langue étrangère :

« Type d'écrit »	Réception	Production	(Observations)
LM			
LE			
LS[1]			

Par exemple, un tract « écologique » conduit un enseignant à noter : + en réception en LM, + en réception en LE, +/− en production en LM, − en production LE ; une lettre familiale : + en réception et production LM, − en réception et production LE (sauf cas particulier) ; des photos de graffiti prises à Paris dans la rue : + en réception et production LM, + en réception LE, − en production LE, etc. Bien entendu, ces notations tiennent compte de la notion d'authenticité, que l'on peut toujours remettre en question lors d'activités de créativité (plaisir de jouer à écrire). Mais d'une façon générale, il semble à tous important de développer la compréhension des écrits avant d'aborder la production d'écrits de même type non seulement parce que nos capacités de réception devraient dépasser (ou au moins égaler) nos capacités de

---

1. LM = langue maternelle, LE = langue étrangère, LS = langue seconde. Cette dernière distinction a été introduite à des fins de généralisation de la grille : par exemple pour la Tunisie, arabe, français (LS), et anglais ; pour un Canadien francophone : français, anglais (LS) et espagnol, etc. On peut aussi distinguer LE1, LE2, LE3, etc.

production[1], y compris en langue maternelle, mais encore parce que faire produire en langue étrangère des discours jamais rencontrés sinon en langue maternelle, entraîne à opérer un simple transfert de la compétence de communication acquise en langue maternelle (voir 1.1.3.) ; c'est aussi s'exposer à n'obtenir qu'une traduction terme à terme de la langue maternelle vers la langue qu'on apprend.

Ces quelques remarques amènent à s'interroger cependant sur l'authenticité de la situation scolaire, y compris en compréhension écrite, situation apparemment moins artificielle que l'écoute d'une conversation authentique enregistrée (voir 2.2.1.). Si en situation naturelle il y a dialogue effectif entre les (co)énonciateurs, lecteur(s) et scripteur, si l'activité de réception implique donc une intention de lecture et une (re)connaissance des conditions de production du texte, qu'en est-il en situation d'apprentissage institutionnel ? Non seulement une partie des **conditions de production** seront toujours inaccessibles au lecteur étranger, mais de plus, **les fonctions du texte** sont là aussi détournées : un tract par exemple, produit écrit pour être consommé dans l'instant, perd ses fonctions originelles (« dénoncer », « proposer », « faire appel ») et devient, comme une conversation enregistrée, un témoin de la culture étrangère, un objet d'apprentissage à analyser (quel professeur accepte qu'on le jette, qu'on le déchire, qu'on le froisse, comme on le fait en situation naturelle, parce qu'il s'agit d'un produit qu'on n'a pas « choisi » de lire mais qu'on vous propose ?). Il en est de même en production : communiquer implique de savoir au moins à qui on écrit et pour quoi faire. Il faudrait donc imaginer des activités spécifiques afin de simuler dans une classe de langue étrangère des conditions de production ainsi que des conditions de réception « réalistes », à défaut d'être authentiques (voir 2.2.3.), et, par conséquent, essayer d'abord de comprendre quelle est, en situation naturelle, l'activité du lecteur, *celui qui lit*, mais aussi *à qui* (ou *pour qui*) *on écrit*.

---

1. Ceci est valable également pour l'oral : *rien ne sert de produire si l'on ne comprend pas* ce que l'on vous répond ou ce que l'on vous demande (ce qui est arrivé à beaucoup d'apprenants de langue étrangère débarquant dans un pays où cette langue est parlée).

2.3.2. De l'interprétation à la production

Je partirai ici d'un **modèle**[1] (voir le schéma) qu'il ne faudrait pas prendre pour une certitude scientifique : « même si l'on dispose de modèles partiels rendant compte de manière acceptable de tel ou tel aspect des conduites du langage, il est clair que l'élaboration d'un modèle global du locuteur est encore un objectif lointain pour le psychologue (cf. Noizet 80) » (Gaonac'h 82). Il est bien clair que, dans l'état actuel des recherches, on ne sait pas très bien ce qui se passe dans la tête du lecteur. Cependant, même s'il ne s'agit là que d'hypothèses, elles ne sont pas totalement « gratuites ». Elles sont de toute façon indispensables à une démarche scientifique qui voudrait élaborer **une théorie de l'enseignement/apprentissage des langues** et peuvent être confirmées, infirmées ou « transformées » par la pratique pédagogique.

Soit le lecteur a **un projet** qui le pousse à choisir un texte (relire par exemple des articles en anglais sur l'approche communicative quand on écrit un livre sur l'enseignement de la communication...), soit le texte s'impose ou est imposé au lecteur (sous-titres de films, tract distribué dans la rue) qui choisit alors ou de le lire ou de s'en désintéresser : dans ce cas, la forme du texte (ses organisations sémiologiques, iconiques et typographiques) ainsi que la connaissance de la situation de communication à l'origine de sa production (en partie repérable à certains indices iconiques et linguistiques) favorisent chez le lecteur l'élaboration d'un projet. Le projet originel et le texte lui-même (ses caractéristiques sémiologiques, linguistiques et pragmatiques) vont amener le lecteur à **formuler des hypothèses** sur le contenu (sémantisation) et **des prévisions** sur sa forme (structuration), hypothèses et prévisions découlant de la confrontation des indices situationnels et textuels avec les connaissances antérieures du lecteur, emmagasinées dans **sa mémoire à long terme** (il s'agit là des « schèmes cognitifs » des psychologues). Les opérations mises en œuvre relèveraient alors de la compétence de communication acquise par le lecteur à ce moment précis, c'est-à-dire de ses compétences linguistique, discursive, référentielle et socioculturelle (voir 1.1.3.). Une première série d'hypothèses et de prévisions, formulées lors d'un premier contact avec le texte, va être confirmée ou infirmée par un retour du lecteur au texte grâce, de nouveau, à la confrontation des données

---

1. Je ne prends pas en compte, dans ce modèle, les activités physiologiques de « perception » qui sont à la base de la compréhension écrite comme de la compréhension orale (voir par exemple NOIZET 80 : *De la perception à la compréhension du langage*). Ce modèle, que j'ai proposé en Italie (Congrès du Lend) et en Belgique (ILT de l'Université de Louvain) en 1980, paraît rejoindre sur certains points les modèles du locuteur proposés aujourd'hui par les psychologues cognitivistes (NOIZET 80, GAONAC'H 82), que j'évoquerai ci-dessous.

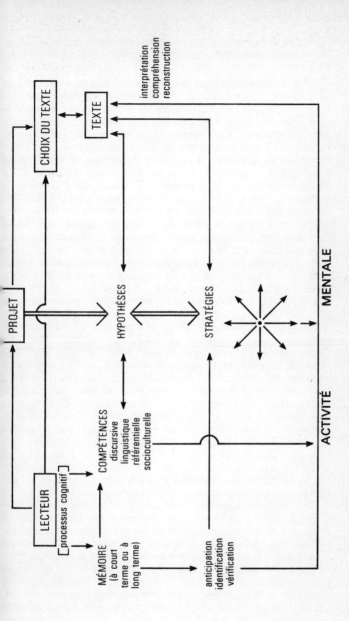

...extuelles avec la connaissance des codes sémiologiques et linguistiques du lecteur : il y a donc **identification** (reconnaissance et mise en relation) d'éléments du texte, **anticipation par inférence** (hypothèses et prévisions) et **vérification** par des retours au texte pour infirmer ou confirmer les identifications et les anticipations. Lors de ces trois opérations, à la base du

processus de lecture, la mémoire à court terme intervient également pour permettre cette reconstruction pas à pas du sens d'un texte[1].

Ainsi **comprendre, c'est produire de la signification** (et non en recevoir comme on l'a cru longtemps en didactique des langues) à partir des données du texte mais en les reconstruisant d'après ce que l'on connaît déjà (Hébrard dans Lentin 78, Foucambert 76). Chaque étape de cette reconstruction met en jeu **l'activité mentale** du lecteur et suppose sans cesse des **prises de décision** : il identifie, il anticipe, il vérifie mais aussi il trie, il élimine, il risque des « interprétations », la décision ultime intervenant lorsqu'il décide qu'il a compris. C'est en ce sens que l'on peut parler de **stratégies individuelles de communication** qui vont varier en fonction de trois paramètres principaux : **le projet de lecture** (les objectifs), **le texte** (ses fonctions sémiologiques, discursives, linguistiques et communicatives et donc les conditions de sa production) et **le lecteur** lui-même avec sa **compétence de communication** (hypothèse sociolinguistique) et aussi son **système cognitif** (hypothèse psycholinguistique). Ainsi, à objectifs(s) et texte(s) identiques(s), la diversité des stratégies de compréhension pourrait s'expliquer par un rééquilibrage continuel entre les différentes composantes de la compétence de communication (ce que j'ai appelé en 1.1.3. des « phénomènes de compensation ») : en langue étrangère par exemple, une compétence linguistique développée permet d'aborder des textes dont les caractéristiques socioculturelles sont peu connues ; une compétence linguistique moyenne et une connaissance suffisante du domaine de référence permettent de comprendre des textes dont les conditions de production ne sont ni évidentes, ni familières ; un manque de compétence linguistique peut être pallié par la recherche d'indices textuels permettant d'inférer les données référentielles et discursives du texte. Quant au système cognitif, il aurait, comme le dit Gaonac'h, sa propre organisation et, dans cette hypothèse, « l'activité cognitive correspond à des processus dont le but est de traiter le matériel présenté (on peut dire de manière générale « traiter l'information ») non pas selon les caractéristiques inhérentes à ce matériel mais selon des schèmes extraits du système cognitif et susceptibles de s'appliquer à ce matériel » (Gaonac'h 82). Cette dernière remarque met à nouveau l'accent sur les limites de l'analyse de textes écrits ou oraux (limites entrevues en 2.2.3.) : les approches prépédagogiques cherchent à dégager les caractéristiques linguistiques et communicatives du matériel que l'on va présenter en classe mais

---

1. La compréhension de l'oral repose sur un processus identique mais le rôle de la mémorisation (mémoire à court terme) y est plus important (il n'y a pas de possibilités de retours en arrière et de mises en relation spatiales sur l'aire de la page, avantage incontestable de l'ordre scriptural).

elles ne fournissent en aucune manière à l'enseignant des indications sur les stratégies des apprenants pour s'approprier les données de ce matériel. Cela me rend extrêmement prudente quant aux stratégies pédagogiques[1], aux activités elles-mêmes (voir 2.2.3. et 2.3.4.) que l'on peut imaginer à partir de ces matériaux (ce ne sont pas des stratégies d'apprentissage) et sans doute faudrait-il s'interroger (comme le proposent Frauenfelder et Porquier 80) sur les opérations cognitives mises en œuvre par les apprenants pour mener à bien les tâches qu'on leur demande dans un cours de langue (voir 2.1.4.).

Le paradoxe en la matière est que les linguistes, psychologues et psycholinguistes ont des champs de recherche différents qui se « raccordent » mal et que le théoricien de l'enseignement des langues se doit pourtant de mettre en relation ; mais son objectif à lui n'intéresse pas encore suffisamment les premiers (pour des raisons institutionnelles, tout au moins en France, de « non-reconnaissance » du domaine de la didactique des langues). Ainsi les linguistes et sociolinguistes cherchent-ils à décrire *les conditions de production de textes déjà produits* et s'intéressent peu à leurs conditions d'interprétation ; à l'inverse, les psychologues qui essaient de constituer un « modèle du locuteur » ont développé *des modèles de compréhension* plutôt que de production ; quant aux psycholinguistes[2], ils analysent *les productions* des enfants, des migrants, des apprenants en général afin d'en déduire des hypothèses sur l'acquisition et le développement du langage. C'est à ces derniers que l'on se réfère le plus souvent pour enseigner en langue étrangère depuis les premiers travaux de Corder sur la faute et l'erreur (Corder 67). Si importantes que soient ces analyses de **l'interlangue** (voir Perdue et Porquier 80), ayant notamment contribué à un changement d'attitude de l'enseignant face aux **fautes** faites par les apprenants, elles ont plutôt cherché à décrire **la langue des apprenants** qu'à apporter aux enseignants des indications sur la manière dont on produit des énoncés en langue étrangère (et encore moins sur la manière dont on les comprend) ; de plus, elles ne semblent pas encore avoir intégré, à ma connaissance, la notion de **compétence de communication intermédiaire** (voir 2.1.4.), fondamentale si l'on vise un enseignement de la communication en langue étrangère.

Je reprendrai donc brièvement les hypothèses didactiques auxquelles on arrive si l'on essaie de synthétiser les données des recherches psycholinguistiques et sociolinguistiques sur la

---

1. Cette prudence est un peu trop « absente » des propositions de MOIRAND 79b et LEHMANN et autres 80.

2. Je pense ici aux psycholinguistes de formation « linguistique » (les psycholinguistes de formation « psychologique » sont plus proches des psychologues que des linguistes).

compréhension et la production des discours (les recherches linguistiques seront abordées en 2.3. au travers de l'analyse des textes) :

– Le processus à la base de **la compréhension** (écrite et orale) suppose que le système cognitif de l'apprenant fonctionne en même temps à différents niveaux : niveau perceptif (au sens physiologique) et niveaux lexical, grammatical, sémantique, pragmatique, discursif, etc. Il est donc difficile d'isoler un de ces niveaux et d'envisager des exercices systématiques le concernant : seule une approche « globale » des textes, c'est-à-dire intégrant ces différents niveaux, paraît adéquate au propos.

– Il paraît utopique de croire que l'on peut « produire » en langue étrangère avant d'avoir vu/écouté puis « saisi », « intégré » un certain nombre de données correspondant aux niveaux précédemment évoqués. Enseigner à communiquer en langue étrangère à des débutants diffère effectivement d'un enseignement de la communication en langue maternelle, qui peut s'appuyer sur les discours produits par les apprenants. En langue étrangère, sauf pour l'oral interactionnel tel que nous l'avons défini, pour lequel compréhension et production sont indissociables (ne serait-ce que pour l'apprentissage des fonctions interactives), la compréhension des discours monologaux écrits (mais aussi oraux) devrait, semble-t-il, plutôt précéder la production (thèse déjà soutenue dans Moirand 79b).

– Les rares « modèles de production » proposés portent surtout sur le récit (voir p. 73). Bien que limités (tout n'est pas récit dans la communication), ils ont contribué à mettre en évidence deux niveaux d'organisation[1] : un niveau macrostructural (qui relèverait plutôt des compétences discursive et socioculturelle) et un niveau micro-structural (l'organisation syntaxico-sémantique à l'intérieur du texte relevant de la compétence linguistique). Certains pensent que celui-ci, correspondant à des activités de « bas niveau » (automatisation, mémorisation,...), pourrait faire l'objet d'exercices formels, de « gammes ». Sans me prononcer sur cette hypothèse, je rappellerai ici que toute production, envisagée sous l'angle communicatif, suppose une maîtrise de ces deux niveaux et que maîtriser l'un sans l'autre ne permet pas de communiquer. Apprendre l'un sans l'autre paraît donc contredire la « globalité » du processus communicatif (et de son apprentissage).

– Dans **une approche communicative de la lecture**, il faudra tenir compte, aussi bien dans le choix des textes que des activités proposées (voir 2.3.4.), des savoirs et savoir-faire

---

1. Et un parallélisme (isotopie) entre les deux niveaux. Si cette hypothèse est généralisable, il s'agirait donc, en langue étrangère, de transférer la compétence acquise en langue maternelle, du moins peut-on le supposer.

acquis par les apprenants en langue maternelle et éventuellement dans d'autres langues étrangères : on s'interroge alors sur les niveaux de compétence linguistique (il en existe un minimum si les langues sont voisines), discursive (connaissance du type de textes), référentielle (expériences) et socioculturelle. On y sera d'autant plus attentif si, pour des raisons institutionnelles ou professionnelles, les apprenants veulent aborder la communication dans une langue nouvelle à travers la lecture de textes. Dans cette hypothèse, il sera parfois nécessaire de leur faire prendre conscience de leurs propres stratégies de lecture en langue maternelle[1] et de la nécessité de distinguer une compétence linguistique de reconnaissance (nécessaire à l'opération d'identification en compréhension) d'une compétence de production.

– Pour **une approche communicative de la production**, on partira d'une analyse des paramètres situationnels dans lesquels va s'inscrire l'écriture de textes, afin de décider :

● d'abord *de quoi on veut parler* (choix des thèmes, donc des notions référant à ces thèmes, ce qui relève de la compétence référentielle) ; *ce que l'on veut dire* (mise en jeu d'opérations prédicatives et énonciatives relevant de la compétence linguistique) ; *à qui, quand* et *où* (mise en jeu d'opérations relevant du rapport à l'espace et au temps et aux relations inter-énonciateurs, relevant des compétences linguistique, référentielle et pragmatique) ; *pour quoi l'écrire* et *comment* (actes de paroles, choix des formulations et des fonctions illocutoires relevant de la pragmatique et de la compétence socioculturelle), etc ;

● ensuite de l'organisation des matériaux au plan discursif, en tenant compte de *la syntaxe phrastique et textuelle* (relations des signes entre eux, ce dont vont dépendre la cohésion et la progression du texte), de *la sémantique* (relations des signes à ce qu'ils désignent et relations co-référentielles) et de *la pragmatique* (relations des signes aux énonciateurs et aux conditions de production, ce dont va dépendre la cohérence du discours).

Si on envisage d'aborder **la production écrite** en tant qu'**activité globale de communication**, toutes ces opérations de langage interviennent en même temps. Aussi les activités proposées en 2.2.3. pour l'oral sont également, à quelques adaptations près, utilisables pour l'écrit. Ce qui implique que l'enseignant ait des outils pour analyser les textes, aussi bien **les textes authentiques** qu'il introduit en « exposition » que **les textes produits par les apprenants eux-mêmes,** afin d'être le conseiller, le soutien, l'aide ou la référence.

---

1. A.M. Fernandez propose, dans son mémoire de maîtrise, d'utiliser le « close-test » (textes à lacunes régulières) en langue maternelle, pour faciliter cette prise de conscience (*Pour une lecture fonctionnelle de textes non spécialisés*, Université Paris 3, UER EFPE, 1981).

2.3.3. Pour analyser l'écrit

L'enseignant disposant des mêmes outils que pour analyser l'oral, je ne reprendrai pas systématiquement les approches situationnelle, conversationnelle, pragmatique, énonciative et textuelle proposées en 2.2.2. Sur quelques exemples d'écrits monologaux, j'expliciterai certains outils d'analyse déjà entrevus (aux dépens d'autres, à première vue mieux adaptés aux discours dialogaux), outils qui s'utilisent également pour décrire des oraux monologaux (informations radiophoniques, conférences, exposés, etc.), y compris ceux des apprenants.

2.3.3.1. Cohésion et cohérence dans des textes de presse[1]

a) Dans le fait divers ci-joint (*Le Monde*, 21 février 82), le titre correspond à une structure sémantique sous-jacente de ce type[2] :

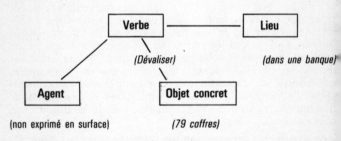

L'article lui-même développe dans un premier paragraphe les relations *objet concret/verbe* et dans un second les relations *agent/verbe* puis *agent/objet concret*. Mais si, dans le premier paragraphe, le scripteur parle des conséquences de l'acte « dévaliser » (le mot *casse* est un hyperonyme du titre et de la première phrase : il joue dans ce texte un rôle anaphorique), le second est **un récit** de ce qui s'est « probablement » passé (voir l'emploi du conditionnel), dans lequel interviennent des acteurs : les « agents » (sous-entendus dans le titre et tout le premier paragraphe) et ceux qui s'opposent à leur acte (le personnel de la banque)[3]. Dans chacun de ces paragraphes, des éléments verbaux renvoient à la même réalité (on dit qu'ils sont *co-référentiels*) et contribuent ainsi à la

1. Voir 1.3.2. et 2.2.2.6. ci-dessus. Dans une perspective d'« enseignement » voir CHAROLLES et PEYTARD 78 (analyse de discours d'apprenants), WIDDOWSON 78, RÜCK 81 et, toujours en français, SLAKTA 75, CHAROLLES 76, ADAM 77, COMBETTE 77, GRUMBACH 77, qui sont des articles « accessibles ». Voir également LUNDQUIST 80 (paru en français au Danemark).
2 . Voir FILLMORE 68.

A Cavaillon (Vaucluse)
SOIXANTE-DIX-NEUF COFFRES DÉVALISÉS DANS UNE BANQUE

Soixante-dix-neuf coffres dévalisés, environ 140 000 francs en numéraire volés dans les caisses. Telle est l'évaluation du montant du casse du 17 février de l'agence de la Société lyonnaise de dépôts et de crédit industriel, à Cavaillon (Vaucluse) évaluation qui n'était pas encore complète le vendredi 19 février. On parle cependant de plusieurs millions de francs.

Un des malfaiteurs, se faisant passer pour un nouveau client, aurait pris rendez-vous avec le directeur, M. Roland Andrés, pour le 17 février, à 17 heures. A l'heure dite, il se serait présenté avec son « comptable ». Dans la banque, il n'y avait plus que trois employés et le directeur. Installés dans le bureau de M. Andrés, les deux hommes auraient ouvert leurs attachés-cases et sorti des armes avant d'obliger les employés et le directeur à les accompagner dans la salle des coffres. Là, ils auraient ligoté ces derniers à l'aide de chaînes, de menottes et de cadenas et recouvert leurs têtes d'une cagoule. Deux autres complices, arrivés entre-temps par l'entrée principale, les ont aussitôt aidés à fracturer les coffres. L'ensemble de l'opération aurait duré presqu'une heure.

C'est le directeur qui, ayant réussi à défaire ses liens, a donné l'alerte.

Les vols dans les salles des coffres les plus importants de ces dernières années, outre le fameux « casse du siècle » à la Société générale de Nice, en juillet 1976 (50 millions de francs) ont été commis à l'agence du Crédit agricole à Marseille, le 17 mai 1981, où deux cent trente coffres avaient été dévalisés ; à la caisse d'épargne de la place de Mexico, à Paris, le 1er novembre 1980 (près de 2 millions de francs) ; à la Banque Vernes, à Boulogne-Billancourt, le 10 juin 1980 (entre 4 et 6 millions de francs).

Edité par la S.A.R.L. *le Monde*

Gérants :

Jacques Fauvet, directeur de la publication.
Claude Julien.

  Imprimerie du « Monde » 5, r. des Italiens PARIS-IXᵉ

Reproduction interdite de tous articles, sauf accord avec l'administration.

Commission paritaire des journaux et publications, nº 57 437.
ISSN : 0395 - 2037.

Le Monde, 21 février 1982.

---

3. La macro-structure narrative de ces faits divers peut être mise en lumière par un modèle comme celui de Greimas (groupe d'Entrevernes 79) ou celui de Charaudeau (utilisé par M. ROJAS 81 dans son mémoire de maîtrise). Mais en langue étrangère, il suffit de s'appuyer sur un transfert de cette compétence textuelle acquise en langue maternelle : les récits de « vols » ne diffèrent pas d'une langue à l'autre, pas suffisamment en tous cas pour justifier de s'y attarder (pour la pratique du récit en langue maternelle, voir HALTÉ et PETIT-JEAN 77).

cohésion du texte, se rapportant alors à chacun des « cas » de la structure sémantique mise en évidence par le titre, soit à l'objet (*soixante-dix-neuf coffres* ← *salles des coffres* ← *les coffres*), soit au lieu (*une banque* ← *l'agence de la Société lyonnaise* ← *la banque*) ou à une partie du lieu (*le bureau, la salle des coffres, l'entrée principale*), soit aux auteurs de ce fait divers (deuxième paragraphe) :

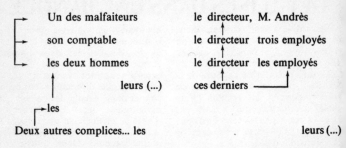

Des éléments grammaticaux et lexicaux jouent donc un rôle diaphorique à l'intérieur du texte et co-référentiel de la réalité à laquelle ils renvoient. La phrase finale du deuxième paragraphe réfère au « casse » lui-même (réalité) mais aussi au contexte linguistique, tout ce qui précède dans le même paragraphe, à travers les substantifs anaphoriques *opération* et *ensemble*.

En revanche, les termes *vols*[1], *coffres, dévaliser* du dernier paragraphe de l'article ne sont pas en relation de co-référence avec les mêmes termes des autres paragraphes. Le scripteur rappelle ici, comme il est souvent de règle dans *Le Monde*, des faits divers de même genre. Cependant, ces dernières informations, si elles sont en **relation thématique** avec les précédentes, ne réfèrent pas à la même réalité. Il est utile, lors des approches textuelles, de ne pas confondre **la thématique** (les champs lexicaux) avec **la co-référence**. (Voir sur ces questions Lehmann 82b.)

S'il est assez rapide de sensibiliser les apprenants de langue étrangère aux modèles grammaticaux qui jouent un rôle dans la cohésion du texte (déterminants tels que les définis, démonstratifs, possessifs, pronoms personnels, relatifs, etc.), s'il est encore plus rapide de leur faire prendre en compte « l'image du texte » comme source d'indices de cohésion (le rôle de la typographie, l'agencement des titres et paragraphes, les réitérations et dérivations repérables formellement, toutes choses que nous avons décrites dans Moirand 79b et 81), s'il est relativement facile de leur faire repérer les

---

1. Dans le dernier paragraphe, le défini *les* (dans *les vols*) a une fonction de généralisation, à différencier du défini *le* dans *le directeur* ou *les* dans *Les deux hommes.*

articulateurs logiques et rhétoriques (voir le texte ci-après), ce sont les éléments lexicaux qui, en général, me paraissent poser le plus de problèmes. En effet, dans l'article cité, on remarque qu'ils relèvent plutôt :

– ou de **la compétence linguistique**, c'est-à-dire de la connaissance des modèles lexicaux de la langue qu'on apprend (termes en rapport de contiguïté sémantique, c'est-à-dire qui ont des « sèmes » en commun) : parasynonymes (*casse* et *vol, dévaliser* et *voler*), hyperonymes/hyponymes (*coffre dévalisé → casse* ; « récit du casse » → *opération* ; *environ 140 000 francs en numéraire → évaluation*), collocations (*malfaiteur/dévaliser/complice*) ;

– ou de **la compétence référentielle**, c'est-à-dire de son expérience et de ses capacités d'inférence et de présuppositions : *une banque* a *un directeur* et *des employés, une salle de coffre* et *une entrée principale* ; *le directeur* a *un bureau*, etc.,

– ou de **la compétence socioculturelle**, c'est-à-dire des « savoirs partagés », relevant de l'intertextualité (par exemple *le fameux « casse du siècle »* dans le dernier paragraphe) ou de relations conjoncturelles[1] ou de la « logique des mondes » (Charolles 78).

Aussi, si je me place non pas dans un modèle de production des textes (comme l'ont fait les premiers grammairiens du texte, dans la ligne de Chomsky, introduisant alors la notion de **compétence textuelle** calquée sur la notion de compétence chomskyenne), mais dans un modèle d'interprétation, je distingue, pour une approche prépédagogique, les co-référents repérables grammaticalement dans le texte (y compris les éléments lexicaux grâce à des indices formels, *évaluation* grâce à *telle est, complices* grâce à *autres*) de ceux qui ne le sont pas et pour lesquels on fait appel à des données et des connaissances extérieures au texte afin d'en déduire leur rôle diaphorique et co-référentiel. Si je garde donc **la distinction cohésion/cohérence**, c'est avec ce sens particulier et parce que dans l'enseignement d'une langue étrangère, elle me paraît opératoire :

– relève de **la cohésion** ce qui fait appel aux compétences linguistique et textuelle (au sens formel), les marques de co-référence sémantique (diaphores) repérables à l'intérieur du texte et celles d'organisation du discours telles que la typographie et les articulateurs (inventaire limité) ;

– relève de **la cohérence** et des compétences référentielle, socioculturelle et discursive (au sens pragmatique) ce qui n'est pas repérable à l'intérieur du texte : le rôle co-référentiel de certains substantifs liés au champ de référence, l'organisa-

---

1. « *M. Giscard d'Estaing a fait hier une courte déclaration. Le président de la République...* » : Aujourd'hui, *le président* n'est plus anaphorique de *Giscard d'Estaing*. Jusqu'au 10 mai 81, il l'était.

tion du texte en fonction du domaine (Moirand 81), l'inter-textualité ainsi que le déroulement discursif découlant des fonctions illocutoires et/ou interactives du texte (voir l'exemple ci-après).

Cette distinction est également opératoire pour analyser le discours des apprenants : on peut en évaluer la cohésion à la seule lecture attentive du texte mais, pour en évaluer la cohé-rence, on a souvent besoin de recourir à l'apprenant et de lui demander ce qu'il a voulu écrire et pourquoi, notamment pour ne pas faire d'erreur concernant la non-application des règles de « non-contradiction » et de « relation » (plus que pour celles de « progression » et de « répétition »)[1].

b) Dans l'article ci-après écrit par un économiste franco-phone (le type de discours et le domaine de référence sont bien différents du précédent), on peut distinguer trois formes principales de cohésion : la typographie, les articulateurs, les diaphores :

– L'agencement en colonnes, les caractères choisis pour le texte et pour le titre suffisent pour repérer qu'il s'agit d'un article de journal sorti de son contexte (un lecteur du *Monde* reconnaîtra son journal habituel) ; quant au découpage en paragraphes, il joue un rôle dans la cohésion du texte, de même que dans la dernière colonne les deux points et les tirets jouent un rôle dans son organisation (voir aussi les parenthèses).

– En ce qui concerne **les articulateurs** (ou connecteurs[2]), ils paraissent exercer deux types de fonctions : soit une fonction **rhétorique** dans l'organisation du discours (*Le premier réflexe, Le second réflexe, Le troisième*, lignes 19, 23 et 26) ; *c'est ainsi que*, ligne 68, introduit une exemplification) ; soit une fonction discursive d'ordre **logique** (*donc*, lignes 47 à 59 ; *or*, lignes 108 à 119 ; *d'où*, ligne 125).

---

1. Il s'agit des quatre « règles » proposées par CHAROLLES 78 (qui ne fait pas de distinction entre cohésion et cohérence) :
– *la méta-règle de répétition* : « Pour qu'un texte soit /.../ cohérent, il faut qu'il comporte dans son développement linéaire des éléments à récurrence stricte » ;
– *la méta-règle de progression* : « Pour qu'un texte soit /.../ cohérent, il faut que son développement s'accompagne d'un apport sémantique constamment renouvelé » ;
– *la méta-règle de non-contradiction* : « Pour qu'un texte soit /.../ cohérent, il faut que son développement n'introduise aucun élément sémantique contre-disant un contenu posé ou présupposé par une occurrence antérieure ou déduc-tible de celle-ci par inférence » ;
– *la méta-règle de relation* : « Pour qu'une séquence ou qu'un texte soit cohérents, il faut que les faits qu'ils dénotent dans le monde représenté soient reliés ».
2. Lita Lundquist propose une liste de connecteurs qu'elle classe en : *additif, énumératif, transitif, explicatif, illustratif, comparatif, adversatif, concessif, causatif, consécutif, conclusif, résumatif, temporel* et *méta-textuel*, tout en signalant qu'une même forme peut se ranger dans plusieurs de ces catégories et que chacune de ces catégories peut être encore subdivisée (LUNDQUIST 80).

– **Les diaphores grammaticales** jouent un rôle de cohésion de phrase à phrase et de paragraphe à paragraphe (*ceux-ci*, ligne 5 ; *leur*, ligne 9 ; *leur*, ligne 13 ; *leurs*, ligne 22 ; *l'*, ligne 33 ; *cela*, ligne 34) et renvoient en amont ou en aval à un segment plus ou moins long du texte, phrase(s), mot(s) ou paragraphe(s). Quant aux **diaphores lexicales**, que l'on peut repérer formellement (par répétition ou dérivation et/ou la présence de déterminants grammaticaux), elles relèvent ou bien de **notions spécifiques** du domaine de référence économique (*un tel transfert d'industries*, ligne 27 ; *ce transfert*, ligne 32 ; *la création d'industries*, ligne 58 ; *une telle concentration*, ligne 104 ; *l'industrialisation... du tiers-monde*, ligne 138) ou bien de **notions générales** (*ces avantages*, ligne 15 ; *cette façon*, ligne 86 ; *cet état de fait*, ligne 70, *une telle situation*, ligne 108) ou bien d'opérations discursives (*la double conclusion*, cataphore par laquelle l'auteur annonce qu'il va proposer deux conclusions)[1]. Ainsi articulateurs et diaphores jouent-ils un rôle non seulement dans la cohésion du texte mais aussi dans sa progression car ils contribuent, par leur fonction co-référentielle, à le faire avancer : ils relèvent donc de **la syntaxe textuelle**.

La cohérence ne découle pas seulement des relations de référence du texte à la réalité mais du fait que l'organisation du texte est étroitement dépendante de « l'organisation » du domaine de référence (structure sémantique) et des relations entre le scripteur, ses lecteurs et son texte (fonction pragmatique et opérations énonciatives). Ainsi, s'agissant ici de « transfert » (de matière première, de capital, d'industries, de chômage et de travail) entre deux types de pays, tout le texte s'organise à partir de cette dualité. Cette macro-structure déjà apparente dans le titre, qui pose **le thème** de l'article, se retrouve tout au long du texte : une première assertion oppose *les pays capitalistes* (ou *pays développés, occident, pays riches, cadre impérialiste, capitalisme*) aux *pays du tiers-monde* (ou *pays sous-développés, tiers-monde*), puis l'opposition se précise entre *les ouvriers du tiers-monde* et *leurs camarades occidentaux* (lignes 20 et 22), *le chômage* des uns et *le travail* des autres, etc. ; et les commentaires successifs relatant leurs relations finissent par transformer la dualité originelle, la dernière phrase du texte affirmant alors la convergence des intérêts de *la classe ouvrière des pays développés* et du *mouvement de libération nationale*. Mais pour comprendre cette évolution sémantique du texte, il faut prendre en compte ses **conditions de production** : écrit par un économiste *algérien* écrivant pour des lecteurs du journal *Le Monde* (lecteurs français mais aussi sans doute francophones,

---

1. Dans le texte 2, les principaux éléments d'articulation ont été soulignés en pointillés et les principaux éléments diaphoriques en traits pleins (pp. 142-143).

Les chômeurs des pays et les travailleurs des pays

par OMAR KHALDI (*)

L'EXTENSION du chômage dans les pays capitalistes provoque de plus en plus des réactions primaires contre les pays du tiers-monde. N'accuse-t-on pas ceux-ci d'être des hôtes par trop complaisants à l'égard de certaines activités industrielles (t e x t i l e, électronique, grand public, etc.) en leur offrant des bas salaires — obtenus souvent par une répression f é r o c e contre la classe ouvrière — et une fiscalité favorable — au détriment de leur budget public ?

Attirées par ces avantages, certaines industries émigrent vers le tiers-monde et provoquent du chômage dans leur pays d'origine. Le premier r é f l e x e est d'accuser les ouvriers du tiers-monde qui acceptent des bas salaires et font ainsi concurrence à leurs camarades occidentaux. Le second réflexe, plus politique, consiste à accuser la nature dictatoriale de certains régimes du tiers-monde. Le troisième, plus subtil, consiste à dire qu'un tel transfert d'industries ne fait que renforcer l'assujettissement des pays du tiers-monde et maintenir leur classe ouvrière dans une piètre condition. En un mot, ce transfert n'est positif que pour le c a p i t a l qui l'opère. Voyons cela de plus près.

Le transfert d'activités industrielles vers les pays du tiers-monde est presque aussi vieux que le capitalisme lui-même. S'il n'a pas été, pendant longtemps, cause de chômage en Occident, c'est qu'il ne portait que sur des activités primaires (extraction minière notamment).

Un tel transfert était, au contraire, s o u r c e d'emplois dans les pays riches et permettait aux industries de s'y développer encore davantage. Le transfert d'activités n'est donc pas, en soi, un élément générateur de chômage.

Cependant, quand une compagnie extrait du minerai dans un pays du tiers-monde et que, au lieu de le transformer sur place, elle l'expédie vers un pays développé, elle provoque du chômage dans le pays du tiers-monde mais crée des emplois dans le pays riche.

La création d'industries d'a v a l représente donc du travail en plus pour les pays développés et du travail en moins pour le pays du tiers-monde dont on a extrait la matière première. C'est ainsi que, par l'utilisation des ressources du tiers-monde, le plein emploi dans les pays développés s'accompagne de sous-emploi dans les pays du tiers-monde.

La classe ouvrière des pays capitalistes ne s'est pas plainte de cet état de fait. Elle n'a pas refusé le travail créé grâce aux ressources tirées du tiers-monde. Elle n'a pas estimé qu'un tel travail n'était possible que dans un cadre impérialiste et qu'il perpétuait la domination impérialiste. De plus, la concentration des industries dans les pays développés ne pouvait que renforcer la puissance de ces pays et donc aggraver la domination qu'ils exercent sur le tiers-monde, domination qui fut la source du plein emploi dans les pays capitalistes.

Qui pose le problème du chômage de cette façon, c'est-à-dire en termes de localisation d'industries, ne peut trouver de remède positif. Il ne faut pas, en effet, se placer dans une perspective nationaliste — un pays accusant l'autre de « lui prendre » ses industries, — mais dans un dépassement internationaliste — la solidarité des travailleurs face au capital international. Le mouvement ouvrier dans le tiers-monde a besoin de l'alliance des forces anti-impérialistes des pays développés, afin de lutter pour une division du travail plus juste, c'est-à-dire pour une moindre concentration industrielle dans une r é g i o n donnée de la planète.

(*) *Economiste algérien.*

développés
sous - développés

Une telle concentration entrave la libération des pays du tiers-monde. Seul un mouvement ouvrier puissant peut faire évoluer dans le sens du progrès une telle situation. Or, sans industries, il ne peut y avoir de mouvement ouvrier. Si l'on veut qu'il y ait davantage de démocratie dans les pays du tiers-monde, il faut y promouvoir une certaine industrialisation. Celle-ci contribuerait également à diminuer la concentration industrielle à l'échelle mondiale, et donc à alléger la domination que subissent les pays du tiers-monde.

Or, s'il n'y a pas d'industries dans le tiers-monde, c'est que le capital international se suffit de l'exploitation des travailleurs des pays développés. Une réduction de cette exploitation oblige le capital à délocaliser ses industries. D'où la double conclusion :

— Pour que le tiers-monde puisse s'industrialiser, il faut une moindre exploitation des travailleurs des pays développés ;

— Pour que les travailleurs des pays développés ne connaissent point de chômage, il faut qu'ils réduisent l'exploitation que leur fait subir le capital (en obtenant une moindre durée du travail à l'échelle internationale).

L'industrialisation bien comprise du tiers-monde ne peut être dirigée contre les travailleurs des pays développés. Elle va dans le sens d'une libération plus grande de ces travailleurs. L'intérêt bien compris de ceux-ci n'est pas de remettre en cause l'industrialisation du tiers-monde, mais de réduire leur propre exploitation. En définitive, une plus grande libération des travailleurs des pays développés va de pair avec une industrialisation accrue du tiers-monde et, par là même, davantage de liberté dans le tiers-monde lui-même. Les intérêts de la classe ouvrière des pays développés et ceux du mouvement de libération nationale convergent.

Le Monde, 7 juillet 1979.

Les chômeurs des pays et les travailleurs des pays

par OMAR KHALDI (*)

L'EXTENSION du chômage dans les pays capitalistes provoque de plus en plus des réactions primaires contre les pays du tiers-monde. N'accuse-t-on pas ceux-ci d'être des hôtes par trop complaisants à l'égard de certaines activités industrielles (t e x t i l e, électronique, grand public, etc.) en leur offrant des bas salaires — obtenus souvent par une répression f é r o c e contre la classe ouvrière — et une fiscalité favorable — au détriment de leur budget public ?

Attirées par ces avantages, certaines industries émigrent vers le tiers-monde et provoquent du chômage dans leur pays d'origine. Le premier r é f l e x e est d'accuser les ouvriers du tiers-monde qui acceptent des bas salaires et font ainsi concurrence à leurs camarades occidentaux. Le second réflexe, plus politique, consiste à accuser la nature dictatoriale de certains régimes du tiers-monde. Le troisième, plus subtil, consiste à dire qu'un tel transfert d'industries ne fait que renforcer l'assujettissement des pays du tiers-monde et maintenir leur classe ouvrière dans une piètre condition. En un mot, ce transfert n'est positif que pour le capital qui l'opère. Voyons cela de plus près.

Le transfert d'activités industrielles vers les pays du tiers-monde est presque aussi vieux que le capitalisme lui-même. S'il n'a pas été, pendant longtemps, cause de chômage en Occident, c'est qu'il ne portait que sur des activités primaires (extraction minière notamment).

Un tel transfert était, au contraire, s o u r c e d'emplois dans les pays riches et permettait aux industries de s'y développer encore davantage. Le transfert d'activités n'est donc pas, en soi, un élément générateur de chômage.

Cependant, quand une compagnie extrait du minerai dans un pays du tiers-monde et que, au lieu de le transformer sur place, elle l'expédie vers un pays développé, elle provoque du chômage dans le pays du tiers-monde mais crée des emplois dans le pays riche.

La création d'industries d'aval représente donc du travail en plus pour les pays développés et du travail en moins pour le pays du tiers-monde dont on a extrait la matière première. C'est ainsi que, par l'utilisation des ressources du tiers-monde, le plein emploi dans les pays développés s'accompagne de sous-emploi dans les pays du tiers-monde.

La classe ouvrière des pays capitalistes ne s'est pas plainte de cet état de fait. Elle n'a pas refusé le travail créé grâce aux ressources tirées du tiers-monde. Elle n'a pas estimé qu'un tel travail n'était possible que dans un cadre impérialiste et qu'il perpétuait la domination impérialiste. De plus, la concentration des industries dans les pays développés ne pouvait que renforcer la puissance de ces pays et donc aggraver la domination qu'ils exercent sur le tiers-monde, domination qui fut la source du plein emploi dans les pays capitalistes.

Qui pose le problème du chômage de cette façon, c'est-à-dire en termes de localisation d'industries, ne peut trouver de remède positif. Il ne faut pas, en effet, se placer dans une perspective nationaliste — un pays accusant l'autre de « lui prendre » ses industries, — mais dans un dépassement internationaliste — la solidarité des travailleurs face au capital international. Le mouvement ouvrier dans le tiers-monde a besoin de l'alliance des forces anti-impérialistes des pays développés, afin de lutter pour une division du travail plus juste, c'est-à-dire pour une moindre concentration industrielle dans une r é g i o n donnée de la planète.

(*) Economiste algérien.

développés
sous - développés

05 — Une telle concentration entrave la libération des pays du tiers-monde. Seul un mouvement ouvrier puissant peut faire évoluer dans le sens du progrès une telle situation. Or, sans
10 industries, il ne peut y avoir de mouvement ouvrier. Si l'on veut qu'il y ait davantage de démocratie dans les pays du tiers-monde, il faut y promouvoir une certaine industriali-
15 sation. Celle-ci contribuerait également à diminuer la concentration industrielle à l'échelle mondiale, et donc à alléger la domination que subissent les pays du tiers-monde.

20 Or, s'il n'y a pas d'industries dans le tiers-monde, c'est que le capital international se suffit de l'exploitation des travailleurs des pays développés. Une réduction de cette
25 exploitation oblige le capital à délocaliser ses industries. D'où la double conclusion :
— Pour que le tiers-monde puisse s'industrialiser, il faut une moindre exploitation des travailleurs des pays
30 développés ;
— Pour que les travailleurs des pays développés ne connaissent point de chômage, il faut qu'ils réduisent l'exploitation que leur fait subir le
35 capital (en obtenant une moindre durée du travail à l'échelle internationale).

L'industrialisation bien comprise du tiers-monde ne peut être dirigée
40 contre les travailleurs des pays développés. Elle va dans le sens d'une libération plus grande de ces travailleurs. L'intérêt bien compris de ceux-ci n'est pas de remettre en
45 cause l'industrialisation du tiers-monde, mais de réduire leur propre exploitation. En définitive, une plus grande libération des travailleurs des pays développés va de pair avec
50 une industrialisation accrue du tiers-monde et, par là même, davantage de liberté dans le tiers-monde lui-même. Les intérêts de la classe ouvrière des pays développés et
55 ceux du mouvement de libération nationale convergent.

Le Monde, 7 juillet 1979.

notamment algériens). Car le scripteur intervient[1] sans cesse dans son discours, d'abord en donnant son avis et ses appréciations (*primaires*, ligne 4 ; *plus politique, plus subtil*, lignes 18 et 26, *entrave*, ligne 104, *seul ... puissant*, ligne 106), en développant ses arguments (*n'est donc pas*, ligne 47 ; *ne s'est pas plainte*, ligne 70, *n'a pas estimé*, ligne 74) et en mettant notamment en valeur certains de ses commentaires (*S'il ..., c'est qu'il*, lignes 38 et 40, *c'est ... que*, ligne 63 ; *s'il ..., c'est que*, lignes 119 et 120) et l'on retrouve ici la fonction discursive de certains articulateurs (oppositions, relations logiques, etc.). Il intervient ensuite en donnant la parole à d'autres (*n'accuse-t-on pas*, ligne 5 ; *Le premier réflexe, Le second..., Le troisième...*, deuxième paragraphe ; *qui pose*, ligne 85) et entretient finalement une sorte de « dialogue » avec ses lecteurs : il **« pose une question »** dans le premier paragraphe (le lecteur est-il ou non le *on* de la ligne 57), il développe, dans le deuxième paragraphe, certaines réactions « primaires » avant de **« proposer »** une analyse moins superficielle (*Voyons cela de plus près*, ligne 34), analyse qu'il arrêtera en **« redonnant la parole »** à d'autres (*Qui...*, ligne 85) – et peut-être au lecteur –, ce qui lui permet de faire ensuite, jusqu'à la fin du texte, quelques **« recommandations »**, repérables à la fréquence des modalités pragmatiques :

ne peut	(ligne 87)
Il ne faut pas...	(ligne 88)
Seul... peut	(ligne 106)
il ne peut...	(ligne 109)
Si l'on veut... il faut	(lignes 110 et 112)
Pour que... il faut...	(lignes 127 et 128)
etc.	

C'est en ce sens que Roulet, après Bakhtine, peut, semble-t-il, voir dans un discours monologal une structure dialogique (voir 2.2.3. et 2.3.1.). Disons, en tout cas, que l'argumentation de ce texte, qui rend compte finalement de sa cohérence, relèverait des approches situationnelles, pragmatiques et énonciatives, telles que nous les avons proposées en 2.2.2. Mais comprendre et produire de tels textes (qui renvoient à un domaine de spécialité[2]) requièrent une compétence de communication « maximale » (voir 1.2.3.) dans la mesure où entrent en jeu les composantes socioculturelle et référentielle (structures sémantiques et co-référentielles, intertextualité), ainsi que discursive (organisation thématique et formelle du texte) et linguistique (modèles lexicaux, articulateurs textuels, diaphores grammaticales, indices d'énonciation).

---

1. Voir le « schéma » d'organisation des deux premiers paragraphes ci-joints.

2. Pour les domaines de spécialité, voir WIDDOWSON 78 et VIGNER 80 (tous deux s'intéressent plutôt à l'écrit).

Occident	(Relations)	Tiers-Monde	Ce qu'on dit	Ce que « je » dis
Les chômeurs des pays développés	et	les travailleurs des pays sous-développés		
L'extension du chômage dans les pays capitalistes	provoquent des réactions contre	les pays du tiers-monde		primaires
certaines activités industrielles	à l'égard de	ceux-ci (d'être) des hôtes	N'accuse-t-on pas par trop complaisants	
(leur)	en ... offrant	{ des bas salaires une fiscalité favorable		(obtenus ... par une répression féroce...)
		↑ leur budget public ?	au détriment de	
Attirées par certaines industries	émigrent vers	ces avantages		
du chômage dans leurs pays d'origine	provoquent	le tiers-monde		
			Le premier réflexe est d'accuser	
à ... camarades occidentaux etc.	font concurrence	les ouvriers du tiers-monde qui... (leurs)		

CELA

Voyons...
de plus près

2.3.3.2. De l'écrit « illocutoire » à l'écrit « interactionnel »

Tout texte écrit est donc, à l'image de l'oral, le résultat d'un dialogue entre scripteur(s) et lecteur(s) et s'inscrit dans un schéma situationnel comparable à celui que j'ai proposé pour l'oral en 2.2.2.2. car si, à première vue, la majorité des discours écrits semblent être des monologues, on ne peut douter de la présence virtuelle du lecteur lors de l'écriture du texte qui lui est destiné (paramètre dont il faut tenir compte lors d'un entraînement à la production). Ainsi l'approche pragmatique, qui rend compte des fonctions illocutoires des textes, convient également à l'analyse de l'écrit, qu'il s'agisse de textes spécialisés (articles de revue, rapports de recherche, ouvrages scientifiques) ou de tracts, consignes de jeux, etc.

a) Le tract ci-joint illustre parfaitement la nature de ces écrits éphémères, produits pour être lus dans l'instant (d'où l'imprécision sur la date) mais produits pour faire agir, réagir les autres.

IMPLICATIONS DE LA THÉORIE

Ma vie James

ÇA ENTRETIENT LA FORME...

ÇA N'ENCOMBRE PAS

cycle

Mais ça rapporte

ou alors des patins à roulettes, ou une ceinture anti-gravité
ou un poney ou vos jambes, en tout cas...

— IMPOSONS —

L'INTERDICTION DE LA CIRCULATION AUTOMOBILE
DANS PARIS.

LE DÉVELOPPEMENT DE TRANSPORTS EN
COMMUN NON POLLUANTS.

LA MISE A LA DISPOSITION DES PARISIENS
D'UN MILLION DE VÉLOS GRATUITS COMMUNAUTAIRES.

Citadins névrosés, habitants pollués,
dormeurs assourdis, autophobes isolés,
changeurs de vie, révolutionnaires
Cyclistes !

— TOUS

PARTICIPEZ A LA

MANIF
à vélo !

Si vous n'avez pas de vélo, louez
en un, empruntez celui d'un ami, venez !

SAMEDI 22 AVRIL

PORTE DAUPHINE, PARIS

R.V à 13h30

A TRAVERS PARIS JUSQU'A VINCENNES

Police

es quai Voltaire Paris 7ème

Imp.spéciale
LES AMIS
DE LA TERRE
Supplément et le Bohème

Ainsi les fonctions de ce tract apparaissent à la seule lecture des « titres » en majuscules grasses et concourent, pour les deux premiers, à **justifier** l'appel à la manifestation (*Tous → Participez*) et l'injonction (*Imposons*) :

BAGNOLES, RAS-LE-BOL ! →	« dénoncer la voiture »
PRENEZ UN VÉLO, PRENEZ LE TEMPS →	« donner des conseils »
IMPOSONS... PARTICIPEZ →	« incitations »

Les thèmes des deux justifications qui préparent les « incitations » sont argumentés par le texte et renforcés par l'iconique :

– Les villes... encore, des bagnoles, encore ! Nous, on dit merde !	« description » (avec modalités appréciatives) « refus » de la situation décrite (avec marques de personnes)
– (... Un vélo...) Ça... C'est... etc.	(Thème) ↓ commentaire sur les « avantages »

Mais si la lecture des titres en gras suffit à comprendre les fonctions illocutoires de ce tract, le « paratexte » et les « jeux formels » sur le message incitent à lire, en situation naturelle, plus en détail, pour son seul plaisir (en raison de la fonction poétique des deux premiers « titres » ?) alors qu'en situation scolaire, les fonctions illocutoires du tract n'ont pas de raison d'être (la « manif » a sûrement eu lieu bien avant !) et seul le thème écologiste et la forme poétique du discours inciteront l'enseignant à l'utiliser dans un cours. Pourtant, comprendre les fonctions illocutoires d'un tract et repérer les conditions de sa production ne sont pas des activités gratuites : possibilités de transférer cet acquis dans des situations naturelles de production/consommation de tracts ; possibilités de transfert à d'autres écrits (plus « argumentatifs », comme les annonces publicitaires de la presse orale ou écrite, ou plus « prescriptifs », comme le discours de consignes) des capacités d'identification des indices textuels rendant compte de leur valeur illocutoire (compétences linguistique et discursive). Ce repérage des marques d'illocution amène à distinguer des types de textes et, plus souvent, à différencier dans un texte des sous-

ensembles verbaux correspondant à différentes fonctions :
descriptive, argumentative, narrative, prescriptive[1]... (ce qui
implique une relation entre cohésion et cohérence – voir
2.3.3.1).

b) Ainsi l'approche pragmatique n'est pas réservée à l'oral
et aux débutants, comme l'ont cru parfois les lecteurs de *Un
Niveau Seuil* (voir 1.2.), de même que l'approche textuelle
n'est pas réservée à l'écrit et aux niveaux avancés, ce que
pourrait laisser croire Coste (80) dans un schéma où il
oppose la pragmatique de la parole à l'analyse de discours.
Les discours de consignes s'accommodent fort bien de cette
approche rendant compte des fonctions illocutoires des
textes : il est facile d'en trouver de nombreux exemples
(modes d'emploi de médicaments, de produits alimentaires,
de maquettes et d'objets manufacturés...) ; il est intéressant
par ailleurs de comparer ces écrits à leur oralisation (en face
à face ou au téléphone) et, pour les recettes de cuisine, de
mettre en parallèle celles qui sont expliquées à la télévision et
à la radio (il faut laisser à l'auditeur le temps de noter les
ingrédients à acheter et les quantités, les ustensiles à utiliser,
enfin les opérations à réaliser et l'ordre de leur déroulement)
et celles qui sont rédigées dans les livres ou les journaux où le
discours s'organise « textuellement »[2] (référence des éléments
renvoyant aux ustensiles et aux ingrédients, articulation de
ces deux sous-ensembles avec les verbes des opérations et les
formes de prescription, ponctuation rendant compte du
déroulement, présence de connecteurs, etc.)

---

1. Par exemple, les textes de médecine portant sur des maladies particulières *décrivent* les symptômes, *expliquent* les causes, *prescrivent* une thérapeuti-
que. (La distinction entre textes narratif, descriptif, expositif, prescriptif,
argumentatif est due à WERLICH).

2. Voir dans les deux textes de recettes ci-après les éléments soulignés :
diaphores et articulateurs notamment. A l'oral, remarquer la longueur des
pauses et l'emploi du *vous*, pas de l'impératif.

RECETTES DE CUISINE

A ── PUDDING AUX FRAMBOISES (recette anglaise) ──

- *1/2 l de lait*
  de la poudre custard (voir recette p. 125)
  1 boîte de framboises au jus (ou 1 paquet de surgelé)
  1 dizaine de madeleines
  sucre fin.
- *2 casseroles*
  1 plat
  1 cuillère en bois.

Préparez la crème à la vanille avec la poudre custard, selon les directives qui vous sont données à la p. 125. Avant que la crème ne soit épaissie, retirez-la du feu (laissez-la dans la casserole de cuisson) ; saupoudrez-la d'un peu de sucre fin pour éviter la formation d'une pellicule à la surface.

Dans l'autre casserole, faites chauffer le jus des framboises (le feu doit être doux) pendant quelques minutes. Mettez les madeleines dans le fond du plat, versez le jus par-dessus, ensuite les framboises, et la crème pour terminer. Laissez refroidir.

Avant de présenter ce plat, vous pouvez, si cela vous amuse, décorer le dessus de la crème avec quelques framboises (en tenir en réserve dans ce cas) ou d'autres petits morceaux de fruits.

B ── ŒUFS A LA NEIGE ──

Mettez dans une casserole 10 jaunes d'œufs avec 200 g de sucre en poudre, une gousse de vanille et mouillez peu à peu avec un litre de lait chaud ; tournez sur feu doux avec une cuiller en bois. – Lorsque en sortant la cuiller elle reste nappée, c'est-à-dire qu'on n'aperçoit plus le bois, la crème est suffisamment cuite, elle ne doit pas bouilir. Passez-la dans une terrine et remuez de temps en temps avec une cuiller pour empêcher qu'il ne se forme une peau au-dessus.

D'autre part, mettez les dix blancs dans une bassine, montez-les en neige et sucrez-les quand ils sont bien fermes, avec 300 g de sucre en poudre ; mélangez doucement, puis prenez de cet appareil avec une cuiller à bouche ou autre et laissez-le tomber dans du lait en ébullition, légèrement sucré et vanillé ; l'ébullition doit être à peine sensible. Retournez les œufs pour qu'ils cuisent de chaque côté et déposez-les ensuite sur un tamis recouvert d'une serviette.

c) Les « petits billets » qu'on laisse sur la porte de son voisin ou qu'on envoie à un ami, un parent pour proposer un service, une rencontre, une sortie sont très proches de l'implicite des échanges oraux en face à face ou au téléphone entre interlocuteurs qui se connaissent bien. Ils ont l'avantage d'être courts, faciles à analyser ; si on les utilise en compréhension, ils présentent l'intérêt d'entraîner les apprenants à lire les écritures manuscrites en langue étrangère ; si on les fait produire (voir Moirand 79 b), on peut facilement les évaluer en combinant une approche situationnelle à une approche pragmatique (voir 2.2.2.2. et 2.2.2.4.).

A.

Le 12 septembre

Chère Madame, cher Monsieur

Des ramoneurs viennent faire nos cheminées demain "dans la matinée".
Si cela vous intéresse pour (la)(les) vôtre(s), mettez un petit mot dans notre boîte.

Cordialement.

B.

Chère Michèle

C'est vrai qu'on ne se voit plus ...
Bonne année (prétexte). On pourrait se casser une graine, un midi quelconque, histoire de ...?

Amicalement à toi
Claudine

Chacun constitue en soi **une intervention** avec souvent des actes préparatoires à **un acte directeur** de demande, de proposition, de conseil (information → proposition dans A ; constatation[1] + souhait + justification → proposition dans B). Il semble donc que l'on puisse s'inspirer ici de l'approche conversationnelle (2.2.2.3.) et prendre en compte le caractère interactionnel de ces écrits, comme de toute la communication épistolaire, qu'elle soit familiale, amicale, fonctionnelle ou, comme nous allons le voir, commerciale.

---

1. Hors contexte, on ne peut savoir si B répond à un billet de Michèle ou si B a dialogué avec lui-même et enchaîne sur *C'est vrai*.

VILLE ET SPORT

10, rue Serpenoise - 57000 METZ

Tél. : (87) 68.3☐

C. C. P. Nancy 6853☐

R. C. S. Metz A 343 21☐

ETABLISSEMENTS FOLLINGER
10, mail des Charmilles

10000 TROYES

VOS RÉF. :
AM.RV 58
NOS RÉF. :
JL.AB 103
OBJET. :
N/Commande n° 35
P. J. :

Metz,
ʟ 12 février 19..

Messieurs,

Nous nous permettons de vous rappeler que, malgré votre accusé de réception de commande nous confirmant la date de livraison à fin janvier et notre communicat☐ téléphonique du 5 février au cours de laquelle vous nous promettiez une expédit☐ immédiate, les articles faisant l'objet de notre commande n° 35 du 5 janvier n☐ nous sont pas encore parvenus.

Ces articles, et notamment les imperméables pour femmes, nous font défaut depui☐ plusieurs jours déjà et, en raison de la proximité des congés de février et de Pâques, tout retard supplémentaire nous causerait un préjudice important.

C'est pourquoi nous vous demandons de faire le nécessaire pour que nous soyons possession des articles commandés dans les plus brefs délais.

Agréez, Messieurs, nos salutations distinguées.

Le Directeur,

J. LYON.

LETTRE A

O. Girault, *Correspondance commerciale* 1, Foucher.

Destinataire : *Ville et Sport*

Adresse : *10, rue Serpenoise*

Code postal | 5 | 7 | 0 | 0 | 0 | Ville : *METZ*

DIRECTIVES POUR LA RÉDACTION	DIRECTIVES POUR LA PRÉSENTATION
A viser de l'expédition ce jour régime express, francs de port	Présentation habituelle ☒
	Nombre d'exemplaires ☐

Envoi ordinaire ☒	recommandé ☐	exprès ☐
	recommandé avec AR ☐	avion ☐

Demandeur : *A. Marion, directeur des ventes* Correspondancier :

FICHE COURRIER A'

d) La correspondance commerciale s'inscrit dans une situation de communication de type « transactionnel », c'est-à-dire autour d'**objets de transaction**. Ainsi les éléments verbaux sont-ils choisis et ordonnés dans ce discours en fonction des relations existant entre les (co)énonciateurs de cette communication et en fonction de l'organisation du domaine auquel ils réfèrent, **les échanges commerciaux**.

Il s'agit donc d'un discours à caractère « **interactionnel** » où l'on cherche toujours à agir sur l'autre (en réagissant ou en le faisant réagir) : *on demande quelque chose, on demande de faire quelque chose, on propose, on accepte, on refuse, on fait une contre-proposition, on rappelle, on avertit, on menace*, etc., ce qui ressemble, par certains côtés, aux échanges téléphoniques analysés en 2.2.2. Mais une lettre n'existe pas en dehors du contexte relationnel à l'origine de sa production : ainsi chaque lettre est constituée d'**interventions** (avec souvent *un. acte directeur* à fonction illocutoire) à l'intérieur d'**échanges verbaux** s'inscrivant chronologiquement dans une **situation de communication** rendant compte d'échanges commerciaux (s'étalant dans le temps) autour d'objets de transaction. Le texte de la lettre A donne un aperçu des échanges antérieurs entre un fournisseur (*Follinger*) et le client-scripteur (*Ville et Sport*). On peut reconstituer à travers ce texte et la fiche-courrier A' la chronologie des communications :

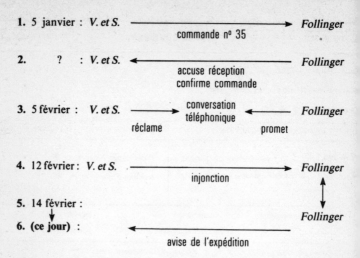

1. 5 janvier : *V. et S.* ——————————→ *Follinger*
   commande n° 35

2. ? : *V. et S.* ←—————————— *Follinger*
   accuse réception
   confirme commande

3. 5 février : *V. et S.* ——→ conversation ←—— *Follinger*
   réclame   téléphonique   promet

4. 12 février : *V. et S.* ——————————→ *Follinger*
   injonction

5. 14 février :   *Follinger*

6. (ce jour) : ←——————————
   avise de l'expédition

L'ensemble des interventions 1, 2, 3, 4, 5, 6 renvoie à la macro-unité interactionnelle (la situation de communication avec ses étapes chronologiques) : 1, 2, 4, et 6 sont des communications épistolaires dépendant des relations externes des entreprises, 3 une communication téléphonique (interactionnelle), 5 une communication écrite interne à l'entreprise (fiche courrier, qui pourrait être écrite dans une autre langue si *Follinger* n'était pas une entreprise française et s'il s'agissait d'échanges internationaux).

L'acte directeur principal de l'intervention 4 (lettre A) est une « **injonction** » dont la force est accentuée par l'emploi du performatif (*nous vous demandons de...*) et par le segment adverbial (*dans les plus brefs délais*). Cette injonction est connectée à ce qui précède (actes préparatoires) par l'articulateur *c'est pourquoi*. Le premier paragraphe est une « **information** », « préparée » pour lui donner plus de poids par un **rappel** (performatif), accompagné d'un **reproche** (*malgré...*), de tous les échanges antérieurs entre les deux entreprises (1, 2, 3). Ces actes « préparent » l'injonction finale et le deuxième paragraphe, lié au précédent par l'anaphore *ces articles*, se veut explicatif et justificatif (fonctions interactives) de la sécheresse de la requête.

La lettre B est déjà parvenue à son destinataire, ce que confirme la note manuscrite du fournisseur en bas de page (si l'entreprise n'était pas francophone, elle serait rédigée sans doute dans une autre langue que le français). On pourrait proposer pour cette lettre la même structure d'analyse que pour une conversation (voir 2.2.2.3.) en **Ouverture** (le premier paragraphe), **Développement** (les paragraphes 2, 3, et 4) et **Fermeture** (ici les deux derniers paragraphes). Dans l'ouverture, l'acte directeur est une **information**, accompagnée d'un

Téléphone : (38) 87-49-16

C.C.P. La Source 546008

R. C. S. Orléans B 543 603 821

Route de Saint-Mesmin — 45100 ORLÉANS   Société anonyme au capital de 800 000 F

•

TISSUS ROLLAND
1, rue du Blanc-Sceau

59100 ROUBAIX

•   •

RÉF. :

RÉF. :   Orléans,
BC 150   le ___20 février 19..___
T. :
ivraison n° 83

:

sieurs,

10 pièces de tissu correspondant à notre commande n° 48 du 24 janvier nous
été livrées hier.

rocédant à la vérification, nous avons constaté que l'une d'elles présente
défauts de tissage ; difficilement décelables de près, les irrégularités sont
s apparentes à quelques mètres de distance.

tissu étant destiné à la confection de robes qui seront vendues sous une griffe
utée, l'utilisation d'une pièce comportant des imperfections, d'une part exigerait
attention particulière lors de la coupe, d'autre part entraînerait des pertes
tissu.

conséquence, nous vous prions de nous faire parvenir une pièce de remplacement
rge bleu ardoise, référence S 170) et de nous donner vos instructions pour le
voi de la pièce défectueuse.

lancement de la fabrication devant avoir lieu le 2 mars, nous comptons sur une
édition immédiate.

llez agréer, Messieurs, nos salutations distinguées.

Le Directeur,

Hérault

R. HERAULT.

*21
oposer un
labou
L. Rolland*

LETTRE B

O. Girault, *Correspondance commerciale* 1, Foucher.

APPROCHE DE L'ÉCRIT   155

rappel de l'objet de transaction (*les 10 pièces de tissu*), objet qui assure au texte sa cohésion (*l'une d'elles, ce tissu, la pièce défectueuse...*). La fermeture est une « **requête** » qui reprend celle du développement (*nous comptons sur...*) mais dont la force paraît plus grande en raison de la modalité *immédiate*, et qui est précédée d'une information justificative (fonction interactive). Le développement, dont l'acte directeur est une « **double requête** » (*nous vous prions de... et de...*), est connecté à ce qui précède (les informations et les précisions « préparant » la requête) par l'articulateur *En conséquence.*

Nous pourrions continuer l'analyse sur un « mini-corpus » de lettres commerciales et faire ensuite l'inventaire des unités minimales de communication (les actes de parole) dans une perspective pragmatique (voir 2.2.2.4.), puis rechercher pour chacune d'elles les différentes formulations possibles dans le domaine de la correspondance commerciale ainsi que **les modalités** permettant de renforcer **la force illocutoire de l'acte**. La note manuscrite en bas de page, dont la fonction est de donner une consigne pour la réponse, montre que la lettre a été lue, mais la requête refusée (« *Proposer un rabais* »). Le/la secrétaire chargé(e) de rédiger la lettre devra trouver une formulation pour exprimer cette contre-proposition et la préparer (sans ouvertement refuser la requête du client, sans lui faire sentir que ses intentions n'ont pas eu d'effet). En situation de production, le rédacteur d'une lettre commerciale doit savoir sélectionner les formulations les plus appropriées à l'intention qu'il veut faire passer, et en sachant choisir la force qu'il veut lui donner (il y a des degrés de la « *suggestion* » à « *l'injonction* »), ce qui sera facilité dans un cours de langue étrangère par la constitution d'un inventaire personnel réalisé lors d'exercices d'appropriation (voir 2.2.3.). Mais il faudrait d'abord apprendre à interpréter, lors de la lecture d'une lettre commerciale, l'intention de celui qui écrit, ainsi que la force illocutionnaire de ses actes, et savoir transmettre cette information, en langue étrangère ou en langue maternelle, par une note écrite, à l'oral en face à face ou au téléphone, à des tierces personnes concernées par son contenu. Ce qui sera pris en compte lors de l'élaboration des programmes (voir 2.4.) et dans les pratiques pédagogiques proposées dans un cours de langue commerciale.

2.3.4. Des stratégies d'enseignement pour l'écrit

Partant de l'hypothèse qu'on ne peut écrire dans une langue dont on n'a jamais vu d'écrits, il semble logique d'aborder l'écrit par la lecture de textes (2.3.2.), tous les textes, de préférence authentiques (le recueil des matériaux s'avère là plus aisé que pour l'oral). Plusieurs arguments convergent pour étayer ce postulat : le premier découle de l'analyse des rapports à l'écrit que l'on entretient en langue maternelle et en langue étrangère (2.3.1.) ; le second du fait que, une fois le cours terminé, souvent seul l'écrit permet à l'apprenant de garder un contact avec la langue qu'il a apprise ; le troisième est fourni par le « modèle » d'interprétation proposé (2.3.2.) car si les stratégies individuelles varient en fonction du projet, du texte et du lecteur, il faudra faire varier dans un cours les textes et les projets pour que les différentes composantes de la communication soient tour à tour et simultanément mobilisées et que des stratégies de compréhension puissent s'exercer. On distingue en effet divers types de lecture, la lecture silencieuse qu'on oppose à la lecture à voix haute, la lecture sélective, la lecture intégrale... En fait, il s'agit de stratégies découlant d'objectifs particuliers. Par exemple, la lecture qui consiste à oraliser des textes écrits est une activité spécifique de certaines professions : le porte-parole de l'Elysée lit un texte face aux journalistes présents ; l'enseignant oralise le texte des dictées ; certains présentateurs de radio (et même de télévision) lisent un texte préparé ; l'étudiant qui prépare un examen lit à haute voix dans le seul but de mémoriser (et ne communique pas !). Dans tous les cas cités, l'objectif de ces lectures n'est jamais **la compréhension** ; il ne s'agit pas exactement de compréhension non plus quand la lecture silencieuse devient linéaire pour corriger des épreuves d'imprimerie ou dépouiller un texte dans une perspective de recherche. Mais la lecture silencieuse (la lecture « adulte »), qui n'a pas besoin de déchiffrer pour comprendre, pourra être soit intégrale soit sélective selon qu'on lit pour suivre une argumentation, une intrigue policière, un récit ou selon qu'on recherche une définition ou une information précise.

Le rôle de l'enseignant intervient alors non seulement dans la sélection des textes (car il faut diversifier les genres[1] et les types[1] de textes) mais aussi dans le choix des objectifs de lecture. S'il est facile, en effet, avec des publics très spécialisés, de partir de leurs propres objectifs (et parfois des textes qu'ils apportent) pour leur faire formuler **un projet de lecture**

---

1. J'entends par *genres* de textes : tracts, articles de presse, nouvelles policières, romans, enseignes, etc.
    J'entends par *types* de textes : « déictique », argumentatif, narratif, descriptif, prescriptif, etc.

dont vont découler des stratégies de compréhension spécifiques (Lehmann et Moirand 80), cette solution paraît assez utopique avec des publics scolaires... et avec la majorité des publics adultes des universités et des écoles de langue. Le choix des objectifs, comme celui des textes, revient alors à l'enseignant si l'on veut tenir compte des besoins, attitudes, habitudes, motivations, représentations des apprenants (voir 2.1.2.). Plutôt que de sélectionner des textes par thème (ce qui risque d'occulter certains types d'objectifs), on pourrait alors prévoir **une répartition d'objectifs différenciés** qui conditionnerait un choix de textes et, par suite, des stratégies diversifiées (Moirand 82, Cicurel 82c). Ainsi, par exemple, *lire pour rêver* (objectif de plaisir) entraîne à choisir des chansons, des bandes dessinées, des histoires policières, des romans... ; *lire pour rire*, des nouvelles humoristiques, des horoscopes, des graffiti ; *lire pour « faire »*, des prospectus, des programmes de radio-télévision (Lehmann 81) ou des consignes de jeux, des recettes, des modes d'emploi ; *lire pour « savoir »* (objectif d'information), des textes factuels ou des textes d'opinion dans les journaux ; *lire pour écrire*, des questionnaires d'enquête, des lettres, des jeux-concours, etc. Mais introduire un texte et un objectif dans la classe ne suffit pas si les apprenants n'apprennent pas à formuler eux-mêmes des projets et à développer leurs stratégies de communication à l'écrit.

La stratégie diffusée sous le nom d'**approche globale** n'est pas une stratégie d'apprentissage. Il s'agit d'une stratégie d'enseignement découlant d'un objectif didactique : n'ayant pas choisi en général le texte à lire, l'apprenant peut avoir une idée « globale » sur le contenu, sans le déchiffrer terme par terme, en balayant simplement l'aire de la page (Peytard 75) à la recherche d'indices significatifs, iconiques, formels et sémantiques (Moirand 79b, Lehmann et autres 80). Cette approche doit favoriser une prise de décision : le texte vaut-il la peine d'être lu, intégralement ou en diagonale, ou en sélectionnant certains passages ? C'est en effet une spécificité (et un avantage) de l'écrit sur l'oral de pouvoir ainsi « violer » l'ordre du texte, l'ordre choisi par le scripteur (voir mon avant-propos...). Cette stratégie permet à l'apprenant de formuler **un projet de lecture** à court terme et de développer ensuite des stratégies appropriées au texte et au projet. **Les pratiques de repérage** sont des stratégies d'exploration des textes, qui diffèrent de celles proposées pour l'oral puisqu'elles peuvent opérer de manière linéaire, non linéaire, circulaire, avec des sauts en avant et des retours en arrière. Elles interviennent lors de l'approche globale pour favoriser les premières hypothèses sur le contenu du texte et les premières prévisions sur la forme. Elles interviennent ensuite au fur et à mesure qu'on avance dans le texte lors des identifications, anticipations et vérifications, les trois opérations à la base du processus de lecture (2.3.2). Les repères principaux renvoient aux éléments dégagés par les analyses proposées (en 2.3.3.) : il existe **des indices iconiques** (typographie, mise en page, dessins, photos)[1], **des indices formels** (diaphores grammaticales et connecteurs rendant compte de la cohésion du texte), **des indices sémantiques** (renvoyant aux notions générales et spécifiques ainsi qu'à l'organisation du domaine de référence), **des indices énonciatifs** (illustrant les rapports entretenus par le scripteur avec son énoncé – opérations discursives, modalités logiques et appréciatives – et avec ses lecteurs – modalités pragmatiques). L'iconique renvoie aux compétences discursive et socioculturelle ; le formel aux compétences linguistique et discursive, etc. (voir 1.1.3. et 2.3.2.). En ce sens, on peut également parler d'« approche globale » car, si les consignes sont données une par une, par souci d'efficacité méthodologique (on ne peut tout faire à la fois : on effectue chaque type de repérage l'un après l'autre), il est facile de demander ensuite aux apprenants, réunis en sous-groupes, de reconstituer le texte dans **une grille de lecture**[2] (à dicter au professeur, à compléter ou à élaborer) avant de le relire linéairement. Pour l'article ci-après, si les consignes données sont simples (*Olivier de Kersauson...* et *Kriter IV* sont des mots-pistes à partir desquels on repère les éléments qui y renvoient ; les marques de temps forment un autre réseau autour duquel s'organise le récit ; reste ensuite à repérer les relations entre ces différents éléments, *l'équipage du trimaran, le trimaran, le cargo*), elles n'en font pas moins appel à des opérations cognitives complexes : elles s'appuient pour le repérage des relations sur « l'expérience » des apprenants (compétence référentielle), pour celui du réseau temporel sur la connaissance de notions générales, pour celui des réseaux lexicaux sur la connaissance de notions spécifiques et pour le repérage des relations co-référentielles (*bateau* renvoie à *trimaran* et non à *cargo* dans ce texte) sur leurs connaissances grammaticales et lexicales (compétence linguistique). Mais si, dans les débuts du cours, on essaie de s'appuyer sur les compétences socioculturelle et référentielle acquises par les apprenants en langue maternelle afin de développer leur compétence linguistique, il faudra vite, dès que leurs stratégies de communication seront transférables (l'approche globale et les pratiques de repérage cherchent à les y aider) et leurs capacités d'inférence bien mobilisées, leur proposer des textes où le référentiel et le socioculturel leur apportent *des plaisirs* ou *des informations nouvelles*, tout en favorisant le transfert de leur compétence discursive (habitudes de lire des textes de même type et de même genre : articles de presse, interviews de chanteurs, feuilletons, nouvelles policières, romans d'anticipation, etc.) puis, plus tard, le développement de cette

---

1. Pour sensibiliser à l'iconique, on peut distribuer des journaux de langues inconnues (y compris de graphies différentes) et faire rechercher certaines rubriques par simple identification visuelle (météo, petites annonces, résultats sportifs) et voir, si les langues sont proches, les mots que l'on décode et les inférences que l'on peut faire.

2. Voir MOIRAND 80.

VOILE

ÉCHEC DE LA TENTATIVE D'OLIVIER DE KERSAUSON APRÈS LE NAUFRAGE DE « KRITER-IV »

1 Olivier de Kersauson et ses quatre équipiers ont échoué dans leur tentative de battre le record de la traversée de l'Atlantique
5 nord à la voile (*le Monde* daté 8-9 avril). Leur trimaran, *Kriter-IV*, a coulé, dimanche 15 avril, en fin de matinée, peu après qu'ils eurent été recueillis
10 par le cargo suédois *Atlantic-Song*.

La veille, le trimaran avait perdu l'usage de son flotteur bâbord, ouvert par une lame dans
15 la tempête avec des vents de force 9 et des creux de 6 mètres. Les cinq Français avaient alors lancé un appel radio. Moins d'une heure plus tard, l'*Atlantic-Song*
20 était en mesure de leur porter assistance en recueillant dans un premier temps les quatre équipiers d'Olivier de Kersauson. Celui-ci dut renoncer quelques
25 heures plus tard lorsque le flotteur endommagé se rompit et déséquilibra le bateau.

Le Monde, 17 avril 1979.

compétence en langue étrangère (à travers des textes de type et de genre différents et où le référentiel et le socioculturel ne sont pas non plus familiers).

Car diversifier au maximum les genres et les types de textes permet une plus large « exposition » à la langue étrangère ; diversifier les objectifs permet de mieux « saisir » et par suite

GRILLE DE LECTURE

Quand	L'équipage	Le cargo	Le trimaran	Les « actions »
La veille			le trimaran son flotteur	avait perdu l'usage de
alors	les cinq Français			avaient lancé un appel radio
Moins d'une heure plus tard		l'Atlantic-Song		était en mesure de
	(leur)		←——	porter assistance
dans un premier temps	les quatre équipiers d'Olivier de Kersauson ↓		←——	en recueillant
quelques heures plus tard	Celui-ci			dut renoncer
lorsque			le flotteur... le bateau ←——	se rompit et déséquilibra
dimanche 15 avril	Olivier de K. et ses quatre co-équipiers ↓ Leur ↓ ils	...	trimaran, Kriter IV	ont échoué a coulé
peu après qu'		le cargo suédois, Atlantic-Song		eurent été recueillis par
après	Olivier de K.		« Kriter IV » ←——	Échec de la tentative d' le naufrage de

mieux « s'approprier » les modèles discursifs de la langue qu'on apprend (voir 2.1.4.). Ce qui favorise à plus ou moins long terme le passage à une production écrite en langue étrangère (à condition de ne pas faire en classe des grilles de lecture dans le seul objectif de construire une grille...) et donc de proposer des activités communicatives appropriées au(x) projet(s) de lecture et d'écriture.

Ce que j'ai développé sur les difficultés de la « pédagogisation » et donc du passage de l'analyse des textes oraux aux pratiques pédagogiques (en 2.2.3.) demeure bien entendu valable pour l'écrit. De plus, toutes les activités proposées pour l'oral sont transposables dans l'ordre scriptural, moyennant certains ajustements : par exemple, *les activités de « prise de conscience »* pour que l'écrit soit ressenti comme un canal communicatif et non une activité scolaire (écrire pour l'enseignant, écrire pour l'examen, lire pour apprendre à lire) ; *les activités d'observation et d'appropriation*[1] (lecture de documents) pour repérer les éléments formels de cohésion, les marqueurs d'illocution, les indices d'énonciation et « fabriquer » ses propres inventaires de notions, de fonctions et d'actes (avec leurs formulations à l'écrit) ; *les activités de simulation*, pour fixer un projet à la lecture et un objectif à l'écriture (savoir pour quoi on lit et pour quoi faire, pour qui on écrit, raconte ou résume) et, en compréhension, pour développer des stratégies adéquates au projet ou, en production, sélectionner les formes et le ton en fonction des paramètres situationnels choisis ; *les activités de créativité* pour apprendre à jouer avec le langage, pour s'amuser à écrire ; enfin *les activités d'évaluation* pour juger du degré de réalisation du projet initial et surtout pour ordonner chronologiquement tout au long du cours la répartition entre ces différentes activités.

Certaines de ces activités s'accommoderont mieux, pour l'écrit, d'un travail en commun dirigé par l'enseignant (prise de conscience du poids socioculturel qui pèse sur l'écrit) ; d'autres de travaux en sous-groupes (repérages sur un texte, élaboration de « grilles de lecture », rédaction de légendes sous des photos ou de textes pour les romans-photos, récits à inventer) ; d'autres enfin d'un travail autonome, par exemple lire des textes avec une fiche-consigne, avec une grille préparée à l'avance par l'enseignant ou prévue dans le matériel (Lehmann et autres 80). Par ailleurs, certains types d'écrits s'accommoderont mieux de certaines activités : les textes de presse sont faits pour être lus en sous-groupes ou individuellement (activités d'observation, d'appropriation) ; alors que la simulation s'impose pour l'écriture journalistique (activité non authentique mais « valorisante » en raison du prestige du métier de journaliste) ; cette activité peut également emprunter aux méthodes actives s'il s'agit de fabriquer un journal écrit (ou parlé)[2], par exemple en y intégrant des enquêtes par questionnaires « auto-administratifs » : ce qui entraîne les membres de l'équipe de rédaction à des échanges

---

1. Utiliser une « grille » de décodage fait partie d'activités d'appropriation.
2. Qu'il soit parlé ou écrit, un journal peut se diffuser sans problèmes dans un pays francophone et s'échanger d'un pays à l'autre, ou d'une école à l'autre (sous forme de cassettes pour l'oral).

IMPLICATIONS DE LA THÉORIE

verbaux « authentiques » (fonctions interactives et illocutoires) pour mener à bien la tâche qui leur est confiée (voir 2.1.4. et Couédel 81). Enfin, la communication épistolaire, qui relève autant de la production que de la compréhension, ressemble par son caractère interactionnel (voir 2.3.3.2.) aux échanges des conversations orales en face à face et on peut donc l'aborder à travers toute la série des activités proposées : « prise de conscience », observation sur mini-corpus, appropriation, simulation, sans oublier les exercices de créativité, faciles ici à imaginer (Renouard dans Weiss 82). La lecture des modes d'emploi s'accommode bien d'une évaluation immédiate : lire des consignes d'un jeu inconnu et vérifier qu'on peut y jouer ; lire une recette... et la réaliser (!) ; lire les indications de montage d'une maquette et arriver à la construire (dans le même ordre d'idées, on utilise le mime pour s'assurer de la compréhension d'un récit, d'un fait divers ou d'une courte histoire policière). A cette lecture peuvent succéder ensuite des productions en sous-groupes – chacun écrivant des consignes pour les autres (jeu qu'on invente, objets à faire en papier, dessin à réaliser, etc.) puis s'échangeant leurs écrits afin de tester leur compréhension – et bien entendu des productions orales : de l'observation des discours entre une recette écrite dans un journal, une recette donnée à la radio (et une recette visualisée à la télévision, si on le peut), on passe ensuite à des échanges simulés de recettes qu'on indique au téléphone à un copain ou qu'on explique oralement à une copine, etc.

Car apprendre à communiquer à l'écrit, on le sent à l'exposé des pratiques pédagogiques, suppose en premier lieu, si l'apprentissage n'est pas complètement autonomisé, que l'on parle dans la classe, et qu'on cherche à briser le schéma classique des échanges professeur/élèves, lors de travaux de groupes ou grâce à l'utilisation de méthodes actives. En effet, en dehors de quelques situations d'enseignement très particulières, la plupart des apprenants (et le cadre théorique de l'enseignement de la communication – voir ma première partie – semble leur donner raison : communiquer est un processus « global ») trouvent vite artificiel et démotivant d'apprendre l'écrit d'une langue étrangère en communiquant dans la classe en langue maternelle[1]. En deuxième lieu, il suffit de réfléchir à n'importe quel programme « communicatif » pour se rendre compte, si on se soucie d'authenticité, du passage incessant, dans la vie quotidienne, de l'oral à l'écrit (et vice versa) et de la compréhension à la production (et inversement).

Or, si on analyse la communication dans une classe de langue étrangère (y compris dans les cours qui portent exclu-

---

1. Ce n'est pas une raison pour interdire tout recours à la langue maternelle, bien entendu (voir 2.2.3.).

sivement sur la compréhension de l'écrit), on s'aperçoit d'un mouvement dialectique identique entre l'écrit ou l'oral. Plutôt que de vouloir remettre en question cette communication scolaire, mieux vaut sans doute s'en servir pour favoriser en classe des activités communicatives en langue étrangère. Je ne donnerai ici que quelques exemples qui me paraissent particulièrement significatifs :

– Faire faire des hypothèses aux apprenants à partir des titres, dessins, photos d'un article de journal est un exercice classique. Pratiqué « magistralement » (comme le propose Moirand 79b), il donne lieu au discours typique de la classe de langue (voir p. 38 et p. 58). Répartir les apprenants en sous-groupes dont certains n'ont que les titres et les images et d'autres les textes (sans les titres et les images) permet aux premiers de faire des hypothèses sur le contenu de l'article et aux autres des hypothèses sur les titres ou l'iconique et à tous de discuter de leurs hypothèses. Demander ensuite de reconstituer la page de journal ainsi découpée en morceaux les oblige alors à s'interroger, s'expliquer, proposer, se justifier, etc. (le même type d'activités peut être réalisé avec des romans-photos, des bandes dessinées, des conversations écrites pré-découpées et mélangées, etc.).

– Autre « jeu » classique mais que l'on utilise ici à des fins de réflexion sur la cohésion et la cohérence (prise de conscience et appropriation) : un apprenant commence un récit, un autre enchaîne et ainsi de suite. Plusieurs modalités d'organisation sont possibles : en début d'apprentissage, l'exercice se fait oralement, puis les apprenants dictent à l'enseignant qui écrit le récit au tableau (il ne s'agit plus alors de mémoriser mais de produire de l'écrit) ; enfin, plus tard, par petits groupes, ils fabriquent ainsi des histoires qu'ils s'échangent ensuite à des fins évaluatives (on peut soit imposer un thème, soit donner une macro-structure narrative, soit laisser libre cours à la créativité des apprenants).

– Une discussion orale peut aussi déboucher sur de la production écrite si on l'organise, par exemple, en *panel* : au centre, un petit groupe d'apprenants débat de la question choisie ; autour, les autres écoutent mais n'ont pas le droit de parler ; ils peuvent en revanche poser des questions au « centre », uniquement par écrit ; le professeur se charge de les remettre au « centre » qui, périodiquement, arrête la discussion pour les lire et essayer d'y répondre ; deux élèves se chargent d'observer l'un « *le centre* », l'autre « *la périphérie* » en notant les attitudes, les gestes, les regards, etc. (l'idéal serait qu'ils aient une caméra...). Un simple enregistrement du débat au magnétophone permet, lors de son écoute ultérieure, une prise de conscience de la communication dans les petits groupes ; *les écrits* envoyés au centre par la périphérie sont d'excellents exercices de compréhension pour les uns, de production pour les autres et constituent un corpus de productions d'apprenants que l'on peut ensuite évaluer ; les observateurs sont éventuellement chargés du compte rendu de la discussion (à partir de l'enregistrement et de leurs observations), compte rendu qui sera évalué ou tout simplement « observé » par l'ensemble du groupe ultérieurement ; l'ensemble des comptes rendus forme un mini-corpus d'observation si l'on réalise plusieurs panels de ce type.

Ce sont là des pratiques très simples, qu'utilisent de nombreux enseignants à travers le monde mais dont les théoriciens parlent peu, n'ayant pas encore suffisamment réfléchi à la complexité des opérations cognitives et/ou langagières qu'elles mettent en jeu, surtout en langue étrangère. Or s'interroger à ce niveau théorique sur les exercices pratiques que l'on effectue dans une classe de langue paraît nécessaire à la mise en place de programmes communicatifs visant l'apprentissage d'une compétence de communication en langue étrangère.

2.4. CONCLUSION SUR L'ÉLABORATION DE PROGRAMMES COMMUNICATIFS

Traiter séparément de l'oral ou de l'écrit m'a paru faciliter dans un premier temps la clarté de l'exposé. Les outils que le spécialiste de l'enseignement des langues emprunte aux linguistes ont souvent été conçus à l'origine pour analyser soit l'oral soit l'écrit ou bien pour décrire soit des discours monologaux soit des discours dialogaux. Mais le lecteur a dû sentir à quel point ces distinctions s'avèrent artificielles dans les pratiques pédagogiques (et même lors des analyses préparatoires à ces pratiques), telles qu'on peut les imaginer aujourd'hui dans un cours de langue étrangère portant sur la communication. De fait, lors de l'élaboration de programmes d'enseignement (2.1.), l'analyse des objectifs « situationnels » pour lesquels les apprenants auront à utiliser le français (2.1.2.) suffit à démontrer que situations d'oral et situations d'écrit s'entremêlent sans cesse dans la majorité des cas rencontrés et qu'il est par conséquent indispensable de les introduire parallèlement et complémentairement dans un cours de langue communicatif. En guise de conclusion, je me contenterai donc d'évoquer trois types de programmes sur lesquels j'ai dû réfléchir et qui m'ont paru exemplaires de ces rapports entre l'ordre oral et l'ordre scriptural.

Un programme de spécialisation en français langue étrangère (ou toute autre langue étrangère) destiné à des secrétaires commerciales devrait prendre en compte **l'organisation du domaine de référence** (les échanges commerciaux entre deux entreprises, les rapports entre fournisseur, client et transporteur, etc.), **les caractéristiques interactionnelles** et **illocutoires** de cette communication (que nous avons entrevues en 2.3.3.2.) et **les situations d'écrit** spécifiques que l'on rencontre dans une entreprise ou une administration qui entretient des relations commerciales avec un pays francophone ou dans une entreprise étrangère installée dans un pays francophone[1]. Or, si l'on fait l'inventaire de ces dernières, celles que rencontre un(e) secrétaire commercial(e) pour qui le français est une langue étrangère de spécialisation et qui travaille dans une entreprise où la langue des **relations internes** est soit sa langue maternelle, soit une première langue étrangère (anglais ou allemand par exemple), on s'aperçoit qu'il y a sans cesse

---

1. Une réflexion sur ce type de programmes communicatifs a fait l'objet d'une communication au colloque sur *Le Français commercial* organisé par HEC – Copenhague en mars 81, communication publiée dans le Bulletin de liaison de la Chambre de Commerce et d'Industrie de Paris (Direction de l'enseignement), hiver 81-82.

passage de l'écrit à l'oral (et *vice versa*) et passage du français à une autre langue étrangère (et inversement) sans qu'il s'agisse toujours de **traduction intégrale**. Il s'agit en effet, la plupart du temps, de « traiter » l'information, de transformer le contenu du message dans une langue différente de celle où il a été produit à l'origine. La production d'une lettre est alors le résultat de la combinaison de données d'origine différente (compréhension d'un télex en français, consignes reçues en langue maternelle, etc.), comme le suggère le schéma donné ici à titre d'exemple :

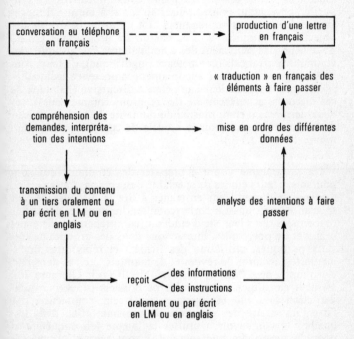

Réduire l'enseignement du français à la seule correspondance et l'envisager sous une forme « instrumentale » (partir de lettres-modèles, de répertoires de formulations, de textes à lacunes, de paragraphes-types) sans aucune réflexion sur la communication, les situations de communication, les interventions de prise de parole, les statuts, les rôles et les attitudes des locuteurs, leurs intentions de communiquer, ce serait adopter une approche « minimaliste » dans l'enseignement de cette communication spécifique (1.2.). Ne pas tenir compte du développement des machines à traitement de textes qui, au-delà des circulaires pré-enregistrées, demandent de savoir traiter les messages (sélection et enchaînement des paragraphes standard, effacement de certaines modalités aux dépens d'autres, voir 2.3.3.2.), ce serait adopter une approche communicative non réaliste et ignorer les besoins nouveaux en formation commerciale (problème de l'intelligence des textes) ainsi que les motivations professionnelles liées à la formation permanente. A l'inverse, un inventaire exhaustif des situations, de toutes les situations de discours (téléphone, oral, face à face, télex, lettre...) liées aux échanges commerciaux internationaux permet d'établir une liste des « compétences » à faire acquérir et, par suite, de sélectionner des discours à analyser afin de déterminer des objectifs d'apprentissage en termes communicatifs (2.1.2.). D'autre part, cet inventaire fournit une mine d'idées d'activités communicatives dans laquelle l'enseignant pourra puiser au fur et à mesure des progrès réalisés par ses apprenants (2.1.4.). Car la répartition des objectifs communicatifs visés par un tel programme (2.1.3.) ne dépend pas seulement des connaissances linguistiques des étudiants en français (compétence linguistique), de leurs connaissances sur les pays francophones (compétence socioculturelle), mais aussi de leur compétence discursive (habitude de ces discours) et référentielle (les relations commerciales), ces deux dernières n'étant plus ici du domaine du seul professeur de langue étrangère (voir le modèle de compétence de communication en 1.1.3.).

Un programme visant à préparer des étudiants qui vont poursuivre leurs études de spécialité dans un pays étranger ne doit pas seulement leur enseigner à lire le discours de leur spécialité, mais aussi à parler/comprendre dans les situations rencontrées dans leur vie d'étudiant (compréhension de cours oraux et de polycopiés, interactions dans des groupes de travaux pratiques, utilisation des fichiers et répertoires documentaires, lectures de revues et de manuels, etc.) et dans leur vie quotidienne. Pour ce dernier objectif (voir Gremmo 78), on peut constituer un ensemble de dossiers (« légers ») d'adaptation à la ville étrangère et, pour cela, commencer par faire l'inventaire des **situations de communication** dans lesquelles ils vont avoir à utiliser la langue (en enquêtant si possible auprès des étudiants qui se sont heurtés aux mêmes difficultés). On détermine d'abord une série de **thèmes fonctionnels** (non limitative) : s'inscrire à l'Université, obtenir sa carte de séjour, trouver un logement, chercher un travail d'appoint, consulter un médecin à l'hôpital, réaliser des opérations bancaires ou postales, se distraire, faire du sport, etc. Pour chacun de ces thèmes, on établit ensuite **la chronologie des situations de communication** que l'on rencontre dans la réalité (par exemple « trouver un logement » → lire les petites annonces dans les journaux ou sur les panneaux d'affichage de l'Alliance Française, consulter les services d'étudiants, téléphoner à un propriétaire ou une famille, repérer une adresse sur un plan et savoir demander son chemin, s'entretenir avec la famille ou le propriétaire, lire éventuellement le bail, etc.). On essaie de recueillir des documents utilisés dans ces situations et des échantillons de discours produits qu'on analyse ensuite en fonction de trois critères principaux : **les activités** ou savoir-faire requis (savoir téléphoner, lire des annonces), **les genres de discours** (entretien face à face, abréviations, etc.) et **les unités de communication** (par ordre hiérarchique). Plusieurs de ces objectifs « communicatifs » se retrouveront dans chacun des thèmes fonctionnels : *savoir se présenter* est utile à l'Université, à la préfecture, pour trouver un logement ou un travail. Ainsi pourrait-on envisager, à l'intérieur de chaque thème, **une répartition situationnelle** (la chronologie des situations de communication rencontrées), et, d'un thème à l'autre, **une répartition pédagogique** en termes d'activités (comprendre des chiffres, prendre contact au téléphone, lire des annonces) et **une répartition discursive** en termes de complexification des unités communicatives (voir 2.1.3. et, pour le téléphone, le transfert possible des analyses et pratiques proposées en 2.2.2. et 2.2.3.). La compétence de communication acquise au travers de ces thèmes fonctionnels (où l'on insistera sur les stratégies de communication, notamment les stratégies de compensation) continuera à se développer (elle est dans une certaine mesure transférable) dans le cours de préparation à la vie d'étudiant et/ou dans les cours de préparation aux discours de la spécialité. D'autant mieux que l'approche sera « maximaliste » (1.2.3.) et que l'on entraînera les étudiants à « jongler » de l'écrit à l'oral, du monologal au dialogal et de la compréhension à la production.

Un programme moins spécifique visant le développement d'une compétence de communication à travers des discours authentiques peut utiliser en compréhension la presse écrite pour l'écrit et la presse parlée pour l'oral. Un tel programme serait réducteur (il en existe) s'il ne prenait pas en compte l'ensemble des media actuels (presse écrite, radio, télévision)[1] et s'il ne propose que la presse écrite ou que la presse orale, malgré la diversité des genres et des types de discours que l'on y trouve. L'idéal est de pouvoir combiner la télévision (où interviennent ensemble du référentiel, de l'iconique, de l'oral et même du scriptural) avec l'écoute de la radio et la lecture de la presse écrite. Il est naturel d'écouter une conversation, une interview, une table ronde à la radio, puisqu'elles sont effectivement programmées pour être écoutées (voir 2.2.3.) ; il est important, pour un enseignement de la communication, de regarder ces mêmes genres de conversations à la télévision, où les gestes, les mimiques, les mouvements complètent l'étude des accents, des registres, des éléments prosodiques ; il est intéressant de comparer ensuite ce que l'on a écouté ou vu avec les conversations écrites, les interviews

---

1. Voir pour une analyse et une utilisation des media DE MARGERIE et PORCHER 81, ABASTADO 80, PORCHER et MARIET 80).

publiées dans la presse où l'on est contraint de transformer en éléments verbaux certaines de ces données para-linguistiques. De plus, il existe incontestablement une complémentarité : on parle à la radio et dans les journaux des émissions de télévision ; on fait venir à la télévision des journalistes de la presse écrite ; les journaux ont leur revue de presse mais certaines radios aussi ; la presse orale peut communiquer très rapidement une information qui sera précisée au fur et à mesure du temps qui s'écoule, alors que la presse écrite se doit d'analyser, de commenter pour intéresser. Il existe aussi un parallélisme entre ces media (on y retrouve les mêmes genres de textes), mais chacun entretient sa spécificité communicative : à la télévision, le présentateur des bulletins météorologiques peut montrer sur une carte et la carte peut s'animer ; la presse écrite complète le texte par un dessin ; la radio doit compenser l'absence de visuel par des éléments verbaux et prosodiques (voir également les publicités et les reportages de matchs de football – voir aussi Masselot 79) ; à la radio seules les images sonores (les bruits) seront des « indices » dans les pièces policières alors que l'image télévisuelle bouge, montre, explique tandis que l'écrit compense par le verbal l'absence d'images animées et/ou sonores... Enfin l'écrit éphémère de la télévision entraîne à une lecture « rapide » (capacité que l'on ne possède pas toujours en langue maternelle). Devant cette richesse de types et de genres de textes à lire, à écouter et à regarder, l'enseignant reste perplexe pour « sélectionner » les documents à utiliser : il faudrait d'abord tenir compte des apprenants et de leurs habitudes en langue maternelle (si l'on veut au départ s'appuyer sur leurs compétences socioculturelle, discursive et référentielle) mais ensuite proposer dans la classe **une répartition d'objectifs** de lecture et d'écoute (voir 2.1.3.) en fonction d'activités pédagogiques communicatives empruntant aux méthodes actives (voir 2.1.4.) – sinon la pédagogie des media revient à transférer les techniques de l'explication de texte (y compris sur un film animé !). Cela paraît préférable à un choix thématique (voir 2.3.4. également), trop souvent conjoncturel et qui renforce encore la tendance à expliquer « les textes ». Enfin il paraît important de s'interroger, lors de l'élaboration des programmes, sur une sélection de documents en fonction des caractéristiques du champ de production pour chaque genre de texte considéré : ne pas s'en tenir à la France (il existe d'autres presses francophones), ne pas choisir qu'un seul media (ils sont complémentaires et ne « vivent » pas l'un sans l'autre : références « intermedia »), ne pas utiliser qu'une seule radio (il existe des radios d'État, des radios privées et des radios libres) ou que des journaux de la même idéologie (qu'elle soit dominante ou minoritaire) ou d'une même classe d'âges, celle des concepteurs de matériaux pédagogiques (il existe des journaux pour adolescents). Cette vision « maximaliste » qui voudrait varier les canaux pour mieux favoriser le développement d'une compétence de communication en langue étrangère paraît utopique aux enseignants de langue : mais ce type de programmes est de ceux dont ils devraient en fait pouvoir disposer. Cependant, même s'ils existaient, il restera toujours à l'enseignant à introduire ces documents dans la classe en proposant autre chose qu'une analyse sociologique, structurale ou thématique menée magistralement et surtout à les répartir en fonction d'une complexification des tâches demandées aux apprenants (voir 2.1.3.). L'objectif d'enseignement étant en effet de favoriser dans la classe de véritables **échanges communicatifs**, échanges que l'authenticité des textes et la finesse des analyses ne paraissent pas garantir. Pourtant, ceux-ci constituant dans de nombreuses situations d'enseignement le seul entraînement à la communication en langue étrangère, il serait regrettable de les négliger sous prétexte que cette communication ne serait pas authentique.

Dans cette perspective, les recherches actuelles sur l'analyse des discours de la classe semblent riches de promesses pour les enseignants car elles réhabilitent, à juste titre, les activités de la classe de langue sans lesquelles les programmes communicatifs ne sont que des constructions spéculatives[1].

1. Le premier chapitre de cette deuxième partie est un développement très remanié d'un article paru en Italie dans la revue *Lingua e nuova didattica* en octobre 1980. Le second chapitre a été écrit à partir de notes de conférences et séminaires faits en Italie en janvier 80 et à l'Université Paris III en 1980-81 et 1981-82. Le troisième représente une synthèse de mes derniers travaux sur l'écrit et reprend les thèmes de conférences ou communications faites en Italie, à l'Université de Louvain (Belgique), à Berlin (R.F.A.) en 1980, au Danemark (Université et École des Hautes études commerciales de Copenhague), à la Chambre de Commerce et d'Industrie de Paris et au Collège Vanier à Montréal en 1981.

3. Prospective

J'ai essayé en 1. et en 2. de faire le point sur les théories qui cherchent comment enseigner à communiquer en langue étrangère ainsi que sur les pratiques que l'on peut mettre en œuvre quand on doit **réellement** enseigner la langue. Analyser la communication est une tâche difficile : le phénomène est si complexe que l'on peut se demander s'il sera un jour possible de le décrire dans sa globalité. L'enseigner est peut-être plus facile si l'on sait faire confiance aux capacités de communication des apprenants, c'est-à-dire des « sujets psycho-sociaux » : que ce soit en langue maternelle ou en langue étrangère, on arrive toujours à communiquer dès que l'on en ressent la nécessité vitale (pensons aux voyageurs des temps anciens débarquant sur des terres inconnues habitées par des individus dont ils ignoraient non seulement la langue – les règles linguistiques – mais aussi la culture, les coutumes, les habitudes de vie, les mentalités... – les données socioculturelles)[1]. Mais les freins à l'apprentissage de cette communication en milieu institutionnel ne relèvent pas seulement de l'absence de motivation immédiate (le sentiment du besoin, du manque n'est pas forcément ressenti à cet instant et intervient souvent plus tard, de manière différée, lors de l'utilisation effective de cette langue hors de la classe) ; ils relèvent aussi de blocages culturels, sociologiques et idéologiques qui entravent cet apprentissage, parce qu'ils rejaillissent sur les capacités d'interprétation, d'appropriation et de production du sujet apprenant (facteurs psycholinguistiques).

Pourtant, lorsqu'on observe des classes de langue où on laisse les apprenants communiquer, l'on se rend compte de l'existence de potentialités communicatives dont l'actualisation est favorisée par l'apprentissage en groupe. Il existe une communication dans la classe de langue étrangère (elle est encore plus manifeste quand les groupes sont de langue et culture différentes), avec ses normes d'interaction, ses règles psychosociales et sa propre régulation. Aussi la théorie sur l'enseignement de la communication ne devrait-elle pas rester le domaine réservé des seuls chercheurs ; bien au contraire, c'est sans doute aux enseignants de langue de réhabiliter cette communication par des pratiques communicatives appropriées et de contribuer, grâce à une théorisation de ces pratiques, à faire progresser la description des différents types de communication et l'analyse des compétences de communication requises pour y participer, en langue étrangère comme en langue maternelle. Car si les recherches sur l'enseignement des langues ne savent pas s'appuyer sur la vie de la classe (les activités, les interactions, les réseaux de communication, les communications verbales et non verbales), elles finiront par s'enliser dans un « discours sur du discours » (celui de ceux

---

1. Voir la collection « La Découverte », Paris, Maspéro.

qui souvent, parfois pour des raisons institutionnelles, n'enseignent plus la langue) reproduisant ainsi sans fin l'opposition théorie/pratique, obsession fantasmatique des professeurs, des chercheurs et des formateurs.

L'on se doit de considérer à égalité les travaux des uns et des autres, chacun contribuant à sa manière, par sa pratique de chercheur, d'animateur ou d'enseignant, à faire avancer la théorie sur l'enseignement/apprentissage des langues. Dans cette perspective, communiquer en classe, communiquer dans un stage, communiquer dans la rue, communiquer par les media, communiquer par la littérature, etc., sont des manières différentes d'aborder la communication, qui n'ont pas à être ordonnées hiérarchiquement.

Compte tenu de ces remarques, dans la mesure où l'enseignement de la communication est un domaine encore peu étudié, je proposerai ici quelques directions de recherche, intéressantes à explorer, que l'on dispose de moyens très sophistiqués ou, au contraire, rudimentaires. Car choisir un micro-domaine d'investigation personnelle dépend pour chacun de son statut, de ses motivations, de ses objectifs et, bien entendu, de ses ressources.

Un premier type de recherches consiste à étudier les discours sur l'enseignement des langues, et de la communication en particulier (articles scientifiques, programmes officiels, discours des formateurs, etc.) : ces investigations, à la fois **historiques** et **épistémologiques**, permettent de relativiser les « innovations », de prendre du recul par rapport à la « littérature » sur la question et surtout d'analyser comment sont diffusées les idées et les notions nouvelles dans le champ de la didactique des langues. Elles sont nécessaires à une théorisation des pratiques à laquelle les suivantes vont pouvoir s'attacher.

Je distingue ensuite un deuxième type de recherches, que j'appelle « **descriptives** » : description des objectifs communicatifs visés par les apprenants et/ou l'institution, description des situations d'enseignement, description des situations de communication et des discours correspondant aux objectifs d'apprentissage définis, description enfin des matériaux réalisés dans une optique communicative. Des méthodes empruntées aux analyses de discours et aux analyses de contenus interviennent dans ces recherches, réalisables soit sur une grande échelle (à l'échelon d'une université, d'une entreprise, voire d'un niveau d'enseignement ou d'un pays), soit sur une petite échelle (sur une seule classe, un petit groupe d'apprenants, pour analyser par exemple le contenu d'un matériel avant de l'utiliser ou de l'expérimenter).

Le troisième type de recherches est lié au précédent (ils peuvent d'ailleurs se combiner souvent) : il s'agit des recherches **expérimentales**, plus ou moins **scientifiques** ou **empiriques** (cela dépend des ressources de chacun) menées **sur le terrain** (domaine trop peu développé en France à mon avis). Ces recherches cherchent à analyser d'abord les stratégies des apprenants et/ou celles des enseignants au travers de « tests » et/ou d'« épreuves comparatives » permettant la mise en œuvre de ces stratégies. Elles favorisent ensuite, grâce à des entretiens qui complètent les analyses, la formulation d'hypothèses sur le type d'opérations cognitives et/ou langagières auxquelles font appel chacune des activités ou des tâches, chacun des exercices ou des jeux communicatifs proposés dans la classe de langue, hypothèses qui serviront de point de départ aux investigations « prospectives ».

Car le quatrième et dernier type de recherches auxquelles je pense (recherches par ailleurs étroitement dépendantes des précédentes) serait d'ordre essentiellement **prospectif**. Il ne faut pas avoir peur de **ses intuitions** : ce sont elles qui permettent d'imaginer soit des « modèles » (de production, d'interprétation, de compétence), soit des « activités », découlant de ces modèles, qui seront testés dans la classe, afin d'infirmer, de confirmer ou de transformer les constructions hypothétiques élaborées *a priori*. A l'inverse, sans cadre théorique, qui se « nourrit » des connaissances acquises dans les champs connexes (psychologie, sociologie, ethnologie, sciences de l'éducation et, bien entendu, sciences du langage), les intuitions sont à elles seules insuffisantes pour faire progresser ce domaine.

C'est ainsi que l'on fait avancer, pas à pas, chacun à sa manière, la théorie sur l'enseignement/apprentissage de la communication. Cet ouvrage ne veut pas apporter de solutions toutes faites, mais plutôt des pistes de recherches destinées à tous ceux qu'intéresse la communication. Il n'y a pas d'un côté une recherche pédagogique et de l'autre une recherche théorique mais des recherches interdépendantes sur l'enseignement/apprentissage des langues.

PROSPECTIVE

Bibliographie

A

ABASTADO C. (80). – *Messages des médias*, Paris, CEDIC.

ADAM J.-M. (77). – « Ordre du texte, ordre du discours » dans *Pratiques* n° 13, pp. 103-111. Metz, 2 *bis*, rue des Bénédictins, 57000.

ADAMCZEWSKI H. (75). – « Le montage d'une grammaire seconde » dans *Langages* n° 39, pp. 31-50. Paris, Didier-Larousse.

ALI BOUACHA A., PORTINE H., dir. (81). – « Argumentation et énonciation », *Langue française* n° 50. Paris, Larousse.

ALTHUSSER L. (65). – *Pour Marx*, Paris, Maspéro.

ALTHUSSER L. (70). – « Idéologie et appareils idéologiques d'état » dans *La Pensée* n° 151 (article repris dans ALTHUSSER L. (76). – *Positions,* Paris, Éditions Sociales, pp. 67-125).

AUGER P., SEGOVIA M. (80). – « Macro-acte : entrer en contact par téléphone » dans *Parlons français* n° 17 (8 p.), Mexico, IFAL, Service pédagogique, Rio Nazas 43.

AUSTIN J.-L. (62). – *How to do things with words*, Oxford University Press (Traduction française : *Quand dire, c'est faire*, Paris, Seuil, 70).

B

BACHMANN C. (77). – « Analyse de conversation » dans *Pratiques* n° 17, pp. 77-99 (avec la collaboration de L. Duro-Courdesses et J. Simonin).

BACHMANN C. (80). – « Le langage dans les communications sociales quotidiennes : quelques perspectives actuelles » dans *Études de Linguistique appliquée* n° 37, pp. 22-33. Paris, Didier.

BACHMANN C., LINDELFELD J., SIMONIN J. (81). – *Langage et communications sociales*, Paris, Hatier-Crédif, Collection LAL.

BAKHTINE (VOLOCHINOV) M. (77). – *Le marxisme et la philosophie du langage* (traduction française), Paris, Éditions de Minuit.

BAUDRY J., BEAUDET S., CANTON J.-C. (78). – « Un programme de français fonctionnel pour le tourisme » dans *Le Français dans le Monde* n° 134, pp. 16-24. Paris, Hachette-Larousse.

BAUTIER-CASTAING E. (81). – « La compétence de communication peut-elle s'enseigner ? » dans *Actes du Colloque L'Université et la formation des enseignants de français*, Université de Lyon II.

BEACCO J.-C. (80). – « Compétence de communication : des objectifs d'enseignement aux pratiques de classe » dans *Le Français dans le Monde* n° 153, pp. 35-40.

BEACCO J.-C., DAROT M. (77). – Analyse de discours et lecture de textes de spécialité, Paris, BELC, multigraph. (à paraître dans Collection LFDM/BELC, Paris, Hachette-Larousse, 84).

BEACCO J.-C., DAROT M. (80). – *Décrire l'écrit*, Paris, BELC, multigraph.

BEDOYA A., CARDINEAU D., AUGER P. (80). – « Enseignement fonctionnel du français dans les Écoles de Tourisme » dans *Parlons francais* n° 17 (14 p.). Mexico, IFAL, Service pédagogique.

BENVENISTE E. (66). – *Problèmes de linguistique générale*, Paris, Gallimard.

BENVENISTE E. (70). – « L'appareil formel de l'énonciation » dans *Langages* n° 17, pp. 12-18 (article repris dans BENVENISTE E. (74). – *Problèmes de linguistique générale* 2, Paris, Gallimard).

BERNSTEIN B. (71). – *Class, codes and control*, London, Routledge and Kegan Paul (Traduction française : *Langage et classes sociales*, Paris, Éditions de Minuit, 75).

BESSE H. (74). – « Les exercices de conceptualisation ou la réflexion grammaticale au niveau 2 » dans *Voix et Images du Credif* 2, pp. 38-44. Paris, Didier.

BESSE H. (80a). – « Enseigner la compétence de communication » dans *Le Français dans le Monde* n° 153, pp. 41-47.

BESSE H. (80b). – « La question fonctionnelle » dans *Polémique en didactique*, Paris, CLE international, pp. 30-136.

BESSE H. (80c). – « Le discours métalinguistique de la classe » dans *Encrages*, n° spécial, pp. 102-108 (Actes du 2e Colloque international *Acquisition d'une langue étrangère*). Paris, Université Paris VIII-Vincennes à Saint-Denis, 2, rue de la Liberté, 93526 Saint-Denis, Cedex 02.

C

CANALE M. (81a). – « Communication : How to evaluate it ? » dans Actes du XIIe Colloque de l'Association canadienne de Linguistique appliquée à Ottawa (*L'enseignement de la langue comme instrument de communication*). Université de Montréal, ACLA, CP 6128, succursale A, (Québec) H3C 3J7.

CANALE M. (81b). – « From communicative competence to communicative language pedagogy » dans *Language and communication*, J. Richards and R. Schmidt, eds., London, Longman.

CANALE M., SWAIN M. (80). – « Theorical bases of communicative approaches to second language teaching and testing » in *Applied Linguistics*, volume 1, n° 1, pp. 1-47. Oxford University Press.

CARE J.-M., DEBYSER F. (78). – *Jeu, langage et créativité*, Paris, Hachette-Larousse, Collection LFDM/BELC.

CARROLL J.-B. (80). – *Testing communicative performance*. Oxford, Pergamon Press.

CHAMP-RENAUD RAMIREZ D. (82). – *Analyse critique des « Unités capitalisables » élaborées en R.F.A.* Université Paris 3, UER EFPE, mémoire de maîtrise, dactylograph.

CHARLIRELLE (75). – *Behind the words*. Paris, OCDL-Hatier.

CHAROLLES M. (76). – « Grammaire de textes – Théorie du discours – narrativité » dans *Pratiques* n° 11/12, pp. 133-154.

CHAROLLES M. (78). – « Introduction aux problèmes de la cohérence des textes » dans *Langue française* n° 38, pp. 7-38. Paris, Larousse.

CHAROLLES M., PEYTARD J., dir. (78). – « Enseignement du récit et cohérence du texte », *Langue française* n° 38.

CHEVALIER J.-C., DELESALLE S. (77). – « L'oral au CES » dans *Le Français aujourd'hui* » n° 39, 1977, pp. 50-66 (1, avenue Léon-Journault, 92310 Sèvres).

CHOMSKY N.(65). – *Aspects of the theory of syntax*, Cambridge, M.I.T. Press (Traduction française : *Aspects de la théorie syntaxique*, Paris, Seuil, 71).

CICUREL F. (82a). – « Conversations écrites » dans *Le Français dans le Monde* n° 167, pp. 20-27.

CICUREL F. (82b). – « Métalangue et activités de classe » dans *Encrages*, n° spécial (Actes du 3e Colloque international *Acquisition d'une langue étrangère*). Université Paris VIII à Saint-Denis.

CICUREL F. (82c). – « Projets pluriels de lecture » dans *Travaux de didactique du francais langue étrangère*. Université de Montpellier, à paraître.

CLARK J.-L. (81). – « Une approche communicative dans un contexte scolaire » dans *Le Français dans le Monde* n° 160, pp. 29-38.

COLOMBIER P., POILROUX J. (77). – « Pour un enseignement fonctionnel du français aux migrants » dans *Le Français dans le Monde* n° 133, pp. 21-28.

COMBETTES B. (77). – « Ordre des éléments de la phrase et linguistique du texte » dans *Pratiques* n° 13, pp. 91-101.

COMMUNICATIONS n° 30 (79). – « La conversation », Paris, Seuil.

COMMUNICATIONS n° 32 (80). – « Les actes de discours ». Paris, Seuil.

CORDER S.-P. (67). – « The significance of learners' errors » dans *IRAL*, V-4, pp. 162-169. Heidelberg, Julius Gross Verlag (Traduction française : « Que signifient les erreurs des apprenants ? » dans *Langages* n° 57, 1980, pp. 9-15).

CORDER S.-P. (71). – « Idiosyncratic Dialects and Error Analysis » dans IRAL, IX-2, pp. 147-160 (Traduction française : « Dialectes idiosyncrasiques et analyse d'erreurs » dans *Langages* n° 57, 1980, pp. 17-27).

COSNIER J. (78). – « Gestes et stratégie conversationnelle » dans *Stratégies discursives*, pp. 9-17. Presses Universitaires de Lyon.

COSTE D. (73). – « A rebours » dans *Le Français dans le Monde*, n° 100, pp. 69-76.

COSTE D. (77a). – « Un Niveau-Seuil » dans *Le Français dans le Monde* n° 126, pp. 17-22.

COSTE D. (77b). – « Analyse des besoins et enseignement des langues étrangères aux adultes : à propos de quelques enquêtes et quelques programmes didactiques » dans *Études de Linguistique appliquée* n° 27, pp. 51-77.

COSTE D. (78). – « Lecture et compétence de communication » dans *Le Français dans le Monde* n° 141, pp. 25-34.

COSTE D. (80). – « Analyse de discours et pragmatique de la parole dans quelques usages d'une didactique des langues » dans *Applied Linguistics*, volume 1, n° 3, pp. 244-252. Oxford University Press.

COSTE D., COURTILLON J., FERENCZI V., MARTINS-BALTAR M., PAPO E. et ROULET E. (76). – *Un niveau-seuil*, Conseil de l'Europe à Strasbourg. Paris, Hatier.

COUEDEL A. (81). – « Vivre la langue : de la communication à la langue » dans *Champs éducatifs* n° 3, pp. 37-76 (Actes du 2e Colloque international *Acquisition d'une langue étrangère*). Université Paris VIII à Saint-Denis.

COUEDEL A. (82). – « Écho-graphie d'une expérience. Interaction : comportement non verbal et/ou verbal, écriture et lecture » dans *Encrages*, n° spécial (Actes du 3e Colloque international *Acquisition d'une langue étrangère*). Université Paris VIII à Saint-Denis.

COULTHARD M. (77). – *An introduction to discourse analysis*, Londres, Longman.

COURTILLON J. (77). – « La grammaire dans *Un niveau-seuil* pour le français » dans *Revue de Phonétique appliquée* n° 41, pp. 31-42 Université de l'État à Mons (Belgique).

COURTILLON J. (80). – « Que devient la notion de progression ? » dans *Le Français dans le Monde* n° 153, pp. 89-97.

COURTILLON J., PAPO E. (77). – « Le Niveau-seuil établi pour le français peut-il renouveler la conception des cours (audiovisuels) pour débutants ? » dans *Le Français dans le Monde* n° 133, pp. 58-66.

CULIOLI A. (76). – Transcription du séminaire de DEA : « Recherche en linguistique ; théorie des opérations énonciatives ». Paris, Université Paris VII, multigraph.

CULIOLI A. (78). – « Valeurs modales et opérations énonciatives » dans *Le Français Moderne* n° 46-4, pp. 300-317.

D

DALGALIAN G. (79). – « Essai de description des publics des Instituts français » dans *Le Français dans le Monde* n° 149, pp. 29-36.

DALGALIAN G., LIEUTAUD S., WEISS F. (81). – *Pour un nouvel enseignement des langues (et une nouvelle formation des enseignants)*, Paris, CLE international.

DEBYSER F. (74). – « Simulation et réalité dans l'enseignement des langues vivantes » dans *Le Français dans le Monde* n° 104, pp. 6-10 et n° 106, pp. 16-19.

DEBYSER F. (79). – « Peut-on accorder les besoins de l'étudiant et ceux de son futur employeur ? » dans *Anthobelc* 1, pp. 11-17. Paris, Belc, multigraph.

DEBYSER F. (80). – « Exprimer son désaccord » dans *Le Français dans le Monde* n° 153, pp. 80-88.

DE LA FUENTE J. (78). – *« La cohérence textuelle » chez les hispanophones*. Université Paris 3, UER EFPE, mémoire de maîtrise, dactylograph.

DE MARGERIE C., PORCHER L. (81). – *Des médias dans les cours de langues*, Paris, CLE international.

DESMARAIS L. (81). – « Techniques d'enseignement dans une approche fonctionnelle », Communication au XIIᵉ Colloque de l'Association canadienne de Linguistique Appliquée à Ottawa.

DUBOIS J., dir. (73). – *Dictionnaire de linguistique*, Paris, Larousse.

DUCROT O. (72). – *Dire et ne pas dire*, Paris, Hermann.

DUCROT O.et autres (80). – *Les mots du discours*, Paris, Éditions de Minuit.

DUCROT O., TODOROV T. (72). – *Dictionnaire encyclopédique des Sciences du langage*, Paris, Seuil.

E

ERVIN-TRIPP (S.). – « On sociolinguistics rules : alternation and coocurrence » dans *Directions in sociolinguistics* (J.-J. Gumperz and D. Hymes eds.), New York, Holt, Rinehart and Winston, 1972.

ESCARPIT R. (76). – *Théorie générale de l'information et de la communication*, Paris, Hachette.

F

FERNANDEZ A.-M. (81). – *Lecture fonctionnelle de textes non spécialisés*. Université Paris 3, UER EFPE, mémoire de maîtrise, dactylograph.

FILLMORE C.-J. (68). – « The case for case » dans *Universals in linguistic theory* (E. Bach and R.T. Harms eds.), New York, Holt, Rinehart and Winston.

FILLMORE C.-J. (75). – « Quelques problèmes posés à la grammaire casuelle » dans *Langages* n° 38, pp. 65-80.

FILLOL F., MOUCHON J. (77). – « Les éléments organisateurs du récit oral » dans *Pratiques*, n° 17, pp. 100-127.

FILLOL F., MOUCHON J. (80). – *Pour enseigner l'oral*, Paris, CEDIC.

FLAHAULT F. (78). – *La parole intermédiaire*, Paris, Seuil.

FOUCAMBERT J. (76). – *La manière d'être lecteur*, Paris, OCDL-SERMAP.

FRAUENFELDER U., PORQUIER R. (79). – « Les voies d'apprentissage en langue étrangère » dans *Travaux de recherches sur le bilinguisme* n° 17. pp. 37-64. Toronto, Centre des langues modernes, Institut d'études pédagogiques de l'Ontario (252 Bloor Street West, Toronto, Ontario M 5S 1V6).

FRAUENFELDER U., PORQUIER R. (80). – « Le problème des tâches dans l'étude de la langue de l'apprenant » dans *Langages* n° 57, pp. 61-71.

G

GALISSON R. (80). – *D'hier à aujourd'hui la didactique générale des langues étrangères*, Paris, CLE international.

GALISSON R., COSTE D., dir. (76). – *Dictionnaire de didactique des langues*, Paris, Hachette, Collection F.

GAONAC'H (82). – « Psychologie cognitive et approche communicative en didactique des langues étrangères » (Actes du Ve Colloque international Structuro-global-audio-visuel) dans *Revue de phonétique appliquée*, n°s 61-62-63, pp. 159-176.

GARDNER R.-C., LAMBERT W.-E. (72). – *Attitudes and motivation in Second Language Learning*, Rowley, Massachusetts, Newbury House Publishers.

GERMAIN C. (73). – *La notion de situation en linguistique*, Ottawa, Université d'Ottawa.

GERMAIN C. (79). – « La contextualisation dans l'enseignement des langues secondes et de la langue maternelle » dans Actes du Xe Colloque de l'Association Canadienne de Linguistique Appliquée.

GIGLIOLI P.-P., dir. (72). – *Language and social context*, Penguin Books.

GOFFMAN E. (73). – *La mise en scène de la vie quotidienne*, Paris, Éditions de Minuit.

GOFFMAN E. (74). – *Rites d'interaction*, Paris, Éditions de Minuit.

GOUGENHEIM G., RIVENC P. (61). – « État actuel du français fondamental » dans *Le Français dans le Monde* n° 1, 1961, pp. 4-7.

GRANDCOLAS B. (81). – « Interaction et correction » (Actes du Ve Colloque international Structuro-global audio-visuel) dans *Revue de Phonétique appliquée* n°s 59-60, pp. 305-319.

GREMMO M.-J. (78). – « Apprendre à communiquer : compte rendu d'une expérience d'enseignement du français » dans *Mélanges pédagogiques*, pp. 17-52. Université de Nancy II, CRAPEL.

GRICE P. (79). – « Logique et conversation » dans *Communications* n° 30, pp. 57-72.

GROS N., PORTINE H. (76). – « Le concept de situation dans l'enseignement du français » dans *Le Français dans le Monde* n° 124, pp. 6-12.

GROUPE D'ENTREVERNES (79). – *Analyse sémiotique des textes*, Presses Universitaires de Lyon.

GRUMBACH S.-J. (77). – « Linguistique textuelle et étude des textes littéraires » (A propos de *Le temps* de H. Weinrich) dans *Pratiques* n° 13, pp. 77-90.

GSCHWIND-HOLTZER G. (81). – *Analyse sociolinguistique de la communication et didactique*, Paris, Hatier-Crédif, Collection LAL.

GUBERINA P. (74). – « La parole dans la méthode structuro-globale audio-visuelle » dans *Le Français dans le Monde* n° 103, pp. 49-54.

GUMPERZ J.-J., HYMES D., eds (72). – *Directions in sociolinguistics*, New York, Holt, Rinehart and Winston.

H

HALLIDAY M.A.K. (70). – « Language structure and language function » in *New Horizons in Linguistics* (J. Lyons dir.), Penguin Books.

HALLIDAY M.A.K. (73). – *Explorations in the functions of language*, London, Arnold.

HALLIDAY M.A.K., HASAN R. (76). – *Cohesion in English*, Londres, Longman.

HALTE J.-F., PETITJEAN A. (77). – *Pratiques du récit*, Paris, CEDIC.

HEBRARD J. (78). – « Rôle du parler dans l'apprentissage de l'écrit » dans *Du parler au lire* (L. Lentin dir.), pp. 57-90. Paris, Éditions ESF.

HEDDESHEIMER C., JUPP T.-C., HODLIN S., LAGARDE J.-P. (78). – *Apprentissage linguistique et communication*, Paris, CLE international.

HOLEC H. (74). – « Cours initial d'anglais oral : une approche fonctionnelle » dans *Mélanges Pédagogiques*, pp. 13-28. Université de
Nancy II, CRAPEL.

HOLEC H. (76). – « L'apprentissage de la communication au niveau
débutant : les documents de travail » dans *Bulletin CILA* n° 24
(n° spécial), pp. 177-182. Université de Neuchâtel, Institut de Linguistique.

HOLEC H. (79). – « Prise en compte des besoins et apprentissage autodirigé » dans *Mélanges pédagogiques*, pp. 49-64. Université de
Nancy II, CRAPEL.

HOLEC H. (81). – « Plaidoyer pour l'auto-évaluation » dans *Le Français dans le Monde* n° 165, pp. 15-32.

HOLEC H., dir. (81). – « Autonomie de l'apprentissage et apprentissage
de l'autonomie », *Études de Linguistique appliquée* n° 41.

HYMES D.-H. (72). – « On communicative competence » dans *Sociolinguistics* (J.-B. Pride and J. Holmes eds.), Penguin Books.

J

JAKOBSON R. (63). – *Essais de linguistique générale*, Paris, Éditions de
Minuit.

K

KAHN G., LEHMANN D. (81). – « La mise en œuvre des principes du
« Projet Langues Vivantes » dans le séminaire sur l'enseignement
fonctionnel du français » (CREDIF-ENS de Saint-Cloud), à paraître dans KRUMM H.-J. et autres. – *Recueil de programmes de formation de professeurs de langues vivantes répondant aux principes du
« Projet langues vivantes »* (titre provisoire), Strasbourg, CCC du
Conseil de l'Europe.

KRASHEN S. (76). – « Formal and informal linguistic environments in
language acquisition and language learning » dans *TESOL Quar-
terly*, n° 10.

L

LABOV W. (70). – « The study of language in its social context » dans
Studium Generale n° 23, pp. 30-87.

LABOV W. (72). – *Sociolinguistics Patterns*, Philadelphia, University of
Pennsylvania Press (Traduction française : *Sociolinguistique*,
Paris, Éditions de Minuit, 1976).

LAMY A. (76). – « Pédagogie de la faute et de l'acceptabilité » dans
Études de linguitisque appliquée n° 22, pp. 118-127.

LEECH G., SVARTVIK J. (76). – *A Communicative grammar of English*,
London, Longman.

LEHMANN D. (81). – « Lire autour des médias, pour et par les médias »
dans *L'audio-visuel et les médias à l'école élémentaire* (F. Mariet
dir.) pp. 158-172. Paris, Armand Colin, Collection Bourrelier.

LEHMANN D. (82a). – « Pour une pédagogie de la lecture ordinaire »
dans Actes de la Convention *Lingua e nuova didattica* sur « L'enseignement de la lecture ». Rome, LEND, Piazza Sonnino 13,
00153.

LEHMANN D. (82b). – « Des choses connues depuis le commencement
du texte » dans *Lingua e nuova didattica*, à paraître.

LEHMANN D., MARIET F., MARIET J., MOIRAND S. (80). – *Lecture fonctionnelle de textes de spécialité*. Paris, Didier, 1980.

LEHMANN D., MOIRAND S. (80). – « Une approche communicative de la
lecture » dans *Le Français dans le Monde* n° 153, pp. 72-79.

LEON P., dir. (79). – « Le document sonore authentique », *Le Français
dans le Monde* n° 145.

LICARI C., LONDEI D., THIERRY A.-M., TREVISI S. (81). – « Vers un niveau-seuil » dans *Linguistica e letteratura* 2, pp. 9-38. Bologna, Patron (Quaderni di filologia romanza della Facoltà di lettera e filosofia di Bologna).

LOHEZIC B., PERUZAT J.-M. (79). – « Élaboration d'unités capitalisables en fonction d'un niveau-seuil » dans *Le Français dans le Monde* n° 149, pp. 68-73.

LUNDQUIST L. (80). – *La cohérence textuelle : syntaxe, sémantique, pragmatique*, Copenhague, Nyt Nordisk Forlag, Arnold Busck.

M

MAINGUENEAU D. (76). – *Initiation aux méthodes de l'analyse du discours*, Paris, Hachette.

MAINGUENEAU D. (81). – *Approche de l'énonciation en linguistique française*, Paris, Hachette.

MALEY A. (80). – « Illusion du réel et réel de l'illusion » dans *Le Français dans le Monde* n° 153, pp. 58-71.

MARIET F. (80). – « Les armes égales que sont les mots » (Sur la dimension sociologique de la rhétorique des sciences économiques) dans LEHMANN et autres, op. cit., pp. 69-98.

MARKOPOULO F. (81). – *Analyse du discours d'un professeur dans une classe de langue*. Université Paris 3, UER EFPE, mémoire de maîtrise, dactylograph.

MARTINET A. (60). – *Eléments de linguistique générale*, Paris, Armand Colin.

MARTINET A., dir. (69). – *La Linguistique, Guide Alphabétique*, Paris, Denoël-Gonthier.

MASSELOT P. (79). – « La presse parlée, méthodes d'approche et de description, perspectives pédagogiques », dans *Les Cahiers du CRELEF* n° 8, pp. 32-83. Université de Besançon, Section de linguistique et philologie françaises et CRDP de Besançon.

MEUNIER A. (74). – « Modalités et communication » dans *Langue française* n° 21, pp. 8-25.

MOIRAND S. (74). – « Audio-visuel intégré et communication(s) » dans *Langue Française* n° 24, pp. 5-26.

MOIRAND S. (77a). – « Analyse de textes écrits et apprentissage grammatical » dans *Études de Linguistique appliquée* n° 25, pp. 101-125.

MOIRAND S. (77b). – « Communication écrite et apprentissage initial » dans *Le Français dans le Monde* n° 133, pp. 43-57.

MOIRAND S. (79a). – « Les écrits de la presse et le professeur de langue » dans *Les Cahiers du CRELEF*, n° 8, pp. 3-18.

MOIRAND S. (79b). – *Situations d'écrit (compréhension, production en langue étrangère)*. Paris, CLE international.

MOIRAND S. (80). – A comme ... « Articulation et cohésion lexicale » dans *Le Français dans le Monde* n° 152, pp. 47-48.

MOIRAND S. (81). – « Des images de textes aux stratégies de lecture, approches du scripto-visuel » dans *L'Audio-visuel et les médias à l'école élémentaire* (F. Mariet, dir.), pp. 173-186, Paris, Armand Colin, Collection Bourrelier.

MOIRAND S. (82). – « A objectifs différents : textes divers et stratégies diversifiées » dans Actes de la Convention *Lingua e nuova didattica* sur « L'enseignement de la lecture ». Rome, LEND.

MOTHE J.-C. (81). – « Évaluer les compétences de communication en milieu scolaire » dans *Le Français dans le Monde* n° 165, pp. 63-72.

MUNBY J.-L. (78). – *Communicative syllabus design*, Cambridge University Press.

N

NOIZET G. (80). – *De la perception à la compréhension du langage,* Paris, PUF.

NOYAU C. (79). – « Deux types de connaissances de la langue étrangère dans l'acquisition en milieu naturel ? » dans *Champs éducatifs* n° 1 (Actes du 1er Colloque international sur *l'Acquisition d'une langue étrangère*). Université Paris VIII à Saint-Denis.

O

OLLER J.-W. Jr., PERKINS K. (80). – *Research in Language Testing,* Rowley, Massachusetts, Newbury House Publishers.

ORPHANOU M.-A. (81). – *Analyse en actes de parole du discours des employés de l'Office du tourisme de Chypre.* Université Paris 3, UER EFPE, mémoire de maîtrise, dactylograph.

P

PELFRENE A. (77). – « En marge d'une théorie de la production du discours » dans *Revue de phonétique appliquée* n°s 42-43, pp. 189-198.

PELFRENE A. (78). – « Discours sur le besoin » dans *Études de Linguistique appliquée* n° 29, pp. 45-53.

PELFRENE A. et autres (76). – *Analyse des besoins langagiers d'adultes en milieu professionnel,* Paris, CREDIF-ENS de Saint-Cloud, multigraph.

PERDUE C., PORQUIER R., dir. (80). – « Apprentissage et connaissance d'une langue étrangère », *Langages* n° 57.

PEREZ M. (81). – « L'approche communicative : quelques difficultés de mise en application » dans *Bulletin de l'ACLA*, vol. 3, n° 1, pp. 7-59.

PEYTARD J. (75). – « Lecture(s) d'une « aire scripturale » : la page de journal » dans *Langue française* n° 28, pp. 39-59.

PEYTARD J., GENOUVRIER E. (70). – *Linguistique et enseignement du français,* Paris, Larousse.

PORCHER L. (77a). – « Une notion ambiguë : Les besoins langagiers » dans *Les Cahiers du CRELEF* n° 3, pp. 1-12.

PORCHER L. (77b). – « Note sur l'évaluation » dans *Langue française* n° 36, pp. 110-115.

PORCHER L., HUART M., MARIET F. (79). – *Adaptation de « Un niveau-seuil » pour des contextes scolaires,* Strasbourg, Conseil de l'Europe.

PORCHER L., MARIET F., dir. (80). – « Pour un usage critique des médias à l'école », *Les Cahiers du CRELEF* n° 11.

PORQUIER R. (79). – « Stratégies de communication en langue non-maternelle » dans « Langue et Discours (I) », *Travaux du Centre de Recherches sémiologiques* n° 33, Université de Neuchâtel.

PORQUIER R. (82). – « Aspects psychologiques de la recherche dans l'enseignement/apprentissage des langues » dans Actes du 5e Séminaire de la Commission permanente de l'AILA sur l'apprentissage des langues par les adultes (*Formation en langue pour les adultes*) organisé par le CRAPEL (Université de Nancy II) et l'Université de Compiègne.

PORTINE H. (78). – *Apprendre à argumenter,* Paris, BELC, multigraph. – paru dans Collection LFDM - BELC, Paris, Hachette-Larousse, 83, sous le titre : *L'argumentation écrite, expression et communication.*

POTTIER B. (74). – *Linguistique générale : théorie et description,* Paris, Klincksieck.

R

RECANATI F. (79a). – *La transparence et l'énonciation*, Paris, Seuil.

RECANATI F. (79b). – « Le développement de la pragmatique » dans *Langue française* 42, pp. 6-20.

RICHTERICH R. (73). – « Modèle pour la définition des besoins langagiers des adultes », dans *Système d'apprentissage des langues vivantes par les adultes*, pp. 35-94, Strasbourg, Conseil de l'Europe.

RICHTERICH R. (79). – « L'antidéfinition des besoins langagiers comme pratique pédagogique » dans *Le Français dans le Monde* n° 149, pp. 54-58.

RICHTERICH R., CHANCEREL J.-L. (77). – *L'identification des besoins des adultes apprenant une langue étrangère*, Conseil de la Coopération culturelle du Conseil de l'Europe, Paris, Hatier.

ROBIN R. (73).- *Histoire et Linguistique*, Paris, Armand Colin.

ROJAS M. (81). *Pour une utilisation pédagogique des faits divers dans la classe de français langue étrangère en Colombie.* Université Paris 3, UER EFPE, mémoire de maîtrise, dactylograph.

ROULET E. (73). – « Pour une meilleure connaissance des français à enseigner » dans *Le Français dans le Monde* n° 100, pp. 22-26.

ROULET E. (76a). – « L'apport des sciences du langage à la diversification des méthodes d'enseignement des langues secondes en fonction des caractéristiques des publics visés » dans *Études de Linguistique appliquée* n° 21, pp. 43-80.

ROULET E. (76b). – *Un niveau-seuil : présentation et guide d'emploi*, Strasbourg, Conseil de l'Europe.

ROULET E. (80). – *Langue maternelle et langues secondes* (Vers une pédagogie intégrée), Paris, Hatier-Crédif, Collection LAL.

ROULET E. (82). – « De la structure dialogique au discours monologal », à paraître dans *Langues et linguistique*. Québec, Université Laval.

ROULET E. et autres (80). – « Actes de langage et structures de la conversation », *Cahiers de linguistique française* 1. Université de Genève, Unité de linguistique française, multigraph.

ROULET E., dir. (81). – « Analyse de conversations authentiques », *Études de Linguistique appliquée* n° 44.

RUCK H. (80). – *Linguistique textuelle et enseignement du français*, Paris, Hatier-Crédif, Collection LAL.

S

SAFERIS F. (78). – *Une révolution dans l'art d'apprendre*, Paris, Robert Laffont.

SAVIGNON S. (72). – *Communicative competence : an experiment in foreign language teaching*, Philadelphie, Center for curriculum development.

SCHLISSINGER J. (81). – « L'évaluation continue et son rôle dans l'accélération des processus d'apprentissage » dans *Le Français dans le Monde* n° 165, pp. 24-32.

SEARLE J.-R. (69). – *Speech Acts*, Cambridge University Press (Traduction française : *Les actes de langage*, Paris, Hermann, 72).

SHANNON C.-E., WEAVER W. (62). – *The Mathematical Theory of Communication*, Urbana, University of Illinois Press (traduction française : *Théorie mathématique de la communication*, Paris, C.E.P.L., 76).

SHRIANGURA K. (80). – *La formation de guide touristique en Thaïlande.* Université Paris 3, UER EFPE, mémoire de maîtrise, dactylograph.

SINCLAIR J., COULTHARD R.-M. (75). – *Towards an analysis of discourse*, Londres, Oxford University Press.

SLAKTA D. (71a). – « L'acte de demander dans les « cahiers de doléances » dans *Langue française* n° 9, pp. 58-73.

SLAKTA D. (71b). – « Esquisse d'une théorie lexico-sémantique : Pour une analyse d'un texte politique (Cahiers de doléances) » dans *Langages* n° 23, pp. 87-134.

SLAKTA D. (75).- « L'ordre du texte » dans *Études de linguistique appliquée* n° 19, pp. 30-42.

STARFIELD S. (80). – *L'enseignement du français en Afrique du Sud.* Université Paris 3, UER EFPE, mémoire de maîtrise, dactylograph.

STEVICK E. (76). – *Memory, Meaning and Method*, New York, Newbury House.

STRAWSON P.F. (71). – *Logico-linguistic Papers*, London, Methuen, (Traduction française : *Études de logique et linguistique*, Paris, Seuil, 77).

T

TODOROV T. (81). – *Mikhaïl Bakhtine, le principe dialogique* suivi de *Écrits du cercle de Bakhtine*, Paris, Seuil.

TREVISE A. (79). – « Spécificité de l'énonciation didactique dans l'apprentissage de l'anglais par des étudiants francophones » dans *Encrages*, n° spécial de Linguistique appliquée (Actes du 1er Colloque international, *Acquisition d'une langue étrangère : perspectives de recherche*). Université Paris VIII à Saint-Denis.

TRIM J.-L.-M., RICHTERICH R., VAN EK J.-A., WILKINS D.-A. (73). – *Système d'apprentissage des langues vivantes par les adultes*, Strasbourg, Conseil de l'Europe.

V

VAN DIJK T.-A. (72). – *Some Aspects of text grammars*, La Haye, Mouton.

VAN DIJK T.-A. (77). – *Some texts and contexts : Explorations in semantics and pragmatics of discourse*, Londres, Longman.

VAN EK J.-A. (75). – *The Threshold Level*, Strasbourg, Conseil de l'Europe.

VAN EK J.-A. (76). – *Significance of the threshold level in the early teaching of modern languages*, Strasbourg, Conseil de l'Europe.

VANOYE F. (73). – *Expression, communication*, Paris, Armand Colin, 3e édition.

VANOYE F., MOUCHON J., SARRAZAC J.-P. (81). – *Pratiques de l'oral*, Paris, Armand Colin.

VIGNER G. (79). – *Lire : du texte au sens*, Paris, CLE international.

VIGNER G. (80). – *Didactique fonctionnelle du français*, Paris, Hachette, Collection F.

VOIX ET IMAGES DE FRANCE (60). – Méthode rapide de français réalisée par le CREDIF-ENS de Saint-Cloud. Paris, Didier.

W

WEINRICH H. (73). – *Le temps* (traduction française), Paris, Seuil.

(WEISS F., dir. (82). – « Pratiques de l'écrit », *Le Français dans le Monde* n° 167.

WERLICH E. (75). – *Typologie der Texte*, Heidelberg.

WIDDOWSON H.G. (76). – « Les travaux des « colloques de Neuchâtel » sur le thème : analyse de discours, processus interprétatifs et enseignement de la compétence de communication » dans *Études de linguistique appliquée* n° 21, pp. 33-42.

WIDDOWSON H.G. (78). – *Teaching language as communication,* Oxford University Press (Traduction française : *Une approche communicative de l'enseignement des langues,* Paris, Hatier-Crédif, Collection LAL).

WILKINS D.A. (76). – *Notional syllabuses,* Oxford University Press.

WINKIN Y. et BATESON G., BIRDWHISTELL R., GOFFMAN E., HALL E.T., JACKSON D., SCHEFLEN A., SIGMAN S., WATZLAWICK P. (81). – *La Nouvelle Communication,* Paris, Seuil.

On pourra consulter également :

L'approche communicative : Bibliographie descriptive (1975-1980) par C. GERMAIN dans *Bulletin de l'ACLA,* Printemps 81, vol. 3 n° 1, pp. 61-108 (111 titres).

Bibliography on Communicative competence par M. CANALE et M. SWAIN. Toronto, OISE, 20 p. (327 titres en anglais essentiellement).

et aussi :

Actes du Ve Colloque international SGAV, Toulouse 1981 : « Structuro-global audio-visuel et approche communicative » (*Revue de phonétique appliquée* n°s 59-60, 1981 et n°s 61-62-63, 1982).

Actes du XIIe Colloque de l'Association canadienne de Linguistique appliquée, Ottawa 1981 : « Teaching language as communication/ L'enseignement de la langue comme instrument de communication » (Bulletin de l'ACLA, vol. 3, n° 2, automne 1981).

Textes et documents

Exercices de compréhension
        et de production écrites
Ecritures 1
Ecritures 2
Ecritures 3
        Trois cahiers d'exercices
de difficulté croissante
        proposant des textes
        et documents authentiques
accompagnés de nombreux exercices.
        Pour des étudiants
(adolescents ou adultes)
ayant fait deux années de français.

Pour entraîner vos élèves à la compréhension
et à l'expression orales :

En effeuillant la marguerite

après 1 an de français

O.RAL niveau 1

collection
"De bouche à oreille"

après 2 ans de français

Parler pour...

après 4 ans de français

Chaque ensemble comprend :

- une cassette pour la classe
- un fascicule pour l'élève
contenant de nombreux exercices.

Imprimé en France par Aubin Imprimeur Ligugé, Poitiers.
N° d'édition 04 / N° de collection 21 / N° d'impression P 14529
Dépôt légal, n° 3404-01-1987

15/4646/4